icDC
工业和信息化部工业文化发展中心
Industrial Culture Development Center of MIIT

孙星

著

工业文化精选书丛

工业文化导论

人民邮电出版社
北 京

图书在版编目（ＣＩＰ）数据

工业文化导论 / 孙星著. -- 北京 ：人民邮电出版社，2023.12
ISBN 978-7-115-62614-1

Ⅰ．①工… Ⅱ．①孙… Ⅲ．①工业－文化研究－中国 Ⅳ．①F42-05

中国国家版本馆CIP数据核字(2023)第170576号

内 容 提 要

　　工业文化是研究人类在工业生产活动和工业社会中，文化发生、发展及演变的规律。研究的目的在于探究工业文化与经济发展之间的复杂关系与内在规律，有助于人们理解工业文化是人类在工业发展中创造的独特财富，并能理解与运用好这独特的"财富"，以持续地、创造性地提振工业经济，推进新型工业化，助力工业高质量发展。

　　本书为工业文化的普及读物，共 17 章，包括工业创造现代文明，技术发展与文化演变，工业文化基本概念，工业文化的内涵与价值，工业文化的先进性，工业文化的传播与变迁，工业体系、工业文化资源、工业形象与产业名片，工业文化产业，工业领域文化，工业的行业文化、群体文化与企业文化，工业文化与区域发展，工业哲学，工业伦理，工业美学，工业精神，产品的文化定价权，全球工业文化实践。

　　本书适合对工业文化感兴趣的读者阅读，尤其适合制造业相关专业的学生及制造业的从业者学习参考，以快速了解工业文化及其发展演变的整体脉络。

◆ 著　　　　孙　星
　　责任编辑　李　莎
　　责任印制　王　郁　胡　南

◆ 人民邮电出版社出版发行　　北京市丰台区成寿寺路 11 号
　　邮编　100164　　电子邮件　315@ptpress.com.cn
　　网址　https://www.ptpress.com.cn
　　涿州市京南印刷厂印刷

◆ 开本：720×960　1/16
　　印张：21.5　　　　　　　　　　2023 年 12 月第 1 版
　　字数：286 千字　　　　　　　　2023 年 12 月河北第 1 次印刷

定价：79.90 元

读者服务热线：(010)81055410　印装质量热线：(010)81055316
反盗版热线：(010)81055315
广告经营许可证：京东市监广登字 20170147 号

前言
⬢
⬢

　　在现代社会的产业结构中，农业、工业、服务业分别被界定为第一产业、第二产业、第三产业。历史学家常把农业文明称为第一文明，把工业文明称为第二文明。总之，在已经形成的固化概念中，农业和农业文化乃至农业文明一定是在工业和工业文化乃至工业文明之前产生的。然而在许多考古学家的眼中，工业是第一产业，工业文化的诞生不仅早于农业文化，而且是人类创造的第一种文化[①]。

　　人类在进化的过程中最显著的变化是学会使用工具和火。工具的发明不仅提高了生产力，而且催生出原始手工业。其后的世界文明发展和社会进步则以工具的进步、科技的创新为先导，并形成以生产力提升和产业变革为核心的发展模式。比如，旧石器时代的手工业器物是那么简单和粗糙，但包含着物质形态、工艺形态、制度形态、精神形态等丰富的文化内涵，代表了工业文化的起源，

---

① 田野. 考古发现与"文化探源"之三 工业文化起源 [J]. 大众考古，2013(3): 59-61.

对人类社会而言，它是后来文化和文明的基石，具有永恒的价值。

工业是支撑人类文化与文明发展的根本性力量。迄今为止，许多工业考古实践至少可以证明以下事实：一是人类的生产力主要由工业所代表；二是人类最初的文化是从工业开始的，以旧石器文化为代表；三是国家文明依靠工业支撑，工业促进了分工，而分工是人类文明产生的重要前提；四是农业离不开工业的支持，各种农具都是工业的产物；五是部落、国家间的征服依靠工业，如各种武器的发明和生产；六是工业满足人的吃穿住行用的需求，形成了丰富的物质文化和精神文化①。

从生产力角度看，人类经历了原始社会、农业社会、工业社会三个阶段。每一个阶段在漫长的发展过程中，都会形成一种与之相匹配的文化，作为这个社会的主流文化存在。在农业社会，工业文化虽获得一定的发展，但并没有成为一种社会主导性的文化，直至第一次工业革命爆发，它才逐步进入人类文化舞台中心。工业文化是工业活动的产物，是人类文化发展的必然，它时刻影响着人们的思维模式、社会行为及价值取向，是工业进步最直接、最根本的思想源泉。同时，工业文化一直在调节着人与人、人与机器、人与社会、人与自然之间的关系，保障复杂的工业社会得以顺畅运行。

工业革命是人类历史的分水岭，人类文明之光因科技进步而灿烂，谁抢占了产业制高点，谁就有可能成为时代的领导者。因此，哪个国家最先引燃工业革命，哪个国家就有可能成为世界强国。工业革命的发生不是偶然的，每次工业革命之前，必然打下了相应的文化基础。每次工业革命之后，不仅会创造新的工业文化业态，而且能极大地丰富工业文化的内涵，并为下次引燃工业革命打下基础。揭示这种相关性、必然性及其内在逻辑，就可以从思想层面、文化

---

① 贺云翔. 工业考古与工业文化研究意义非凡 [J]. 大众考古，2019, (11): 1.

层面、科技层面做好准备与应对。

不同的民族创造了不同的文化，有的文化依旧繁荣，有的文化悄然没落。究其原因，文化虽无优劣之别，却有先进落后之分。先进文化与时俱进，总能够适应和满足时代进步、经济发展的内在要求。工业不仅承担了为整个人类创造物质财富的重任，而且通过技术和产品的普及应用，给消费者创造出许多源于工业的文化形态。这些文化形态代表并体现了人类先进的生产力，早已成为一种全球广泛传播、普遍认同、无法抗拒的先进文化。部分国家正是巧妙利用这种文化势差开展对其他国家的"文化霸权"乃至"文化战争"。

人类是按照美的规律来建造世界的，工业是创造人造美的主要力量。工业发展在不断美化人们生活的同时，也给人们呈现了一个异彩纷呈、美不胜收的世界。但工业在带来高度物质文明和精神文化繁荣的同时，也给人类的生存发展带来巨大的影响，并伴随一些问题与异化现象，这促使人们必须上升到哲学层面来深度考量工业与人、社会、自然之间的关系。工业社会的伦理困境，主要源自人类工业化进程中出现的道德失范现象，科技力量越发强大，伦理问题也越发具有技术的维度。

在经济全球化不断深化的今天，市场竞争已步入"拼技术、拼创新、拼文化"的时代，企业和产业都开启了以技术比高低、以创新论输赢、以文化定成败的征程。随着社会经济发展水平的提升和消费者对更高精神追求的向往，产品的文化价值越来越得到重视。将丰富的文化内涵引入产品中，可以使其相对于竞争产品体现出独特的韵味和魅力，并利用这种文化价值的差异效应提高产品的竞争力和超额溢价，成为获取产品定价权乃至产业主导权的制胜法宝。

总之，工业文化涉及的领域非常广泛，内涵十分丰富。令人遗憾的是，工业文化虽然历史悠久，但是全球学术界和产业界对其的系统研究却很少，甚至都没有建立起相应的理论架构和知识体系，相关研究也碎片化散落在工程、经济、管理、文化、历史、社会等诸多学科领域。理论的缺失和碎片化的现状促使我们从十年前就开始系统地研究工业文化，并初步构建起理论体系框架。在探索过程中，我们也感受到要深入挖掘工业文化内涵，就需要融合文科的视野、理科的思维和工科的技术，需要尽快建立起工业文化的学科体系、学术体系、实践体系，从理论上、思想上、文化上指导人类社会的发展。

本书是在王新哲、孙星、罗民合著的《工业文化》一书的基础上做了进一步的精简与提升，并增添了部分最新的研究成果。本书相当于"工业文化精选书丛"的"总论"，其他图书将围绕本书的重点内容展开。

程楠、张伟杰、张恒立、董温彦、陈洪捷等同志参与了本书初稿的部分内容的写作。本书的编写与出版，得到了何映昆、朱永利、周岚、柯斌、邢天添、王斌等同志的支持与帮助，在此表示衷心的感谢！中国工信出版传媒集团朱师君、顾翀、李文、宋吉文、刘涛、蒋艳、李莎等同志对本书的出版高度重视，在书稿的文字、设计等方面做了非常细致的工作，在此一并表示感谢！

限于能力和水平，书中难免有不足之处，敬请广大读者不吝指正。本书责任编辑的电子邮件地址为 lisha@ptpress.com.cn。

编　者

2023 年 5 月

目录

■
■

第一章
——

工业创造现代文明

第二章
——

技术发展与文化演变

第三章
——

工业文化基本概念

第四章
————

工业文化的内涵与价值

第五章
————

工业文化的先进性

第六章
————

工业文化的传播与变迁

第十六章

产品的文化定价权

第十七章

全球工业文化实践

第一章

工业创造现代文明

从人类社会发展的历史进程来看，推动人类社会发展的根本力量是工业。人类在进化过程中，最显著的变化是由于学会制造工具和使用火而促进了脑容量的增大，其后的世界文明发展和社会进步则以工具的进步、科技的创新为先导，并形成以生产力提升和产业变革为核心的发展模式。就经济社会发展而言，工业化是三千余年来人类社会历史上最重大的事件之一，特别是当今工业大发展，缔造了现代文明。

第一节　社会发展原动力

工具的制造与使用是人类进入文明时代的重要标志，工具的发明不仅大大提高了生产力，而且催生出石器制造、木器制造等古老的手工业。于是，人类利用工具开垦农田、栽培谷物、发展农业，而历史证明，工业始终是创造物质财富、推动人类发展的核心力量。

1．工具的发明开启文明进程

工业，《辞海》（第 7 版）中的释文是"采掘自然物质资源和对工业品原料及农产品原料进行加工的社会生产部门"；《现代汉语词典》（第 7 版）中的释义为"采取自然物质资源，制造生产资料、生活资料，或对各种原材料进行加工的生产事业"。结合工业发展进程及劳动工具、劳动手段、产品系列等进行考证可知，无论是古代社会的手工业、英国工业革命之后出现的机器工业，还是当今社会的现代工业，人类生产方式从机械、电气到信息、智能，总在不断发生着变革，但是无论怎么变化，工业的本质和定义都没有发生根本的改变[①]。从这层意义上说，人类的许多历史和文化活动恰恰是从"工业"开始的。考古资料表明，尽管农业的诞生是人类最伟大的成就之一，然而真正改变人类命运

---

① 田野 . 考古发现与"文化探源"之三 工业文化起源 [J]. 大众考古 , 2013(3): 59-61.

的是工业。当人类有意识地大量制造并将工具应用于采集、渔猎、建筑和日常生活时，原始工业或称手工业的雏形就形成了。换个角度讲，就劳动生产发展进程而言，"第一级产业"或"第一次产业"是工业而不是农业①，因为人类文明发展和社会进步是先以工具发明、手工业兴起，后以科学技术进步为先导的，科技创新、工业发展及其连带的产业结构升级，始终是生产力发展的核心动力。

人类的先祖，起初与其他动物在获取食物所使用的手段方面并没有太大的区别，也只是用手和牙齿。工具的发明和火的使用逐渐使人类大脑得到进化，智力得到开发。其中，在获取食物和防卫的过程中，人类慢慢地由无意识变为有意识，他们有目的地使用火、木棍和石块，并通过种群交流和代际相传将这种"本领"传承下来。相应地，他们后代的大脑进一步进化，智力开发程度更高，学习能力更强，不仅学会了取火的方法，还发现了如何加工工具，并使之更加"好用"。比如，人类捕获猎物后，发现可用捡来的带锐边的石块进行切割，随后又认识到砾石在石块上摔破时，可能产生带锐边的石块，于是就慢慢懂得了用一块石头来打击另一块石头，使其产生锐边。这便是历史学家们所说的打制石器，也就是原始人类制造工具的起源。当原始人类用取自自然的石材原料制造出第一批石器的时候，原始社会的第一阶段，即以使用打制石器为标志的人类物质文化发展阶段——旧石器时代开始了。

考古实物发现也证实了石器制造和木器制造是最古老的手工业。迄今所知最早的打制石器发现于东非坦桑尼亚的奥杜瓦伊峡谷、肯尼亚的科比福拉、埃塞俄比亚的奥莫和哈达尔地区，距今 300 万年～ 200 万年，其典型工具是砍斫器，考古学家称诞生了这种石器工业的早期文化为"奥杜瓦伊文化"。略晚于"奥杜瓦伊文化"，非洲出现了另一种石器工业，开始以粗制的手斧为代表，

---

① 田野 . 考古发现与"文化探源"之三 工业文化起源 [J]. 大众考古 , 2013(3): 59–61.

后来手斧逐渐变薄且制作得更加规整，形成了"阿舍利文化"，阿舍利文化后来在欧洲也有分布①。大约在 200 万年前，一支进化程度更高的人种——直立人在非洲出现了。直立人学会了掌握火和制造更复杂石器的技巧，同时活动范围由非洲扩张到欧亚，于距今 160 万年左右抵达中国境内。如北京周口店人使用的石器有刮削器、砍砸器、尖状器等，还有早期骨器。在欧洲，人类活动的最早证据是 100 万年前使用的一种更先进的手斧。

凭借掌握的制造技术，人类可以实现许多目的，克服自身许多障碍，将更多自然物更快地转化为满足人的衣、食、住、行需求的有用之物。凭借手中的锐器，人类终于在与其他动物残酷竞争的世界中，取得支配地位，成为与一般动物不同的物种。会不会使用和制造工具成为人和动物的根本区别，这是人区别于猿的标志，是人之所以为人的依据。黑格尔说，人因自己的工具而具有支配外部自然界的力量。恩格斯说，劳动创造了人本身，而人类劳动是从制造工具开始的。从这个意义上说，制造工具的技术使人实现了从动物世界到人类世界的提升。随着原始人类能制造出越来越复杂的工具，他们的大脑也变得越来越发达，语言和文化也在群体生活中产生。

原始社会包括旧石器时代和新石器时代。旧石器时代，人类的文化成就主要有三个方面：一是石器工具的制作与使用，它是区分人与动物的最主要证据；二是用火，用火是人类进化过程中的一个里程碑；三是原始艺术的产生，如岩画、石刻和雕刻品。其后才有文字出现。正是原始石器制造的进步，促进了人类采集业和狩猎业的发展。同时，石器制造还为原始建筑工业的诞生创造了条件，进而推动人类居住及聚落营建水平的不断提升。

新石器时代，原始农业逐步发展起来。公元前 8500 年左右，定居在中东

---

① 田野 . 考古发现与"文化探源"之三 工业文化起源 [J]. 大众考古，2013(3): 59-61.

的人类就采用了"刀耕火种"的耕作方法,即先以石斧,后来用铁斧砍伐地面上的枯根朽茎,然后晒干后用火焚烧,用腐烂的树叶及烧成的灰烬做肥料,播种后不再施肥。在土地的肥力耗尽以后进行迁徙,然后开始下一轮的耕作。

大规模工具制作为原始农业发展创造了条件。磨制石器业、制陶业、原始农业和家畜饲养业的出现成为新石器时代开端的标志和早期文化的四要素。在中国河北武安市磁山遗址上,发现了距今约 8000 年至 7600 年的几十个有规律地集中摆放劳动工具的"组合物"。这些"组合物"多由石磨盘、石棒、石铲、石斧、陶盂、支架等组成,每组一般四件,而且大都按生产工具(石铲、石斧等)、脱粒工具(石磨盘、石棒等)、炊具(陶盂、支架等)分组、分类放置。考古发现当时先民们已结束了游牧生活,有了相对稳定的定居聚落,以种粟为主,以采集、渔猎为辅,饲养了狗、猪等家畜。

原始社会后期,人类经历了畜牧业和农业分离的第一次社会大分工,手工业和农业之间分离的第二次社会大分工,以及商业和生产分离的第三次社会大分工[①]。在漫长的原始社会,人类物质生产只有农业和手工业两个主要部门,所以从某种意义上讲,人类物质生产活动是从手工业领域首先发生的。人类以天然产物或农牧产品为原料加工制造生产工具和生活用具的生产活动是手工业发展的最初阶段。随着渔猎经济的发展,不仅出现了骨角牙蚌器,还出现了皮革的制造及编织等手工业。此后,出现了适应定居农业生活需要的制陶、纺织、建筑等。

原始工业与后世的工业相比,虽然非常落后,却对当时人们的生活产生了相当重要的影响,尤其对人类衣、食、住、行等物质生活水平的提高具有极大作用。它逐渐改变了原始落后的生活方式,使人类脱离衣不蔽体和茹毛饮血的生活状态,并走出山洞,来到近河的低地,开始以自己的手工业等产品与外界

---

① 顾新蓉. 社会分工的进程——马克思恩格斯关于社会分工的论述 [J]. 青春岁月 , 2011(18): 134.

进行交换，人类由此一步步向文明迈进。

2．工业是人类发展的核心力量

人类是自然界的产物。在进化过程中，人类最初和其他动物一样，觅食并维持生存，这是所有动物的本能。这是人类生存的第一条件，可是这个条件不是人类独需的，而是自然界几乎所有动物必须追求的，或者说人类的吃饭问题继承了动物天性，是天生的本能。

人是万物之灵，但曾经的人类其实很弱小、很无助，面对自然灾害、疾病和野兽的袭击往往无能为力。人类通过制造工具开启文明进程后，迈入农业社会，形成了族群定居且繁衍壮大。

农业起源于没有文字记载的远古时代，孕育于原始社会的采集和渔猎经济的母体之中。在没有农业之前，人类依靠本能去采集和渔猎，食物构成主要是野生的动、植物，采摘物包括坚果、浆果、种子等。人类发明了工具并创造"石器工业"之后，就大大提高了采集和渔猎的效率，到了距今 2 万年～1 万年，人类开始有意识地栽培谷物，开辟农田，驯化可食用的动物，并且建造房屋，聚居一处。一般认为，采集活动孕育了原始的种植业，狩猎活动孕育了原始的畜牧业。

进入农业社会，人类有了相对稳定的食物来源和安稳生活的基本条件，但生产各类农具、服装、器具、生活用品，以及加工粮食等，仍然要依靠原始手工作坊，也就是说，农业非常重要，但离开了早期的工业也难以独自发展。从原始农业产生以后，直到今天，其系统基本稳定，集成了农民、土地、作物品种、农业工具和农业技术、产品和产品加工技术等要素，其中的工具、产品和技术离不开工业创造。

在人类产业发展史上，农业至关重要，但与工业相比，它仍处于基本保障位置，正因为工业是创造物质财富的重大推动力，所以构建在物质财富基础之上的人类文明才有了向前发展的保障。比如，2012 年考古发现，现存最古老的陶制容器是中国江西仙人洞出土的陶罐碎片，距今约 2 万年。正是有了陶器制造工业，人类才第一次创造出能够改变自然原材料性质的工业成果，即人造"石器"的"新产业形态"。因为陶器是泥土、水、火及人类设计智慧合成的产物，是人类第一次利用工业方式改变自然物质性能的创新性成就。陶器制造工业中的高温生成技术及相关工业技术还为此后青铜、铁器等制造工业的诞生奠定了技术基础。许多考古学家和历史学家认为，青铜时代才真正意味着人类文明时代的开始，青铜业、纺织业、建筑业等工业成就加上文字的发明成为人类文明的重要标志。

原始社会是阶级、国家私有制出现之前的氏族部落阶段，生产方式是游猎、捕捞和采摘，生产工具主要是石器，社会组织方式是公社，伦理和价值是共有和共享。工业对人类历史、文化发展的根本性作用，不仅存在于史前时代和历史时期的古代，也存在于人类的近代和现代。人类之所以拥有今天的成就，真正的动力来自科技进步及其成果的产业化，其中，最具标志性的事件就是工业革命，没有工业革命，就没有现代人类文明成就。由此也可以发现，历史的运行规律不会因为我们的认知角度不同而发生改变，农业无论如何重要，也无法取代工业，后者对人类历史、文化、文明的开启和推动具有基础性作用，就此而言，工业是人类创造文明最重要的利器。

第二节　工业化与工业革命

工业革命是由科技变革引发并带来全球生产方式的改变，而工业化是工业产出效率提高和占国民经济比重上升的结果。工业化是人类发展的重大事件抉择，不管是工业革命还是工业化均可以从根本上改变一个国家的前途命运。随着工业革命的爆发，世界不同国家的工业化进程有明显差异，这使得它们的发展结果有了巨大差距，从而形成了所谓的"发达国家"与"发展中国家"。

1．工业革命是人类历史的分水岭

人类历史大概有 300 万年，但人类经济大幅增长的历史不到 300 年，世界人均 GDP 水平在数千年的农业社会时期基本变化不大，经济增长缓慢，对比工业革命前后可以发现，这完全是两个世界。就社会经济发展而言，国际计量史学界的研究成果认为，工业化是三千余年来人类历史上最重大的事件[①]。

工业化的实质是经济结构的转化过程，是农业份额下降和非农业份额上升的过程。经济基础决定上层建筑，生产力的变革是第一位的。在第一次工业革命前的漫长酝酿期，各种政治与文化变革为现代社会的到来准备了各种要素，但只有当生产力真正得到解放以后，生产方式的变革才开始冲击其他社会要素，并对整个社会加以改造。

无论是社会学家还是经济学家，都认可首先爆发于英国的第一次工业革命是人类历史的分水岭。工业革命之所以重要，是因为它解放了人类的生产力，而生产力作为基础性、决定性的力量，又推动了生产关系及上层建筑的变革，其连锁反应最终彻底改变了人类社会。工业革命之所以重要，是因为工业的本质就是"革命"，平和一点说是"创新"。工业革命前，世界各地的制造业，技术进步的速度都不快，很多传统工艺能保持数百年甚至更长时间而不变。工业革命的革命性在于，技术进步的速度大大加快，在巨大的市场竞争压力下，旧的技艺乃至旧的工业部门不断消亡，新技术和新产业不断创生。马克思与恩

---

① 李扬．为经济学发展作出中国贡献 [N]．人民日报，2015−06−1(1)．

格斯曾说过，"资产阶级在它的不到一百年的阶级统治中所创造的生产力，比过去一切世代创造的全部生产力还要多，还要大"[①]。

在工业革命之前，世界各国经济增长基本符合"马尔萨斯循环"，即人口与实际收入成反方向的变动：人口的增长导致劳动生产率下降，从而导致实际收入降低，生产力下降，于是饥荒、瘟疫、战争出现，使得人口数量急剧减少，随后，人均占有耕地的大幅度回升，使得收入再度回升，然后生产力的发展又使人口数量快速提升，继而收入又开始下降，饥荒和内乱再次出现……这就形成了循环。此时，人类生产力发展更多的是依靠经验技术，因此，经济发展是一个缓慢提升的过程。

在工业革命之后，人类社会发展打破了这个循环，因为工业化使人类可以迂回生产，于是，科学技术能够大规模地推广应用，生产率可以不断提高，财富就能持续积累。此时，生产力的提升主要依靠科学技术的进步，而且历次工业革命爆发的前期均有重大的科技突破和创新成果的产业化应用。

哈特维尔评价工业革命时说，"工业革命明显的和本质的特征是：总产值和人均产值增长率的持续上升，这种增长和以前的增长相比是革命性的"[②]。更为重要的是，今天的社会发展，主要不是表现在 GDP 统计数据上，而是表现在新科技、新产品、新业态的不断涌现上，表现在人们的生产方式和消费方式的不断改善上。

在生产力发展方面，工业革命之后，工业技术的不断进步，促进了人类劳动生产率和生活效率的不断提高。第一次工业革命是机械化革命，第二次工业革命

---

① 马克思，恩格斯. 马克思恩格斯选集（第 1 卷）[M]. 北京：人民出版社，1995.
② 马克垚. 世界文明史（下）[M]. 北京：北京大学出版社，2004.

是电气化革命，第三次工业革命是信息化革命。借助先进工业技术，人类文明由原始文明、农业文明向更高层次的文明迈进。在此过程中，人类社会衍生的语言文字、生产消费、商业贸易、政治制度、法律政策、文学艺术等，也随之发生了演变。特别是工业革命带来现代工业文明：从机械化到电气化、信息化甚至是智能化，从汽车、轮船、飞机到宇宙飞船、空间站，从留声机、录放机、电视机到智能终端、量子计算，从木质家具到智能家居，从"福特制"到精益生产，从质量标准到品牌服务……现代工业在创造巨大物质文明成就的同时，也创造了巨大的精神文明成就。

在社会进步方面，工业革命之前，人类总体处于靠天吃饭的农业社会，部分人甚至还处于原始社会，只有依靠高强度的、重复性的体力劳动才能勉强糊口。工业革命之后，人类的生活方式、社会结构、政治形态及文化内涵都发生了根本性的变革，引发了社会关系的重组与社会文化的重塑。这种变革加速了自大航海时代以来的全球化，带来了社会的大规模城市化。近 300 年，真正生活在完全工业化国家的人口比例并不高。新中国作为一个本来一穷二白的农业大国，在 70 年的时间中，建立了一个门类齐全、独立完整的现代工业体系，以举世震惊的速度实现了国家工业化，这是社会主义中国所取得的伟大经济成就！

在思想意识方面，工业革命爆发以前，人类对自然现象的认识有限，也很少有时间从事创造性的工作，对所处生存环境的探索更多地停留在猜想层面，缺乏科学的论证能力。因此，人类畏惧无法解释的自然现象，将之视为"神"，同时也塑造"神"以满足自身的精神需求和对物质的渴望，甚至为此做出过野蛮、有悖人伦的行为。由工业革命带来的高度发达的制造业，为人类探索自然、解释自然现象创造了丰富的工具，提供了更多的实践论证素材，人类据此可以对自然现象进行科学合理的解释，特别是科学理性的逐步传播使人的思想逐渐解放，人类得以正确认识人与自然的关系，并通过提升制造业水平实现与自然的和谐相处。同时，制造业的飞速发展使更多的人可以从高强度的体力劳动中解放出来，从事创造性工作，从而促进了人的思维能力和水平的提升。

2．工业引领人类不断攀登更高的文明阶梯

人类最早的石器源自非洲，在旧石器时代，直立人用石头相互敲打，制造出比较粗糙的石器。陶器的出现标志着新石器时代的开端，青铜器和铁器的使用将人类带入农业文明。青铜铸造技术的发明成了人类物质文明发展史上的一个重要里程碑，而铁的发明和广泛使用，使生产力得到极大的提高，给社会进步和变革带来了巨大动力。手工业是工业化进程的一个重要阶段，是人类得以进入工业社会的前提和基础。原始手工业的诞生必须具备三个基本条件：一是专业的人员；二是相对固定的生产场所；三是产出物有一定数量，除了自用，还能用于交换。

科技突破具有先导性，代表了人对自然界认识的深入与提高，但科技突破之后的产业化更为重要，因为它将人类认识世界的科学知识转化为改造自然的动力、造福人类的工具，形成全世界人民可获得的、可享受的成果，并影响社会的方方面面，最终推动人类社会的进步。从本质上看，人类社会形态每次更迭的背后，都是生产力的巨大飞跃，而每次生产力的飞跃，又都源于一场深刻的生产技术变革。特别是工业社会，每一次工业革命，都是建立在其发生之前人类文明创造的科技创新成果基础之上的，都是对前一次工业革命的升华。

世界各国的社会经济发展要靠工业。英国成为"日不落"帝国，依靠的是率先发展起来的造船、采矿、蒸汽机、纺织、钢铁等工业，为英国殖民地扩张奠定了基础。美国和德国能在第二次工业革命时期赶超英国，依靠的是后来居

上的工业。第二次工业革命期间，美、德的钢材产量、铁路里程等均超过英国，在新产品研发和应用方面也远超英国，不仅为美、德的经济和社会发展积累了巨额资本，也为人民生活水平的提升创造了条件。从 20 世纪 70 年代开始，以计算机信息技术为代表的第三次工业革命有力推动了美国经济的发展，美国的产业结构得到更进一步的调整和优化[①]。韩国、瑞士等国家的兴起，靠的依然也是在全世界具有特色优势的工业，如韩国的消费品和电子产品、瑞士的钟表等制造业一度风靡全球；当今巴西、印度、越南等新兴市场国家无一不把发展工业作为实现经济和社会腾飞的关键举措。

自 20 世纪后半叶开始，信息技术的发展带动了西方发达国家第三产业的繁荣，也促使整个产业结构发生了变化：制造业在经济中的比重逐步降低，服务业的比重缓慢上升，西方发达国家先后进入后工业化时代。人类进入 21 世纪之后，部分西方发达国家过度依赖金融业、互联网业等虚拟经济，导致制造业日趋空心化，国家硬实力深受影响。为重振实体经济，美国、日本、德国、法国、英国等国家陆续重新重视制造业，大张旗鼓地实施"制造业回归"或"再工业化"的战略，力图在新一轮科技革命和产业变革中抢占产业制高点。历史证明，在现阶段人类发展进程中，工业化依然是一个不可替代的重大抉择。

当前，以新一代信息技术、人工智能、新材料、新能源、生物技术和量子技术等为标志的新一轮科技革命和产业变革正在兴起，极可能引燃第四次工业革命，确切地说，就是以网络化、数字化和智能化为代表的新工业革命。这场革命的主要特征是各项技术的广泛融合，并将逐步打破物理世界、数字世界和生物世界之间的界限，甚至增添一个全新的空间——量子世界。

在新工业革命的冲击下，现有经济、政治、文化和社会模式都将发生重大

---

① 郭树华，包伟杰. 美国产业结构演进及对中国的启示 [J]. 思想战线，2018, 44(2): 93-100.

改变。对工业的新认识，核心之处并不是新技术本身，而是在于对工业体系、工业生态的全面重构。这种重构涉及工业企业的所有元素，包括用户、产品、生产、工厂、管理、竞争力构造等各个方面。日新月异的科技进步正在让第一、第二、第三产业的界线变得模糊，也让原材料商、生产制造商、服务提供商之间的"跨界"变得频繁。

总之，工业化和工业革命对人类社会的影响是全方位、根本性的，已彻底改变了我们的生活、思想和情感，它不仅带来物质财富的极大丰富，而且引发世界强国位次的更迭，更推动了人类生产方式和生活方式发生改变。从机械化革命、电气化革命、信息化革命到未来的智能化革命，工业的演变就像万花筒，每次转动都是对生产力和生产关系的重构，驱动了社会经济的发展、制度规则的转变和思想文化的更新。

回顾史前工业、古代工业、近代工业、现代工业的演进史，就会发现人类的命运无法摆脱工业——这就是现实，躲开了工业，就是躲开了这个社会，躲开了赖以生存的土壤。300万年以来的人类实践反复证明，工业是人类创造文化、铸就文明的根本性力量。

3．世界工业重心变迁与文化格局

工业强、国家就强，但是要成为世界工业强国不是简单地在某个方面特别出众就可以的，它是多方因素综合作用的结果。其中，核心要素包括科技实力、工业实力和文化实力。

人类工业化的几百年间，世界工业总体趋势是不断发展壮大的，但是由于地区发展不平衡，各国对世界工业发展的贡献度大小不一。具体地说，如果比较每个国家的能力和贡献，必有科技创新水平高低之分、工业产业规模大小之分、文化影响力强弱之分，这里所提的文化主要是工业活动中产生的文化，即工业文化。世界工业重心是指世界工业发展的核心区域，它可以是一个国家，也可以是一个地区。世界工业重心表明该区域在工业领域的科技水平、制造能力和文化影响力三个方面全部或部分处于全球领先地位，并引领世界工业发展。

世界工业重心包括世界工业科技中心、生产制造中心和工业文化中心。工业科技中心表明它拥有更多的科学上的理论突破和科技创新成果的产业化；生产制造中心表明它拥有强大的产品制造能力、产业链的整合能力与庞大的产业规模；工业文化中心表明它拥有最先进的管理理念、生产方式、标准规范、工业形象，以及规则制定、秩序维护的能力。这里强调工业科技的主要原因是有一些科学上的理论突破和发明创造不一定能在较短时间内形成生产力并普惠于世界，如天文、地理等。

世界工业重心是一个历史范畴，重心与中心的变迁主要是科技革命与产业变革造成的结果。自 18 世纪工业革命以来，世界工业重心出现了三次重大的变化，即由英国扩散至欧洲，欧洲转移到北美，北美再转向东亚。表面上这是地理位置的更替，实质上是科技创新与发展能力强弱转换的结果，其中无不包含着深厚的文化根基。

综观近现代工业发展史，世界上只有英国、德国、美国三个国家可称得上世界的工业重心。

（1）世界工业重心的确立。第一个能称得上世界工业重心的国家是英国，它的形成得益于第一次工业革命。英国作为世界工业科技中心、生产制造中心和工业文化中心的地位一直保持到 19 世纪后期。

（2）世界工业重心的第一次迁移。大约从 1851 年开始，德国用了四十多年时间，在重大科技创新和发明创造方面取得了巨大的突破。1895 年，德国实现了工业化，在各个产业领域全面超过英国，从而取代英国成为世界工业重心。

（3）世界工业重心的第二次迁移。德国成为世界工业重心不久，美国依靠庞大的体量快速崛起，取代了以往的老牌制造强国——英国和德国，成为工业发展的领头人。在第二次世界大战后，美国的经济实力进一步增强，其成为全球的经济霸主，在科技、制造和文化上全面领先，成就了全球工业重心的地位。

（4）世界工业重心的第三次迁移。在第二次世界大战后，日本提出了"技术立国"的口号，着眼于引进，立足于改进，加强企业管理，利用各国技术之长，不断创新，实现了产业转型、结构升级和经济起飞，迅速成为世界第二大经济强国。从严格意义上说，日本制造业只是在部分重点行业和技术领域领先于美国，仅仅成为世界生产制造中心之一[①]。

此后，在中国及其周边新兴发展中国家市场的吸引力下，欧洲发达国家及美国、日本纷纷将劳动密集型和资本密集型的制造业向中国及其他东南亚国家转移。2010 年，中国制造业规模跃居全球第一，成为世界生产制造中心；2019 年，中国制造业产值已是美国、德国、日本的制造业产值之和。

在世界工业重心转移的过程中，从英国到德国再到美国，工业科技中心、生产制造中心与工业文化中心基本相伴而行，向东亚地区转移时，却发生了较长时间的分离，即世界生产制造中心先行转移，而世界工业科技中心和工业文化中心还留在美国。在世界工业重心转移过程中，先进的工业文化伴随着制造

---

① 王昌林，姜江，盛朝讯，等. 大国崛起与科技创新——英国、德国、美国和日本的经验与启示 [J]. 全球化，2015（9）：39-49+117+133.

业，由英国、法国、德国传播到整个欧洲，然后漂洋过海传播到美国和北美洲，直至日本、韩国等东亚地区，最后，工业文化扩散到了全世界的几乎每个角落。

中国知名学者金碚曾说，"以先进制造业为标志的现代工业社会是迄今为止人类历史上经济最发达、国家最强盛的时代。进入工业化进程的国家无不希望成为制造强国，但在被称作（工业国）的数十个国家中，真正成为制造强国的屈指可数"。他还指出："决定制造业强盛的基本因素包括资源、技术和文化'三原色'。一个国家能否成为制造强国，其文化特质往往具有决定性影响。"[①]

1988 年，联合国教科文组织开展了一项"世界文化发展十年"的国际合作研究项目[②]。该项目把当代世界文化划分为八个文化圈：一是欧洲文化圈，二是北美洲文化圈，三是拉丁美洲与加勒比地区文化圈，四是阿拉伯文化圈，五是非洲文化圈，六是俄罗斯和东欧文化圈，七是印度和南亚文化圈，八是中国和东亚文化圈。

当今世界主要工业强国除日本属于中国和东亚文化圈外，其余大部分工业强国均产生于欧美文化圈，可见，欧美工业文化主导了当今工业社会。纵观近现代世界历史，英国、法国、德国、美国、日本这几个先后崛起的有世界性影响的大国的兴起均始于工业，在成为工业强国的过程中，均发展出独具特色的工业文化，大大地推动了本国工业发展，并深深地影响着全球工业化进程与价值体系。

回望发达国家先后走过的工业强国之路，不难发现强国崛起存在一些内在

---

① 金碚. 建设制造强国需要耐心和意志 [J]. 决策与信息，2015(10): 44-46.
② 联合国教科文组织, 世界文化发展十年实用指南 [M]. 北京：北京大学出版社，1989.

的规律。在人类历史上，经济与科技水平落后的国家赶超和战胜先进的国家，是正常现象。比如，在我国历史上，明朝被清朝更替，明军是火枪大炮，清军是骑马射箭；在近现代，德国超越英国，美国超越德国等。为什么会出现这种现象？这里面包含着很多复杂的原因，其中就有文化因素。孟子说过，"生于忧患，死于安乐"。科技水平先进的一方，长期处于领先地位，它的体制和机制容易走向僵化死板，它的社会精英阶层更容易腐化堕落、不思进取。这样，虽然它在经济科技上领先一些，但整个社会的资源组织能力会大幅下降，使得在综合国力的较量中，反而输给落后但是体制和机制及精英阶层更有活力的国家。

第三节　人类社会演化

人类社会形态经历了由低级向高级演化的历史过程，生产力是用以考察人类社会发展具有决定意义的因素之一。总的来看，社会历史演进的过程，就是人类文明不断积累、进步的过程，每种社会形态的诞生均体现出人类文明发展的水平和状态。

1．社会划分

人类社会是在自然界发展一定阶段上随着人类的产生而出现的，是人们在特定的物质资料生产基础上相互交往、共同活动形成的各种关系的有机系统。社会的发展是演化的，不是静止的，这种演化具有阶段性，根据不同的视角和标准，可以对社会演化的阶段进行不同的体系划分。在宏观层面上，整个地球上的人类共同构成了整体性的人类社会。这种整体性的人类社会经历了不同的演化阶段，但总体来说，自有文明史以来，人类社会主要经历了从原始社会、农业社会到工业社会的宏大转变。这种转变是以生产力变革为基础的，而且各个社会形态的形成是一个漫长的过程。

关于社会演化的理论，在思想史与学术史上由来已久。人类学家刘易斯·亨利·摩尔根的理论中，将所有的社会分成三组：原始社会、野蛮社会和文明社会①。

泰勒按照文化进化的逻辑将人类社会演化过程划分为三个主要阶段：原始未开化或狩猎采集阶段，野蛮的、以动物驯化和种植植物为特征的阶段，文明开化的、以书写艺术为开端的阶段②。

根据社会成员赖以生存的方式不同，学界把社会分为狩猎的与采集的社会、畜牧社会、初民社会、农业社会（又称前工业社会）、工业社会（现代社会）。

约翰·麦休尼斯、安东尼·吉登斯等社会学家把人类社会的演化过程划分为两大阶段，即前现代社会与现代社会，或者传统社会与现代社会。

诞生于 19 世纪的马克思主义社会形态理论认为，如果从阶级理论出发，可以将社会演进过程分为原始社会、奴隶社会、封建社会、资本主义社会和共产主义社会（社会主义为其初级阶段）。如果从生产力理论出发，可以根据不同历史时期人类社会主导性的生产模式，将社会演进过程分为原始社会、农业社会、工业社会三个阶段。

人类历史的发展是非线性的，不同地区的发展具有极大的不平衡性。如吉登斯所言，工业社会就是现代社会。农耕技术的出现使人类社会从原始社会进

---

① ［美］路易斯·亨利·摩尔根. 古代社会 [M]. 杨东莼，马雍，马巨，译. 北京：中央编译出版社，2007.

② ［美］爱德华·泰勒. 原始文化 [M]. 连树声，译. 上海：上海文艺出版社，1992.

入了农业社会，蒸汽动力技术的出现又使人类从农业社会进入工业社会。不过，人类从传统社会迈向现代社会，除了生产力的大变革，还有思想文化等方面的变革，有些变革或早于工业革命，这使工业社会的形成实际上经历了几百年的酝酿期。在严格意义上的工业社会逐渐形成后，由于工业本身的革命性，工业社会自身也持续演化着。

2．工业社会

工业是采取自然物质资源，制造生产资料、生活资料，或者对各种原料进行加工的生产事业。工业社会始于 18 世纪的英国工业革命（第一次工业革命），是指以工业生产为经济主导成分的社会，它不仅开始使用机器制造机器，使工业内部生产技术和生产组织发生了空前的变化，还用机器装备工业和社会的其他部门，从而改变了整个社会的面貌，导致社会关系和社会生活的重大变革。

与人类历史相比，工业社会只是一个短暂的"瞬间"，工业化只不过是历史长河中的一个巨浪。费里曼曾经将地球 5 亿年的历史浓缩在假想的 80 天里进行比喻：

- 60 天前，地球上出现生命；

- 1 小时前，人类产生；

- 6 分钟前，石器时代开始；

- 1 分钟前，现代意义上的人类出现；

- 15 秒前，农业革命发生；

- 10 秒前，金属得到利用；

- 3/10 秒前，工业革命发生。

正是这 3/10 秒的"瞬间"，几乎完全改变了自然的境况及人类的生存和生活方式，其影响还愈来愈深、愈来愈广、愈来愈大。工业化标志着传统社会的终结，日新月异的现代社会（即工业社会）的开始与发展。工业社会不同于以往的传统社会，它有以下特点。

（1）工业社会是以蒸汽机、电力及后来的信息化、智能化的出现为主要特征的。在生产过程中，机械力、电力代替了人力、畜力作为动力，机器大工业代替了工场手工业。同时，大规模工厂制度建立，劳动者与生产资料相分离，使得人们的社会关系发生了一系列的变化。

（2）工业社会的分工更广、更细。这不仅指工业与农业的分工，主要还指专业上、技术上的分工。

（3）大规模的现代化生产。这是传统社会不可比拟的，不仅提高了生产效率，降低了产品成本，而且增加了就业机会。

（4）工业生产成为经济活动中心。工业产值在国民经济中的比重加大，工业人口增多，农业人口减少，人员的社会流动性增强。

（5）工业与家庭分开。在传统社会中，工业常常是家庭的一部分，家庭成员在家中进行手工业劳动；在工业社会中，工人离开家庭到工厂上班。

（6）在工业社会中，城市发展很快，人口集中，城市化与工业化有着密切的联系。

随着科学技术的进步，人类社会的生产力水平由低向高发展，从以畜牧业、农业经济为主向以工业、服务业经济为主发展；人类对自然资源、环境的利用程度逐渐加深、范围增大，活动范围从地表向地下和空中、从陆地向海洋发展，资源利用从土地资源、生物资源向矿产资源、能源资源发展。

英国工业革命距今不到 300 年，但工业社会已经历了蒸汽时代、电气时代、信息时代三个阶段。18 世纪中叶，蒸汽机、纺织机的发明和使用标志着人类进入蒸汽时代。19 世纪末 20 世纪初，电的发现和使用标志着人类开始进入电气时代。20 世纪 50 年代，计算机和互联网的发明和使用标志着人类进入信息时代。

21 世纪初，以人工智能、信息通信、量子技术、生物医药、清洁能源、新材料与先进制造等为主的产业蓬勃兴起。这些新技术的突破，正在改变着工业生产的基本面貌，使得社会经济、政治、文化、教育等发生了一系列前所未有的变迁，给人类带来了更加繁荣的工业文明。

3．智能社会

工业革命需要具有颠覆性、引领性、渗透性科技创新的引爆，但重大科技创新不一定能带来工业革命，还要求创新成果能够实现大规模产业化。人类在农业社会，曾经有许多重大的技术突破和发明，如制陶技术、炼铜技术、炼铁技术、造纸技术、火药技术、印刷技术等，这些技术能否构成"手工业革命"呢？目前还没有定论。

人类社会的历史长河，从原始社会、农业社会，到工业社会，未来人类将迈入什么社会？智能社会？当前，人类处于新一轮科技革命与产业变革的前夜，这轮革命以人工智能、信息通信、量子计算、新能源、新材料、生命科学等技术突破为标志。那么，这轮工业革命之后，人类是否就进入了智能社会？答案是否定的，人类只是经历了一轮新的工业革命，从信息时代跨进智能时代，但远远没到社会形态更迭的地步。

在此之前，一些学者提出了"信息社会"的概念。由于当今世界的基本生产力还是工业提供的，为信息产业提供基本架构的物质基础仍然是制造业，所以人类社会尚未真正脱离工业社会阶段。信息社会实际上是工业社会进入信息时代的一种表述方式，本质上还是工业社会的延续，尽管与工业社会初期的机器大工业有着区别，但实际上仍然是机器大工业的进化形态。

如同人类从农业社会进入工业社会一样，下一种社会形态的政治、经济、文化，以及人的思维方式和价值观念都会产生全面而深刻的变革。

人类实现社会形态更替，至少应该具备以下三个条件。

（1）从生产力角度看，必须实现从手到脑的大幅跃升。一切机器在本质上都是人类劳动的模拟，机器工具是人类双手的延伸，计算机和人工智能是人类大脑功能的延伸。每个个体自身身体的能力都是有限的，只要使用的工具足够强大，个体的能力就会得到"无穷"放大。这些工具小到服装鞋帽和可穿戴设备，大到各种毁灭性武器和宇宙飞船。自人类发明工具以来，工具成为人的手的延伸。在工业社会，随着机械化、电气化、信息化技术的发展，人类生产活动有了新的工具，但它们还是手的延伸，最多是人脑的助手。当前智能时代初现雏形，更多地体现在智能制造、智能农业、智能交通、智能服务、智能城市等方面，其实，这些智能仅仅是基于深度学习的算法，缺乏人类的智慧，即不能独立思考问题，关键是不能创新。只有当人类创造出能够像人一样独立思维，并在已有知识的基础上具备创新能力的机器人时，人类才能真正进入下一种社会形态——智能社会。

（2）从生产活动角度看，机器人能够代替人从事生产和创新活动。智能社会的最大特征就是，人工智能成为人脑的延伸，此时，机器人能够帮助人类进行思考、创新、创造，能够取代人从事社会生产和服务活动。于是，大部分人口不依赖农业、工业、服务业及其附属产业就业，人类彻底摆脱了劳动的束缚。

（3）从社会关系角度看，以机器人为代表的人工智能产品有了社会地位。因为此时的人工智能有了自己的认知和创新能力，它可能产生许多需求，人类也需要对其进行约束。此时，可能产生"人工智能法""机器人管理条例"等一系列法律法规和管理制度。

未来，人工智能的发展可能有三个阶段：第一个阶段是机器人拥有自主意识，目前，各国研发的机器人只能根据人类下达的指令去工作；第二个阶段是拥有情感意识，未来人和机器的交流方式、人和工具的交流方式，不再是人学习机器、工具怎么使用，而是机器、工具学习人的意图，让人和机器人的对话变成一种自然语言的对话；第三个阶段是拥有自觉学习意识，如果机器人有了自觉学习意识，就会彻底觉醒。有人预测，那时再强大的人类社会也无法对抗觉醒后的机器人社会，人类将被毁灭或者奴役。200年前，英国著名的"卢德运动"，就是人们担心机器夺去自己的工作进而毁灭人类，于是捣毁甚至焚烧机器的事件。今天的机器已今非昔比，强大多了，不但没有夺走我们的工作，反而是新技术创造了大量的新机遇。

当前的人工智能技术来源于人类编写的软件和算法，由这种路径创造的机器人难以超越人类的思维定式。从理论上看，在所有能够被规则化、系统化的领域，人工智能都有可能取代人类。但在可以预见的时间内，人工智能完全模拟人、替代人也是不可能的，尤其是创新创造和情感意识领域。只有当人类仿生学、类脑研究、意识科学等获得颠覆性的重大突破，使人的思维活动与机器紧密结合起来，实现人的思维活动甚至意识在机器上的延伸，人的意识可以脱离人体本身而附着于机器或者存在于某个虚拟空间，进而在机器和人造人体、本体之间切换，人类才能迎来一个全新的社会——智能社会。总之，未来相当长的时间内，人类仍将生活于工业社会。

第二章

技术发展与文化演变

在人类文化发展过程中，技术与非技术因素均发挥着重要的推动作用。技术是人类社会发展的核心力量之一，在某种程度上来说人类的发展史就是一部技术进步史。工业技术进步支撑文化创新发展，文化需求升级激励工业不断创新。工业不仅在经济生活领域中承担了为人类生产物质资料的重任，而且通过工业文明理念的传播及技术产品的广泛应用，演变、升华为一种文化形态。工业在人类文化发展史上承担着增添新元素、创造新业态、拓展文化时空、丰富和深化人类思想的职能。

第一节　技术与文化辨析

文化源自人类的活动，文化的产生、传播与发展不是突然的，而是在生存竞争中逐渐积累而流传下来的。人类历史上出现过丰富多彩的文化，它们与时代演变和生产力发展水平密切相关。从技术视角看，文化的产生和发展总呈现出新的方式、新的规律。

1. 科技、工程与工业

科技指科学与技术。科学是反映现实世界各种现象的本质和规律的知识体系。技术是解决问题的方法及方法原理。技术的具体内涵因时而变，早期主要表现为劳动者的技艺，是劳动者在实践活动中积累起来的经验和技能。伴随着近代自然科学发展，技术主要表现为依据科学所揭示的规律，运用一定的材料、手段和方法，对物质、能量、信息进行变换和加工，以满足人类社会需要的实践活动。科学与技术有着密切联系：科学是为认识世界服务的，技术是为改造世界服务的；科学是技术进步的理论基础，技术是科学发展的应用实践；科学更强调研究，技术更强调实用。

广义而言，工程是一群（个）人为达到某种目的，在一个时间周期内进行协作（单独）活动的过程。狭义来讲，工程是指根据某种设想，应用有关的科学知识和技术手段，通过有组织的行为，将某个实体（自然的或人造的）转化为具有预期目的的人造产品的过程。工程与工业相辅相成：工程与工业均会将科学知识和技术成果转变为产品，形成物质财富；工程强调在一个时间周期内达到某个目的，而工业更强调产业化生产；工程试验的成功往往是规模化生产的前提保证。

通俗地讲，科学解决自然界中的现象"是什么"和"为什么"的问题。有了科学发现后，有些知识就形成了技术，技术解决的是"做什么"和"怎么做"的问题。人们应用科学知识和技术手段做出产品的过程就是工程建设与工业生产。许多新产品在正式投产前，常常以工程项目的形式开展前期的概念规划和研发设计，经过实验室试验、"小试"与"中试"阶段，项目成熟即可开始量产，完成从科学、技术到工程、工业的产业化过程。实质上，工业生产前期的技术研发、工程试验均可作为工业的组成部分。

工业活动主要体现为技术活动，是人的本质的表现，在《1844年经济学哲学手稿》中，马克思第一次确立了技术即工业的本质的思想[1]。技术是工业之母，没有一定的技术，就不可能有相应的制造业，也就谈不上工业化。因此，发明与掌握相应产品的制造技术，就显得尤为关键。工业依赖于技术而建立并发展壮大，工业的发展又反过来促进了技术的进步。历史地看，技术先于科学出现，它是人类在实际活动中对事物直接接触经验的结果，是亲身体验的"手上技术"。但这种技术毕竟只是纯粹的经验，人们还没有对它的实际技术过程与结果作出科学解释。

科学一方面是对既有技术的解释，使既有技术得到完善；另一方面又发

---

① 韦文荣. 马克思《1844年经济学哲学手稿》中的科学技术观 [J]. 经济研究导刊, 2010(23): 232.

明创造出新的技术，使科学理论与思想能够具体应用到实际的人类活动中。科学的意义在于探究客观事物的运动规律，技术的意义则是利用这些运动规律，创制出符合人类需要的各种物品。比"技术"更接近实际制造活动的是"工艺"，它表示"制造的实际技艺"。比如在工业活动中，当发明了某项制造技术并以"专利"的形式公布于世后，这项技术还需要具体化为某个生产流程的工艺：如果这个工艺设计得精妙，则这项专利技术就可以发挥出最佳效果，相反，如果工艺设计得粗糙，那么这项专利技术所起的作用就受限。因此，科学与技术对工业制造的全部意义可以凝结到一定性质与水平的生产工艺上。先进的生产工艺，意味着生产出来的产品品质好、成本低，符合人类的经济要求。相反，落后的生产工艺只能生产出品质粗糙的产品。一个国家的制造水平是否先进，可从它的生产工艺是否先进、是否以较低成本生产出高品质的产品来判断。

2．文化起源与内涵

人类在劳动过程中实现了手脚的分工，头脑也发达了起来，同时产生了思维和语言。几百万年前，原始人与众多物种在地球上同台竞争，过着茹毛饮血，树叶、兽皮遮体的日子。为了应对恶劣的环境、抵御凶猛的野兽、捕捉狡猾的猎物、砸碎坚硬的果实、切割收获的食物，原始人被迫开始了穴居，逐渐聚集为部落，学会了使用木棍、石块等工具。在严酷的生存斗争中，产生了神话、巫术、图腾、岩画等文化形态。例如，原始人会有目的地在洞穴岩壁上利用动物血液和植物汁液作画，有的描绘浦猎的场景，有的描绘举行宗教仪式的情景，内容十分丰富，技艺巧妙，人物生动形象。后来，原始人会将所见所闻，用简单的文字符号，记录在洞穴的岩壁、动物的甲壳等某些特定的地方。

由于生存和交流的需要，以及对自然界的敬畏，原始人发明了手势、语言、文字，并形成洞穴文化、渔猎文化、石器文化、部落文化等原始文化，这些文化成为当时社会的主流文化。英国著名人类学家泰勒在《原始文化》一书中写道："在人类文化中，即使有退化的持续干扰，但它的主流，自原始到现代，都是由野蛮向文明发展的。"①

人类的各种文化，因为环境变迁、时代更迭而进退不一，它与社会形态演变和生产力发展水平紧密相联。旧石器时代是人类文明的开始，石器这样的劳动工具诞生了。在文化上，已有雕刻与绘画艺术，人物描绘栩栩如生，还出现了装饰物。如距今 37000～13000 年的西班牙阿尔塔米拉洞窟中的壁画，其上的动物千姿百态、神情逼真，色彩至今仍鲜艳夺目，令人惊叹。

在西方，古希腊、罗马时代，"文化"意味着改造、完善人的内在世界，是使人具有理想公民素质的过程，也被理解为对公民参加社会政治活动能力的培养。到中世纪，"文化"开始有了物质文化和精神文化的区分。中世纪晚期的欧洲，"文化"指道德完美和心智或艺术成就。

在东方，"文化"一词很早就见于中国古籍中。汉代许慎的《说文解字》说道，"文，错画也""化，教行也"。汉代刘向《说苑·指武篇》首次把"文"和"化"连用，"圣人之治天下也，先文德而后武力。凡武之兴，为不服也，文化不改，然后加诛"。其中，"文化"的含义均指"文治和教化"，与"武功"相对而言。随着对"文化"一词运用的不断深入，"文化"这一概念的含义才逐渐明确起来。

17 世纪，德国法学家 S. 普芬多夫提出，文化是一个独立的概念，即文化

---

① 泰勒. 原始文化 [M]. 蔡江浓，编译. 杭州：浙江人民出版社，1988.

是人的活动所创造的东西与有赖于人和社会生活而存在的东西的总和。18 世纪，法国启蒙思想家伏尔泰等人提出，文化是不断向前发展的，是人得到完善的社会生活的物质要素和精神要素的统一。

文化是一个非常广泛的概念，各类定义众说纷纭，但大体上有广义和狭义之分。广义上，文化指的是人类在社会历史发展过程中所创造的物质和精神财富的总和。它可用黑格尔的名言"文化是人类创造的第二自然"来说明。狭义上，文化特指意识形态所创造的精神财富，是凝结在物质之中又游离于物质之外，能够被传承的宗教、历史、信仰、风俗习惯、道德情操、学术思想、文学艺术、行为规范、科学技术、各种制度等。

人类由于共同生活的需要才创造出文化，文化在它所涵盖的范围内和不同的层面上发挥着整合、导向、维持秩序、思想传承等功能和作用。对于文化的构成有不同的说法，其中，最常见的是器物、制度和观念"三层次说"。

（1）器物层次，指人类为了克服自然或适应自然，创造了物质文化，简单地说就是指工具、衣食住行所必需的东西，以及科技创造出来的产品等。

（2）制度层次，指为了与他人和谐相处，人类创造出制度文化，即道德伦理、社会规范、社会制度、风俗习惯、典章律法等。

（3）观念层次，指人类为了克服自己在感情、心理上的焦虑和不安，创造了精神文化，如美术、音乐、戏剧、文学、宗教等。

文明是人类开始群居并出现专业化社会分工、人类社会雏形基本形成后开始出现的一种现象，是较为丰富的物质基础上的产物。文化和文明有时候在用法上混淆不清，几百年来，一直有学者在研究其差异。一般认为，文化从人类诞生之日起就存在，其产生要早于文明。文明是文化的最高形式或高等形式；文明是在文字出现、城市形成和社会分工之后形成的。

3．技术与非技术因素

在人类文化发展过程中，技术与非技术因素均发挥着重要的推动作用。

技术发展贯穿人类发展全过程。原始社会是人类文明的萌芽期，祖先们通过最朴素的技术传递自己的情感，形成其对文化的独特理解。即使这种文化影响可能更多是区域性的，但这就是文明的基底和雏形。在制造工具或武器的过程中，人类生产由业余逐步转向专业，建立石器制造场并开展交换、交易活动，手工业文化就诞生了。在农业社会，人类经历了一次技术的飞跃，工艺愈加精细，产品越来越多样化，这使得人类产生了基本生存以外的文化思考。

但有一个重要现象不为人知或常被忽略：虽然文化的源头均与人类活动相关，但从技术角度考量，部分文化的起源与技术、手工业没有直接关系，如诗歌、音乐、美术、舞蹈、戏曲、祭祀、宗教等文化形态的诞生，因为古人作画可以在岩石上画，祭祀活动可以用动物的骨骼，祈福时可以把石头垒起来。

但是随着古代手工业的蓬勃发展，特别是手工业产品的普及，文化和技术建立起了联系。石器产品得到广泛使用并形成石器文化，于是，这一依托工艺技术、手工业发展而衍生的文化诞生了，并成为原始文化的一部分。如青铜器制备方法的出现，使得青铜器的生产工艺更加精细，种类更加多样，古人逐步发展出了对青铜器的审美要求，于是青铜文化应运而生。文化的发展又可以驱动技术的进步，这使得文化和技术的关联性开始加强。

原始兵器的演变

旧石器时代，人类先学会制造和使用的"兵器"是带有锋利边缘的石器，例如具有锋利边缘的石斧，当时大多数"兵器"也兼具生产工具的作用。新石器时代，人类掌握了磨制、钻孔等加工技术，制造出了复杂的专门用于战争的兵器。据周纬《中国兵器史稿》统计，新石器时代具有兵器性质的工具包括石斧锛和石钻凿、石刀和石刃、石镞、石戈与石钺、石铲和石锄。尤其是在新石器时代末期，经过长期、频繁的部落战争，初步形成了进攻性和防守性兵器，如弩、弓箭、投掷石球的"飞石索"等远射兵器，木棒、石锤、石（骨）矛、石斧、石钺等格斗兵器，石匕首、石刀等卫体兵器，猪皮做的盾、藤条做的甲胄及用石头或骨头做的护臂等防卫兵器。于是，兵器文化就产生了。

由于石器、采矿、建筑、青铜、铸铁、陶瓷、造纸、丝织、印刷、火药等手工业作坊或工矿作场获得了巨大的发展，手工业文化才得以诞生和繁荣。在这个演变过程中，出现了宏观和微观两个层面的文化形式。

宏观层面，由于手工业制品的广泛使用，形成了源自技术发明的文化形态，如青铜文化、建筑文化、服饰文化、铁器文化、瓷器文化、酒文化、茶文化等，这些文化融入社会生活，逐渐成为当时社会文化的重要组成部分。

微观层面，伴随着生产力的提高和社会需求的扩大，手工业生产部门不断增加，劳动分工细化，且手工业文化要素逐渐清晰，陆续诞生了产品设计、工艺技术等物质文化，经营管理、质量管理、人员管理等制度文化，价值理念、意识方法等精神文化。

第二节　文化体验与传播方式

人类技术发展为文化创造带来新的手段。大量工业技术和产品的广泛应用，催生了新的文化元素，促使新文化形态逐步形成。与此同时，工业不仅为文化展现提供技术装备，而且搭建出了重要的文化传播平台。

1. 创造新元素新形态

在人类工业历史发展的过程中，工业部门是逐步增加的。在原始社会，手工业种类很少，只有石器制造、骨角制造、陶器制造、纺织品制造、食品加工等部门。农业社会增加了冶铜、冶铁、建筑、车马、制糖、棉纺织、酿酒、制茶等部门。工业部门不断增加，有的是在生产与服务过程中产生的新业态，有的是由某个行业演变分化成的新部门，例如，在纺织业的发展过程中，先有丝织业，后有棉纺织业，其后棉纺织业又分化为轧花、纺纱、织布、印染等部门。同样，矿冶铸造业也日益分化成采矿、冶炼、铸造等工业部门。另外，某个工业部门的创立或发展，往往会带动其他有关部门的创立或发展，例如，冶铁业的兴起，使农具制造和兵器制造成为独立的工业部门。

于是，大量的手工业产品得到广泛应用，逐步形成了对应的文化形态，如青铜冶炼技术催生了青铜文化，建筑技术催生了建筑文化，纺织工艺催生了服饰文化，陶瓷制作技术催生了陶瓷文化，酿酒技艺催生了酒文化，制茶技艺催生了茶文化等，不胜枚举！这些都是工业技术产生的文化业态，且成为人类文化的重要组成部分。

青铜文化

青铜是红铜（纯铜）和锡的合金，因为颜色青灰，故名青铜。青铜的熔点在 $700 \sim 900℃$，比纯铜的 $1083℃$ 低，且具有优良的铸造性和化学稳定性，硬度和强度比纯铜高。用青铜制造的刀要比用纯铜制成的刀锋利得多，青铜熔液流动性好于纯铜熔液，利用模子可以铸造出各种复杂器物。然而青铜器铸造工序繁杂，包括采矿、熔炼、制模、翻范、配料、抛光等制造工艺过程。

青铜器在人们的生产、生活中占据重要地位，使用青铜器标志着人类进入青铜文化阶段。一般认为，最早的青铜器出现于六千多年前的两河流域，早期代表是苏美尔文明中雕有狮子形象的大型铜刀[①]。

二里头文化时期（公元前 1800—前 1500）被认为是中国青铜时代真正的开始。商周是青铜文化最辉煌的时期，直到铁器开始流行的战国中晚期，青铜文化才开始衰退。在青铜时代，青铜器在很大程度上代表中国早期文明，不仅作为国家政治的象征，还是社会等级、地位的象征，例如天子使用九鼎，然后依地位逐渐减少，诸侯七，卿大夫五。甘肃马家窑文化遗址出土的单刃青铜刀是目前已知的中国最古老的青铜器。1986 年，三星堆遗址出土了金器、青铜器、玉器、象牙器等各种文物近 2000 件，出土的青铜器表明，约 5000 年前，中国就掌握了精湛的青铜冶炼及青铜器制作技术。青铜器主要分为生产工具、兵器

---

① 贾成厂. 引领了一个时代——铜的趣话 (1)[J]. 金属世界，2023(1): 27−32.

和生活用具三大类，本来日用的青铜食器、水器、乐器等，还作为"礼器"，用于祭祀天地先祖。青铜礼器有炊器、水器、酒器和乐器等，乐器有铙、钟、镈、铃、鼓等。纹饰是青铜文化的重要组成部分，纹理图案具有丰富的文化内涵：一是浓厚的祖先与宗教崇拜意识，例如饕餮图案是镇鬼驱邪的图腾标志；二是体现礼制文化，反映社会等级地位，例如花纹的覆盖面多少、精致程度的高低等都反映出器物的等级差别，而龙纹、虎纹、鸮纹和象纹等一般只出现在规格较高的青铜器上；三是从造型看，青铜器的纹理图案造型精致、质地细腻、处理精到、结构匀整，艺术内涵丰富。

不同于以往依赖于经验的生产方式，工业生产的基础是科学技术。由此，工业的发展不再是保守与落后的，而是开放和革命的，工业的进步表现出没有"极限"的特点。

自第一次工业革命以来，人类生产力水平大幅提升，文化内涵加速扩展。一方面，工业产品在满足消费需求功能的同时，往往也衍生出一个完整的产业文化体系。例如，汽车的发明和广泛使用催生了汽车文化，飞机火箭的发明催生了航空航天文化，信息网络的发明催生了网络文化，时尚产品的设计生产催生了时尚文化。另一方面，工业革命带来的新技术、新产品、新消费、新理念深深影响人类社会，形成了许多新的文化元素。同时，工业不只是机械地制造一些规规矩矩的机器或零件，它的产品是按照美学规律制造的，具有较高的欣赏价值，生产过程中还洋溢着人文气息。因此，与其说工业是在生产，不如说工业是在创作，是在和艺术进行交流和碰撞，它的创作不仅体现了一种文化的理念，更是一种文化的传承。

总之，文化创新需要新文化元素的增加，没有新文化元素的增加，文化就会失去活力而停滞不前；文化积累也需要旧文化元素的保留，没有旧文化元素的保留，文化就会出现断层而无从延续。新文化元素的增加和旧文化元素的保留是一个社会选择过程，或许是渐进的、漫长的，或许是革命的、迅速的。历史上许多重大的科技成果，从照相和电影的发明，到无线电技术的普及，再到数字科技的突飞猛进，无不创造了人类文化元素的新组合方式，而工业恰恰扮演着这个重要角色：为文化创新源源不断地注入新的元素。

2．支撑文化发展

随着科技的创新和产业的进步，技术与文化的关系日益紧密，文化艺术的表达越来越需要工业技术和产品的支撑。

一方面，工业发展为文化的传承和弘扬提供了技术与装备的保障，有力地促进了文化繁荣，并给人类创造了无与伦比的文化新体验。文化技术与装备是工业化、信息化时代的产物，是开发、创造、生产、传播、提供文化产品和文化服务的技术手段。

另一方面，人类进入 21 世纪，大量文化技术与装备的研发和应用，迅速地提高了文化生产力，优化了文化生产关系的结构，催生出许多文化产业的新业态和新模式。例如，机器人、人工智能正在成为推动文化产业发展的强大引擎。伴随语音交互系统、即时翻译系统、即搜即听系统等的应用，海量的用户被吸引进入数字阅读的领域。

文化技术与装备发展的基础条件是工业，其根源在于工业将人类科技成果产业化并广泛应用在社会各个领域。人们借助文化技术与装备，就能进一步创造出高质量的文化产品和推出高品质的文化服务。例如，就文字载体的发展而言，从最早的龟甲和兽骨，到竹简和布帛，再到纸张，以及光盘、软盘、硬盘、云存储等，每一种新载体的出现，都基于技术的突破革新。

此外，新技术的产生大大改变了人类的沟通形式和信息传播的方式，从前只能用手势、声音、绘画和文字等传递的信息，现在则有了更为多元化的呈现方式。近年来，数字技术、网络技术、人工智能、虚拟／增强现实、3D打印、超高清等技术日新月异，这些新兴的技术及其载体既能对文化的传承保护、弘扬发展工作起到巨大的推动作用，同时也能在一定程度上承载现代人的文化寄托。

3．搭建文化传播平台

从社会学角度看，教育是一种直接的文化传播载体；文字是重要的文化载体，史书典籍正是借由文字从而更系统地传播文化的。文化载体，既包括有形的文化载体，如器物、服饰、饮食、书籍等，也包括无形的文化载体，如宗教、语言、神话、习俗等。

文化技术与装备的加持，使文化的传播载体不断升级，人类不再局限于面对面的交流、欣赏和体验。从报纸到广播电视再到互联网，大众媒介延伸了人的感官机能，扩大了文化传播的深度和广度。可见，工业不仅自身产生文化，而且还为文化发展打造出崭新的传播平台。

中国古代造纸术与印刷术的发明和成熟运用，大大提高了文化的传承与弘扬能力，使得文化传播不再受时空的限制。第一次工业革命以蒸汽机发明为标志，有了机械动力之后，就具备了大批量印刷生产的能力，这大幅提高了传播效率，因此报纸、杂志、书籍等成为文化传播的主流平台。

第二次工业革命是电气革命，在突破广播、电影、电视技术之后，工业部门基于这些技术开发了相应的产品并实现了产业化，于是诞生了广播、电影、电视等文化传播的主流平台。其实这些产品不是专门为文化部门制造的，最初是为了满足工业上的需求，比如，电视最初就是用来把照片传到远方的一种产品。19世纪30年代，人类实现了有线电报通信后不久，无线电通信也诞生了。几乎就在电报发明的同时，人们已在考虑能否采用电报的方式快速传递图像，于是对电视技术的探索就此开始了。

案例

电视的诞生

电视的发明是一群不同时期、不同国度的科学工作者共同努力促成的。19世纪30—40年代，塞缪尔·F. B. 莫尔斯发明了电磁式有线电报机，人们开始讨论和探索能否采用电报的方式传递图像。1865年英国工程师约瑟夫·梅发现硒有光电效应，能够利用其发射的电子信号把事物的影像传送出去，这为电视的诞生奠定了科学基础。1884年德国科学家保罗·尼普科夫发明电视扫描盘，这是电视机荧光屏的雏形。1923年美籍俄裔工程师左里金发明了光电摄像管，为电视摄像机的设计作出了贡献。1926年，英国科学家约翰·L. 贝尔德在伦敦演示了电视画面的完整组合及播送。在1939年的世界博览会上，世界第一台真正清晰的电视开播，电视真正诞生了。应该说，经过众多科学工作者的不懈努力，电视才开始走出实验室，逐步走进大众生活，并成为一种大众传播媒介。

第三次工业革命是信息技术的革命。互联网和智能手机出现了，在实现了从科学、技术到工程、产业的转化后，互联网、智能手机成为文化主流的传播平台。在这些平台上，迅速衍生出新的文化形态，如短视频、网络游戏等。

另外，由第一次、第二次工业革命催生的传播平台，慢慢开始衰落——看报纸、杂志的人很少，广播、电视的受众数量也大幅下滑。可以试着展望，第四次工业革命会催生出什么样新的文化传播平台呢？

第三节　人类表达方式的革命

人类从诞生之日起就心存梦想，科技进步和产业发展不断让曾经的梦想变为现实。数码影像、信息网络、元宇宙等新兴技术的发展不仅极大地拓展了传播时空，并且不断催生新的文化业态，引领人文发展。

1．成就人类梦想

人类的欲望与生俱来，梦想永无止境，这激励着人类不断地进行科学探索与创造发明，而技术更新迭代又推动着工业生产方式的变革与新产品的普及应用，人类得以一步一步趋近欲望与梦想，直至梦想成真。在原始社会，人类不能借助技术或人工设备来进行交流，只能直接接收真实环境中的声音与景象。这种交流只能发生在人类直接接触的物理环境之内，受到人类自身的视觉、听觉、触觉、嗅觉等感官能力的限制，且只能通过人类的记忆进行传播、延伸。

可以说，人类从诞生之日起就心存梦想，不管是神话还是传说，人类一直有这样的渴望，就是希望把看到、听到、闻到、尝到、学到、想到的告诉他人。但是限于落后的技术水平，很多愿望不能直接实现，于是人们采取了变通的方法。比如，在远古时代，古人在石壁上刻画各种表情和姿势的人物形象以表现喜怒哀乐的情感。后来发明了语言和文字，古人在龟甲、兽骨上刻下语言文字以记载重要事件或表达和传承思想，并直接通过语言和手势进行描绘、表达。这些粗糙的技术形式展现了人类早期古老、淳朴的文化形态。

同样，为了实现如飞鸟般遨游天空的渴望，在生产力落后的时代，古人创造了许多"超人"的神话和传说，嫦娥奔月、万户飞天、千里眼、顺风耳，以及腾云驾雾、长生不老的神仙就是典型的代表。从人类发展历程看，许多曾经的梦想均变成了现实，例如 1903 年 12 月 17 日，威尔伯·莱特和奥维尔·莱特兄弟驾驶世界上第一架载人动力飞机"飞行者一号"，在美国北卡罗来纳州的基蒂霍克飞上了蓝天；1961 年 4 月 12 日，苏联宇航员尤里·加加林搭乘"东方 1 号"飞船升空，成为第一个进入太空的人；1969 年 7 月 16 日，"土星 5 号"超重型运载火箭载着"阿波罗 11 号"飞船升空，当年的 7 月 20 日，美国宇航员尼尔·奥尔登·阿姆斯特朗第一个踏上了月球表面，成功实现人类首次登月。而现在的预警机和侦察卫星有"千里眼"，电话、手机等电子通信设备则是人类的"顺风耳"，单人飞行器能让人类"腾云驾雾"……

由于社会、经济、文化发展的需要，多种技术与工艺被创造、发明出来，投入使用并日趋完善，经社会生产、生活等实践活动的考验与升华，逐渐演变为文化的新元素、新业态、新支撑。另一方面，人类日益增长的文化需求又不断激励着技术与工艺的持续改进和创新。

2．拓展人文时空

从本质上说，技术对人文的改变是通过不同的文化形态与业态表现出来的，因此技术造就了文化的不同形式。文化的交流、传播和融合也极大地依赖于技术这一媒介。网络技术的发展促进了文化的全球化，使其具有前所未有的跨越时空的力量，为我们每一个人提供了在瞬间就可以欣赏到不同国家、不同民族、不同地域、不同时代的文化的可能性和机会。不同国家和民族的文化博采其他文化之长并且在更广阔的舞台上彰显特色和个性，从而维持着世界文化的多样性和差异性。

不仅如此，人类的精神需求是较为独特和丰富多样的，仅仅以物质手段，在有限的时空内很难得到满足。新兴技术，如数字技术、虚拟技术和人工智能等，可以很大程度上为人类的精神世界提供更广阔的映射空间。

工业发展极大增强了文化在时间轴上延续和在空间轴上流动的能力，网络文化的蓬勃发展体现出技术界定文化的巨大力量。互联网诞生 50 多年以来，已深刻地改变了人类对虚拟世界的认知与现实生活的面貌。借助计算机终端、手机屏幕，人们不断在数字世界里求生、迁徙、开疆扩土。

从整体来看，人类文化产业形态呈现出一种虚实结合的趋势。元宇宙作为多种新技术的集合，虚拟世界与现实世界的融合，在极大程度上点燃了人类对未来文化平台的想象！

目前的穿戴式传感器已经能够实现与人的紧密结合。元宇宙世界将融合人类的视觉、听觉、嗅觉、味觉、触觉等感知觉，由此延伸人类的感觉系统与认知能力。与电视、电影、互联网等传播平台相比，元宇宙对人感官的延伸更为全面。依靠 3D 显示屏幕、立体声耳机、触摸手套、定位追踪系统、气味模拟等技术套件，通过虚拟现实技术，能够同时延伸视觉、听觉、触觉、嗅觉、味觉五种感官系统，让人产生身临其境的"沉浸感"。

3．引领文化变革

工业科技进步和产业发展带来人类表达方式的革命。从手势、语言、文字、印刷，到互联网、融媒体、元宇宙，媒介的发展经历了漫长的历史，所有的媒介都朝着与现实世界渐趋同步的方向进化。科技越进步，人类的表达方式越丰富，其实就是文化形态越丰富。媒介进化与生物进化十分相似，即媒介必须适应当今时代的信息传播环境，或满足人们重现现实社会的需求。换言之，媒介能否长久存活，在于它们对现实世界的重现程度、对时空的延伸能力，以及人们对其接受或喜爱的程度。

从长远来看，工业对文化发展不仅起到支撑与融合的作用，而且是在驱动文化发展甚至引领文化变革，在此基础上，不断创造新的文化业态。与此同时，文化又催发工业科技不断地进步来持续满足人类新的文化需求与渴望。工业与文化正是在这种相互促进中呈现螺旋式上升发展状态。这些年，工业将 3D 打印、虚拟现实／增强现实（VR/AR）、无人机、人工智能等技术产业化，并运用到文化领域。例如，机器人肯定不是为文化部门创造的，但经过智能化设计，它可以弹琴奏乐、跳舞表演、打羽毛球、踢足球，可以与人对弈，玩智力游戏，此时，机器人就是文化娱乐产品。

当前是科技革命与产业变革的前夜，人类将迎来第四次工业革命。每次工业革命都有突破性的技术，且必然会给文化带来新的传播平台。比如，现在沉浸式 VR 智慧旅游体验已经可以实现了，裸眼 3D 技术让我们的感官体验大幅提升。现在有了 5G 技术之后，电子竞技游戏和 VR 相结合，人们可以戴着 VR 头盔同步进行电子竞技游戏，身临其境地去感受游戏世界，这就是科技带来的变化。在未来，我们可以大规模、大范围使用人工智能技术，比如自动博弈，人们可以跟机器人打羽毛球、踢足球，这些技术正在逐步实现。相信在不远的未来，机器人会成为人类文化娱乐的伙伴。

从数字化时代到元宇宙时代，技术在极大程度上提升了生产与沟通效率。伊尼斯在《传播的偏向》一书中写道，一种新媒介的长处，将导致一种新文明的产生。从媒介史的视角来看，新技术的诞生在一定程度上也会带来社会传播环境的改变，文化平台的进化会强化人与人之间的联结，推动人类的交往方式、表达方式与生活方式的变革。

第三章

工业文化基本概念

从人类社会变迁的历程看，工业文化的出现是文化发展的必然。工业文化不是新概念，更不是颠覆性的理念或思维，它早已存在于人类工业生产活动的方方面面，甚至被部分考古学家认为是人类创造的第一种文化，只不过我们没有系统地对其进行归纳和总结，没有完整地搭建起工业文化理论与实践体系。

第一节　工业文化释义

工业文化是人类工业化进程中所创造和提炼的文化价值观念的集合，往往与特殊的时代、特定的人物和独具特色的行业活动密切相关，有着比较丰富的内涵和外延，体现着地域性和时代性。

1. 概念界定

工业文化是文化的子集，既有文化的一般属性，又有在工业发展变化过程中形成的特殊属性。

与其他学科一样，工业文化有自己特定的研究对象和范围，且正在形成自己的学术分类、教学科目和理论知识体系。工业文化的研究对象是在人类的工业生产及社会活动中，文化发生、发展及演变的规律，揭示工业文化对工业化进程的重要意义与作用。研究对象和范围的特定性，以及工业与文化交叉融合的背景，使工业文化拥有自己的个性和特色。

英语中的 industrial culture 有两种含义，一种是工业文化，另一种是产业文化。早在 1882 年，德国哲学家尼采的著作《快乐的科学》中就出现了 industrial culture 一词，但之后学术界和产业界关于工业文化的研究文献极少，特别是西方涉及 industrial culture 的相关研究，基本上都把 industrial 视为"产业的"或"行业的"。

中国学者尤政、黄四民认为尽管工业文化的发展已有很长的历史，但是对于工业文化的研究，一直没有建立起相应的知识体系和理论体系，其相关研究碎片化散落在管理学、工业工程、经济学、历史学、心理学、社会学或人类学等学科领域。碎片化的现状意味着该领域将更具跨学科、交叉性、总体性的特征，因此，工业文化研究属于经济合作与发展组织（Organization for Economic Cooperation and Development，OECD）跨学科分类中的超学科研究类型[①]。该研究类型，从整合程度看，需要突破学科疆域，实现知识整合；从参与者角度看，需要学术界与非学术界的共同参与。这种研究类型往往需要以"大科学"的方式进行组织，其组织的复杂性与难度甚至超出研究本身。

总体来看，全球工业文化的理论与实践研究远远滞后于工业经济的发展，大部分探索停留在基本概念和作用意义上，没有系统化的研究，没有构成体系。

任何一种文化的产生和发展都与其所在的社会形态息息相关，工业文化源自人类社会发展的自然演变，其概念可从广义和狭义两个层面来理解。广义的工业文化是指工业社会的文化，它伴随着工业社会的发展而产生，与工业社会相匹配，具有典型的工业时代特征。狭义的工业文化是指人类在工业活动中产生的文化，与工业活动紧密联系。

总之，无论是从狭义还是广义上理解，不管是工业科技与产品支撑的文化，还是工业社会的文化，工业文化都是人类社会发展到一定阶段的产物，体现了工业社会的客观现象，反映了社会经济发展的内在需求。随着人类认识自然、改造自然的能力不断增强，科技创新能力在不断提高，支撑和壮大工业文化形

---

① 尤政，黄四民 . 新时代工业文化研究的机遇与挑战 [N]. 新华社客户端，2018-1-22.

态的工业技术和产品也在不断增多，使得工业文化这个主体的内核越发丰富和饱满。

这里从狭义的角度给出定义：工业文化是伴随着人类工业活动而形成的，是工业发展中的物质文化、制度文化和精神文化的总和。

对工业文化的形成与创造来说，工业物质文化是基础；工业制度文化是保障；工业精神文化是灵魂。工业物质文化的发展水平和状况对工业制度文化、工业精神文化的创造有着极大的推动作用。工业制度文化是工业物质文化、工业精神文化之间的中间环节。工业精神文化是最核心、最稳定的部分，对工业物质文化、工业制度文化的发展起到巨大的作用。

2．地位与本质

从人类社会发展历程看，工业文化是人类工业活动的产物，是人类文化发展的必然。从生产力角度看，人类社会经历了原始社会、农业社会、工业社会三个阶段。每一个阶段在漫长的发展过程中，都会形成一个与之相匹配的文化，作为这个社会的主流文化存在，如原始社会匹配原始文化，农业社会匹配农业文化，那么，工业社会与什么文化匹配呢？目前全球没有定论，我们认为工业社会应该匹配工业文化。因为，自 18 世纪 60 年代的英国工业革命起，工业的技术、产品、生产方式、价值理念逐渐渗透到社会的每一个角落，支撑着几乎每个行业、每个领域的发展，并由此产生了大量的基于工业技术、产品和现代生活方式的文化形态。与此同时，新生产力的发展迫使生产关系和上层建筑做出相应的调整或改变，形成与之相适应的体制机制、法律制度、标准规范，以及科教文化、社会秩序、文明素养等内容。于是，工业文化逐渐成为社会的主流文化。

站在人类历史的层面上看，工业文化要经历起源、传播、变迁、发展并走向未来的总体历程。而工业社会的文明、文化并不是人类文明、文化演化的终点，新的文明、文化形态在工业社会中孕育、生长，还会形成新的文明、文化形态。

广义的工业文化与原始文化、农业文化一样，随着社会的进步，迟早会衰落而变成历史。比如，当人类从工业社会完全迈进智能社会时，整个社会的主流文化就演变成智能文化，原有的工业文化将随着时代更迭而衰弱。而狭义的工业文化，即人类在工业活动中产生的文化，只要社会保留第二产业，工业不消亡，就仍会存在，因此，狭义的工业文化会一直随着人类社会的进步而发展。

工业文化发展既有传承也有创新，在此过程中，工业文化及其价值一定会落实在具体生产者的个性和产品上。因此，从人类用双手制造产品，能动地去改造世界、征服自然开始，工业文化的本质就在逐步呈现。因为生产者在制造产品的同时，也在产品中物化自己，就如工匠倾注自己的心血完成一件作品一样，这件作品不仅体现了工业文化的本质，而且在一定程度上融入了工匠自己的个性。就这个意义而言，每件工业产品都有自己的文化内涵，哪怕一颗小小的螺丝钉，都能映射出上千年的文明发展史。

事物区别于其他事物的一种内部规定性，就是事物的本质。工业文化的本质体现在人的工业活动中的物质领域、制度领域和精神领域。工业文化无疑是在物质生产的基础上发展并不断壮大的。尽管如此，人的本质却体现在精神领域，体现在为了更好地完成工业生产活动，人不断地自我完善上；体现在每个生产者都不知不觉地在哲学、伦理和美学领域树立起自身的价值观上。

因而，工业文化的本质至少包括以下七个方面。

① 工业文化是人类在工业生产活动过程中衍生或创造出来的。

② 工业文化是学而知之的。工业文化并非先天生成，而是依靠后天习得的经验和知识。

③ 工业文化是共有的。工业文化是人类在工业活动中创造出来的社会性产物，是为一个社会群体所共同接受和遵守的共有文化。

④ 工业文化具有结构。工业文化结构是指一个群体在工业生产活动中形成的一种文化脉络，体现出一个群体的具体的文化特质，有一定的层次结构。

⑤ 工业文化是动态的、可变的。工业文化是一定社会、一定时代的产物，既是一份社会遗产，又是一个连续不断的积累、传承、创新和发展的过程。

⑥ 工业文化具有民族性和特定的阶级性。不同国家和地区的工业发展水平不尽相同，其工业文化存在着差异性，并具有一定的民族特点与阶级特征。

⑦ 工业文化的发展具有一定的规律性。可以借助科学方法对其加以分析研究。

第二节　类别与形态

工业文化有多种类型和典型形态。物质文化、制度文化、精神文化是工业文化的三种典型形态，也是工业文化系统的三大要素。

1．工业文化分类

文化有多种分类方式。例如，考古学家根据地下出土的典型早期人类使用物，将人类早期文化分为"彩陶文化""青铜文化"等，人类学家、社会学家则重点从各文化体系的风俗习惯层面和文化心理结构层面将人类文化划分为"东方文化""西方文化""古希腊文化""古埃及文化"等。可见，考古学家一般以时间为纵坐标来划分人类文化的类型，人类学家、社会学家通常以地域为横坐标来划分人类文化的类型，这两种标准界定了纵横两种分类体系。

工业文化是一个多重复合系统，具有多种文化类型。在分析工业文化类型时，依据不同，范畴也不同。在工业社会，人类活动分散于世界各地，对不同环境的适应程度及工业化进程的速度不同，使得人类的工业文化类型朝多向发展。

- 根据文化性质来划分，有工业物质文化、工业制度文化、工业精神文化。

- 根据层面来划分，有宏观层面（如国家层面）、中观层面（如行业层面）、微观层面（如企业层面、群体层面）。

- 根据历史来划分，有传统工业文化（手工业文化）、近现代工业文化。

- 根据来源来划分，有本土工业文化、外来工业文化。

- 根据行业来划分，有石油文化、钢铁文化、航空文化、建筑文化、网络文化……

- 根据消费领域来划分，有网络文化、汽车文化、影视文化、服饰文化……

当然，上述分类及其涉及的范畴多有交叉，但这不影响我们从不同的角度去理解工业文化。

2．典型形态

（1）工业物质文化

人类创造的文化，必然会通过一定的形态表现出来，如生活用品、交通设施、建筑物、水利工程、娱乐装备、生产工具等。它们反映了人类的需要和科技的发展水平，反映了人类改造自然的能力。工业物质文化由"物化的知识力量"所构成，包括人类加工自然界原材料所创制的各种器具（可触知的具有物质实体的事物），即人们的工业物质生产活动方式和产品的总和。

工业物质文化反映的是人与自然的物质变换关系，这种关系表现为一定水平的社会生产力，即劳动者的工艺技术与劳动工具的结合，它创造了工业物质文化的各个方面。在工业化过程中，人类一直在利用大自然为自己的生存和生活服务，并创造了琳琅满目、丰富多彩的物质产品。例如，人在改造自然的过程中，为了获取衣、食、住、行等所需的物质资料，就要在一定的生产关系中使用和创造生产工具，同自然做斗争，改造劳动对象，以创造出社会所需要的物质财富。

工业物质文化具有很强的时代特征。随着时代的变化、经济的发展和工艺技术的提高，工业物质文化的总体面貌也必然发生变化，这从人类使用的器物、服饰、居所及交通工具等方面的变化可以得到证实。工业物质文化体现出民族文化的心理特征。不同民族生活条件和生活方式的差异，使其相应的工业物质文化所表现出来的民族心态也不一样。

（2）工业制度文化

制度是管束人们行为的一系列规则，这些规则用以规范社会、政治、经济行为，由非正规制约、正规制约和实施机制三要素构成。非正规制约是人们在长期的经济社会活动中形成的，在正规制约未定义的场合起着规范和约束人们行为的作用，如行为规范、价值取向等。正规制约是为规范社会经济活动和行为而有意识地创设的一系列政策及法律，如行业政策、规章条例、产业标准等。实施机制是指一种社会组织或机构对违反或遵守规则的人进行相应惩罚或奖励，从而使规则得以实施下去的条件和手段的总称。

工业制度文化反映的是工业生产过程中人与人、人与物、人与生产的关系，这些关系表现为各种各样的制度。各种制度都是由人所创造的，反映了人的主观意志。而工业制度文化一旦形成，便带有一种客观性，独立存在，并强制相关方来服从它，因此，工业制度文化具有权威性，体现了工业文化整体的性质。

工业制度文化具有鲜明的时代性和阶级性，主要体现在生产者、管理者对工业活动的参与形式中。工业制度文化的性质既要受到社会习俗和文明素养的制约，也要受到物质生产水平的约束。

（3）工业精神文化

工业精神文化由人类在工业生产实践和意识活动中长期孕育出来的价值观念、思维方式、道德情操、审美趣味、民族性格等因素构成，是工业文化整体的核心部分。工业精神文化所反映的是人与自身的关系，即人的内心世界。它不是一般的愿望、风尚、情感、情趣，而是凝聚成信仰、观念、思想的理性体系。

工业价值观念是工业精神文化的重要内容。人们改造自然，创造和享受丰富物质的活动，无不是在一定思想观念的指导和推动下进行的，所以观念形态的文化是工业文化中最有活力的部分，尤其是在工业生产活动中培养起来的价值观念，更是工业文化的精髓或灵魂，是核心要素。价值观念是人们判断是非、选择行为方向和目标的标准。人们追求什么、摒弃什么，是由价值观念决定的。

值得注意的是，尽管工业精神文化有相对的独立性，但其发展需要一定的物质载体，而它所达到的历史水平也应该与工业物质文化的发展水平相适应，因此，工业精神文化最终由工业物质文化决定并受其制约。

3．三层结构

工业文化系统结构是指其系统内部各要素及其组成的子系统之间相互联系、相互作用的方式和秩序，是工业文化能够在工业化发展过程中保持整体性并发挥巨大功能的内在根据。

物质文化、制度文化、精神文化，这三大要素实际上又是各自包含了更多低层次要素的子系统。比如，生产力和生产的物化形态构成了工业物质文化子系统；生产关系、社会制度与各种行为规范构成了工业制度文化子系统；人们的思维方式、价值观念、行为准则构成了工业精神文化子系统。

工业文化的物质层、制度层、精神层分别分布于表层、中层、里层三个层面（见图3-1）。工业物质文化处于表层，工业制度文化居于中层，工业精神文化潜沉于里层。

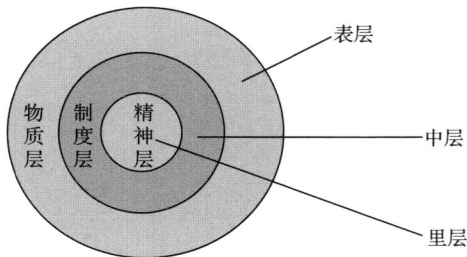

图3-1　工业文化系统的三层结构

在工业文化系统结构中，处在表层的物质层是整个工业文化的表象，也是其中最活跃、变化最快的要素，它是一个国家或一个时代的工业文化发展程度的外在标志。制度层反映人与人之间的关系，一旦形成，就成为一种规范、一种制度，制约着特定群体中人们的行为，具有一定的稳定性与继承性。精神层是工业文化的核心部分，是一个国家或地区在特定的自然与历史环境中长期积淀而成的，带有鲜明的民族特点，是工业文化变迁中最不易改变的部分。

第三节　主体与载体

工业文化在人类工业活动中产生，随着人类工业活动的发展而积淀、演进、升华，并对人类的工业活动乃至社会发展产生持续影响。因此，工业文化的创造主体、内容及传承载体等的特点符合一般文化的共性，但由于工业活动的特殊性，又表现出一定的差异性。

1．工业文化创造主体

文化由人所创造，为人所特有，人是创造文化的主体。同样，工业活动的参与者是工业文化的创造主体。由于工业活动的分工不同，不同参与者在工业活动中担任的角色和产生的影响不一样，因而对工业文化的创造也起到了不同作用。据此，可以将工业文化的创造主体分为不同的类别。

按照不同分工，工业活动的参与者包括生产组织管理、研发设计、生产制造、产品销售和产品使用等人员。此外，工业管理部门会对工业活动产生直接影响，因此相关人员也被视为工业活动的重要参与者。同一类型的参与者对工业活动的理解、认识、判断、需求等大体上是统一的，而不同类型的参与者之间存在一定差异，由此形成了不同的群体，每个群体在工业活动中都会创造出不同的工业文化内容。例如，生产组织管理人员提出的思想理念、管理方法、生产模式等会逐步固化并成为工业制度文化。

企业是聚合工业文化创造主体的基本单元。由于工业活动的特殊组织形式和当今人类社会职业的不同分工，一定数量的生产组织管理人员、研发设计人员、生产制造人员和产品销售人员往往属于同一组织，即企业。当前，企业承担了产品设计、研发、生产、销售等活动的主要内容，在这个过程中，上述不同群体创造了不同的工业文化要素和内容，如形成了不同的工业价值观、管理规范、工作作风等，这些文化要素在企业内部碰撞融合，演变为独特的企业文化。不同企业文化之间交流借鉴，演变为不同行业、地域、国家，甚至是全球性的工业文化。因此，企业可以被视为当今人类社会创造工业文化的重要主体之一。此外，对工业活动产生重要影响的其他类型的组织，如政府主管部门、科研院所、教育机构、媒体宣传单位等，也在发挥不同程度的主体作用。

工业产品的使用者包括生产者和消费者，他们也是工业文化创造的基本单元，是推动工业文化从狭义延伸至广义的主力军。我们可以从以下三个方面理解这一点。一是工业中的产品、工具、设备、厂房、原材料生产地等经过漫长岁月的洗礼、沉淀与升华，逐步成为人类的物质文化遗产，如青铜器、玉器、老作坊、古建筑、铁桥、留声机、老爷车、矿山遗址等。二是工业中的思想理念、管理模式、精神风貌、企业文化等逐渐向社会渗透，经过沉锚效应、模仿效应、扩散效应，渐渐演变成大众认同的价值取向和行为准则，并最终融入这个城市的精神、历史文脉和社会风尚之中，如许多因矿而兴、因工业而兴的城市，工业文化对该城市人们价值观的影响是潜移默化的。三是工业产品的广泛使用，使产品文化逐渐向产业文化演变，并最终成为社会文化的重要组成部分，如服装产品的广泛应用，催生了服饰文化、时尚文化；

汽车产品的广泛应用，催生了汽车文化、交通文化；网络产品的广泛应用，催生了网络文化、数字文化。

2．工业文化传承载体

工业文化的传承载体主要包括人类为开展工业活动而创造的可以在工业领域通用的语言和符号，可以传递、承载工业文化的工业产物，被赋予某种象征意义的工业参与者，承载工业故事和工业思想等的工业文学艺术作品，承载工业发展理念和价值观念的文本等。它们可分为物质形态载体与非物质形态载体。

（1）物质形态载体。工业活动的产物，如工业产品、设备、生产线、构筑物、建筑物等是传承工业文化的重要物质形态载体，承载了工业审美、价值观念、发展理念、精神信念、标准规范等诸多工业文化内容，如绿色、智能的工业产品和工业生产设备表达了节能环保和人性化的工业发展理念；自动化、智能化生产线的设计和布局不仅体现了工业美学，更体现了对员工的人文关怀。大部分工业产品、工具、设备等虽然会随着工业技术和产品的进步而被淘汰，但是它们记录下了当时工业的科技水平、生产状态、发展理念、审美偏好、精神风貌等。人们通过这些载体，依然可以还原出当时的人物和场景，唤醒时代的情感和记忆。

此外，工业活动参与者、工业企业等也具有工业文化的载体功能。工业领域的活动、仪式等同样具有工业文化的载体功能，工业博览会、技能竞赛、工厂奠基仪式等，都在不同程度地发挥着承载和传播工业文化的作用。

（2）非物质形态载体。工业的图形符号、标记标识、程序语言、标准规范、精神风貌等均是传承工业文化的重要非物质形态载体。例如，图形符号包括产品设计图、零件设计图、生产设备设计图、生产流程设计图等。图形符号可以将不同国家、不同企业、不同分工、不同时期的参与人员联系在一起，它有标准化的内容表达方式，使说着不同语言、来自不同国家和地区的人可以正常沟通；它真实记载了当时的工业生产理念和思维方式，使不同时期的工业活动参与者可以进行跨越时空的交流。通过某产品的设计图，研发设计人员的产品设计理念、技术要求等就被记录了下来，生产组织管理人员和生产制造人员只要看到设计图纸，就能按照图纸组织生产。

标准规范，承载了工业的发展理念、生产方式、规定要求等内容。通过一部标准规范的演变，可以了解一个行业、一个产品、一项技术的发展历程，可以体会到在这个过程中，工业活动参与者对产品、技术与人之间关系认识的变化。例如，汽车耗油标准的变化显示了如今的工业管理人员更加重视产品的节能和环保。程序语言，是工业技术发展到信息时代的产物，依据一段程序，熟悉该语言的人立刻会明白该程序所要执行的内容。

文化拥有各种各样的表现形式，当它们被用来讲述工业故事、展示工业形象时，它们就成为工业文化的载体。例如，描述工业的文学、美术、影视、音乐作品等都应被视为工业文化载体，如卓别林的电影《摩登时代》，体现了一个时期人们对工业流水线生产的不同认识，记录了流水线产生初期的一种生产状态及其对人的影响，因此，这部电影成为传播工业文化的一种载体。

第四节　纵横体系架构

工业文化的内涵与外延十分丰富。按横向维度搭建体系架构，工业文化可划分为工业物质文化、工业制度文化和工业精神文化三个典型形态。按纵向维度搭建体系架构，工业文化可划分为宏观、中观、微观三个层面。

1．横向体系架构

按文化的性质分类，也就是按横向维度搭建体系架构，工业文化横向体系架构如图 3-2 所示。

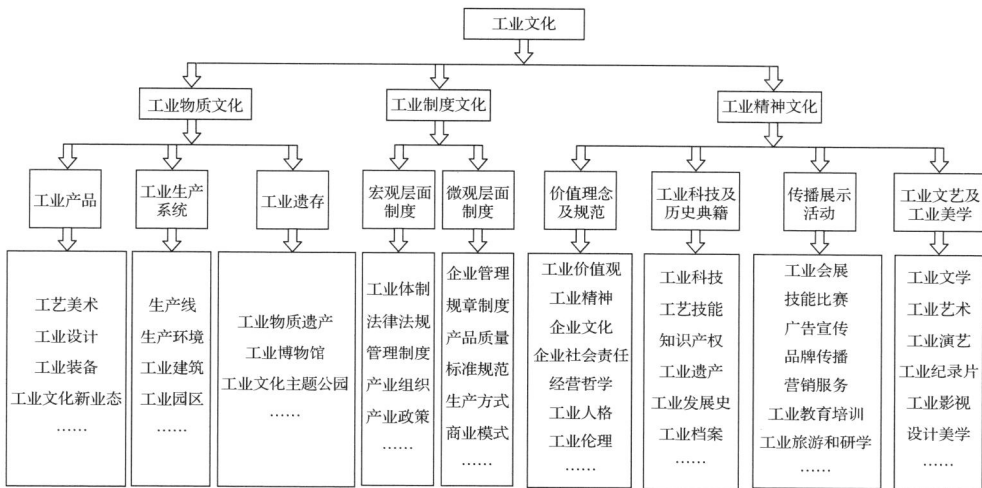

图 3-2　工业文化横向体系架构

（1）工业物质文化，主要由蕴含文化的工业产品、工业生产系统及工业遗存三个方面构成。蕴含文化的工业产品包括工艺美术、工业设计、工业装备、工业文化新业态等。其中，工业文化新业态是指最新的工业技术和产品应用于文化领域而形成的业态，如数字内容、3D 打印、虚拟 / 增强现实、机器人、人工智能、无人机、可穿戴设备等。工业生产系统包括生产线、生产环境、工业建筑、工业园区等。工业遗存包括工业物质遗产、工业博物馆、工业文化主题公园等。

（2）工业制度文化，主要由宏观层面制度、微观层面制度两个方面构成。其中，宏观层面制度包括工业体制、法律法规、管理制度、产业组织、产业政策等；微观层面制度包括企业管理、规章制度、产品质量、标准规范、生产方式、商业模式等。

（3）工业精神文化，主要由价值理念及规范、工业科技及历史典籍、传播展示活动、工业文艺及工业美学四个方面构成。价值理念及规范包括工业价值观、工业精神、企业文化、企业社会责任、经营哲学、工业人格、工业伦理等；工业科技及历史典籍包括工业科技、工艺技能、知识产权、工业遗产、工业发展史、工业档案等；传播展示活动包括工业会展、技能比赛、广告宣传、品牌传播、营销服务、工业教育培训、工业旅游和研学等；工业文艺及工业美学包括工业文学、工业艺术、工业演艺、工业纪录片、工业影视、设计美学等。

2．纵向体系架构

按纵向维度搭建体系结构，工业文化可划分为宏观、中观、微观三个层面。

（1）宏观层面，主要由工业价值观、国家工业体系、国家工业形象、工业文化资源组成。其中，国家工业体系包括工业管理体制，工业政策法规，产业结构、产业布局、产业规模等；国家工业形象包括国内工业形象和国际工业形象；工业文化资源包括工业遗产、工业博物馆、公共服务平台、工业旅游和研学、工业文化人才和教育、工业精神财富等资源。

（2）中观层面，主要由工业文化产业、工业行业文化、工业领域文化组成。其中，工业文化产业包括工业设计，工艺美术，工业遗产、博物馆，工业旅游、工业文化研学，工业文化新业态等；工业行业文化包括汽车文化，航空文化、航天文化，钢铁文化、机械文化，影视文化，网络文化，建筑文化，服饰文化等；工业领域文化包括创新文化，品牌文化、质量文化，知识产权文化，安全文化、绿色文化等。

（3）微观层面，主要由企业文化、工业群体文化组成。企业文化包括企业物质文化、企业制度文化和企业精神文化。工业群体文化包括群体理念、人格，群体规范、精神等。

工业文化纵向体系架构如图 3-3 所示。

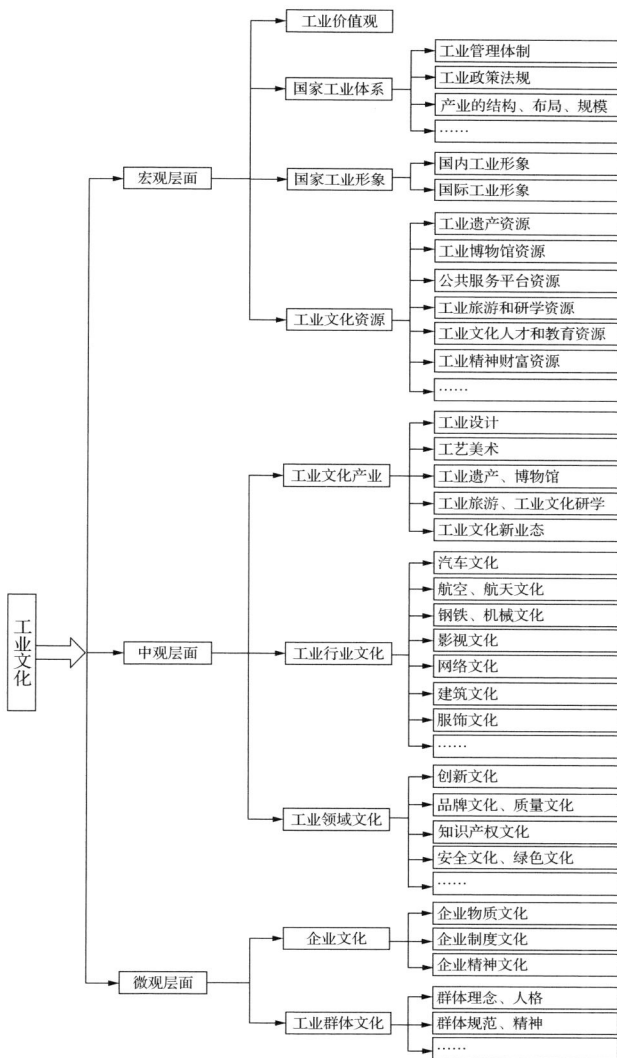

图 3-3　工业文化纵向体系架构

第四章

工业文化的内涵与价值

工业文化涉及的领域非常广泛，内涵十分丰富，可以认为它的研究对象是人类社会在实现工业化进程中不断积累下来的物质财富、制度财富和精神财富的总和。工业文化的属性、特征、功能、作用决定并体现了其重要的价值与意义。

第一节　工业文化的属性

属性是事物固有的特性，是事物本质的外在表现。工业文化具有多重属性，通过研究它的种种属性，可以加深对其本质的认识。

1．继承性和变异性

工业文化既具有继承性，也具有变异性。任何一个国家、一个民族的文化，在其发展进程中，都经常出现这样一种矛盾运动：一方面，它要维护自己的民族传统，保持自身的文化特色；另一方面，它又要吸收外来文化以壮大自己。

人类生息繁衍，向前发展，文化也连绵不断，世代相传。继承性是文化的基本属性，如果没有继承性，也就没有文化可言。作为人类文化的一种历史现象，工业文化的发展有其历史的继承性，一经产生就有了相对独立的生命，在特定的工业生产活动中传承。工业文化是工业活动中经验和制度的总结，若无继承性，那么新生的一代必须一切从头做起，这样，工业文化将始终在低层次重复，不可能进化，可见继承性也是工业文化发展的基础。工业文化的继承性主要表现为在其产生、形成、发展和演变的过程中被逐渐模式化的特定传统，从而构成了特定文化系统中从个体到群体的集体文化意识。

在文化的发展进程中，每个新阶段或多或少都会否定前一个阶段的部分内容，同时，也在不断吸收人类发展的新成果。因此，工业文化并非一成不变，随着时间、空间的变换及各种主客观条件的变化，它会不断地发生变革、产生异态，这就是变异性。

2．普同性和差异性

自古以来，让文化超越民族和国界，得到全球普遍认同，一直是世界各国文化传播的使命。文化的普同性与差异性，也可称为世界性与民族性。普同性与差异性是工业文化的一体两面，是其不可或缺的两种基本属性。

工业文化的普同性指其所具有的为人类基本生存、为经济社会进步、为工业生产发展而服务的特性，这种特性不因种族、民族、地域、阶级、时代而有所区别，因此，它是全人类所共同拥有的财富。这种普同性表现为在不同时间、空间、阶层、职业的背景下，存在一些带有普遍性和共同性的现象，换言之，即不同国家和地区的人的意识和行为具有共同的、同一的样式。普同性的内涵可以理解为文化观念上的某种趋同和文化现象上的某种类似。例如，在工业文明史上，不同国家和地区的物质创造、制度规范、经营哲学、管理方式、工业精神等丰富多样的工业文化现象，存在诸多相似之处，即包含全人类的普同原则，这些原则促使各国人民相互接近，相互融合。目前，经济的全球化让各国生活方式的差距逐渐缩小，整个世界的大工业文化更加趋向普同。这种现象既是工业文化普同性的必然表现，也是人类物质基础的相似性所导致的必然结果。

工业文化在不同的自然、历史和社会条件下形成了不同的模式，呈现出民族性、阶级性、地域性、时代性等差异。这种差异性的具体表现形式，使得各个国家和地区的工业及其所代表群体呈现出独特性和多样性。通常，社会生产力水平越高，历史越悠久，其工业文化内涵就越丰富，工业文化的民族性也就越突出、越鲜明。例如，英国工业文化的典型特征是经验的、个人主义和现实主义的，因此英国人重视经验，保持传统，讲求实际；法国工业文化，偏好能够象征人的个性、风格和反映人精神理念的东西；美国十分强调个人的重要性，是一个高度个人主义的国家，但也是一个高度实用主义的国家，强调利润和效率；日本工业文化具有深厚的东方文化色彩，具有群体至上和为集体献身的忘我精神，注重人际关系、家庭和等级观念，具有对优秀文化兼收并蓄的包容能力和强烈的理性精神。差异性是交流、变革和创新的源泉，对人类来说，保护工业文化的差异性就像保护生物多样性进而维护生态平衡一样必不可少。从这个意义上讲，工业文化的差异性是人类工业创新发展的共同财富。

文艺复兴和大航海时代之前，欧洲文化与东方文化彼此相对隔绝，因而都属于地域性、民族性的文化，虽然两种文化都发展到较高的程度，但都没有跨越大洲而产生辐射的能力，因而都不具有世界文化的性质。工业革命之后，一方面，具有本民族典型特色的民族工业文化在工业生产过程中创造和发展起来；另一方面，随着西方国家的殖民活动和产品技术输出，带有西方国家色彩的民族工业文化向世界广泛传播。总体来讲，人类在物质文化层面上的交流大于在制度层面和精神层面上的交流，由于工业强国在工业价值观输出和规则制定上掌握先发优势，于是全球工业文化交流呈现出不平衡、不对等的态势。

3．时间性和空间性

研究任何文化，都不能没有时空参照系。工业文化是在一定的时间和空间范围内由特定的人群所创造的。

工业文化总是生生不息、变动不居的，如果没有时间参数，我们将无法描述它的运动和变化过程。时间性是指工业文化发展过程中的持续性、绵延性和阶段性、间断性。没有无时间烙印的文化，任何工业文化元素，如工业设计产品、产业政策标准、时尚文化等，都具有时间性。

工业文化的时间性的内涵是：

① 工业文化在量上的累积和延续；

② 工业文化在质上的变异与区分；

③ 工业文化特质在流变过程中的暂时性或长久性。

从时间维度上考察工业文化的发生、发展、成熟、衰亡、复兴、重构、再生的过程，即是考察其量上的累积和质上的变异之间的矛盾统一过程，也就是旧特质衰亡与新特质增加的过程，其间亦不乏由量到质的转变。在工业文化的诸多元素中，有的易于变迁，如服装款式、劳动工具；有的难以改变，如工业遗产、工业精神。

空间性是就工业文化发展中的广延性、拓展性来说的。如果仅有时间参数，没有空间参数，我们也无法描述工业文化运动和变化的过程。人总是生活在一定空间之中的，因此，没有无空间的工业文化。

工业文化的空间性的内涵是：

① 工业文化发源、生存的空间一定与地理生态环境、社会发展环境和工业科技条件相关联；

② 工业文化在空间上扩散、传播；

③ 工业物质文化占据一定的空间，工业制度文化和精神文化的地域性不是指直接占据空间，而是指被一定地域的人所创造、沿用或采借。

总之，工业文化的发展不仅有其时间范围，而且在空间上由此及彼，由某一个区域到另一个区域，由某一个国家到另一个国家，乃至扩散至全世界。工业文化的时间性、空间性与它的运动和变化是不可分割的，不过，尽管每一具体文化的变迁和发展受时空限制，但整个人类的工业文化变迁和发展的时空是无限的。

4．正向性和负向性

世界上任何文化都有其"阳春白雪"和"下里巴人"的一面。从本质上讲，人类创造文化的目的，就是为满足其认识世界、改造世界和创造世界的需要。这种满足，其实就是一种正向功能的实现。工业文化的正向性主要表现为满足人类衣、食、住、行、用和发展的需求，它是为满足工业活动的需要而被创造出来的，这些工业活动主要是为了创造更多的物质财富和精神财富，并更好地利用这些财富。

负向性是指任何文化可能都有自己的不足之处，这种缺陷可能来源于负面文化的遗传，也可能是区域社会环境所致。工业科技的迅速发展，一方面促进了整个工业文明的繁荣，另一方面又在世界上越来越大的范围内留下了一系列社会问题。工业文化的负向性是指人类在工业发展过程中会形成固有的不良品质和不健康的心理需要。例如，自私是人类天生的，这种负向性不能完完全全地被驱除，但是通过社会文明程度的提高，人自身文化素养、素质的提升，也可减少负向性。殖民掠夺、物质至上、丛林法则、欺诈失信、垄断竞争等是工业文化负向性的体现。

5．人为性和群体性

大自然中的自然物不是文化，如纯粹的山川、湖泊、海洋、动物、植物等，只有人类的活动作用其上、精神投射其中时，它们才呈现出文化的意义，并延展出人为性与群体性的特质。

人为性指工业文化是人创造的，是人工实现的，只与人的工业生产、社会活动及其结果相关，如数字文化、品牌文化、工匠精神等。人类进入工业社会后，科学技术快速发展，生产力水平不断提高，人口数量急剧膨胀，这使得人类对自然资源的需求越来越大。为了生存和发展，人类对大自然的过度索取、改造和破坏所带来的后果非常可怕，引发了诸多生态灾难与文化病变，它们正以触目惊心的方式警醒人类：人类发展必须遵循自然规律，否则将适得其反！

工业文化体现在人类的群体活动中，是为满足群体的需要而创造、为群体所享用、通过群体而传播与继承的。一个人可以有自己的个人特殊行为，但这种行为如仅限于他自己，就只是一种个人习惯，会随着他的死亡而消失。工业文化为群体所共享，也对群体中的每个人实施一定的限制。工业文化的群体性还可以进一步用来展示人类文化发展到较高阶段之后的多样性和丰富性，说明群体有创造文化的巨大力量。

第二节　工业文化的特征

工业文化是人类工业活动的产物，其特征由工业活动及工业社会的基本特性所决定，这也是其显著区别于其他文化形态的地方。工业文化的特征是其内在本质的外在表现，通过研究其种种特征，可以加深对其本质的认识。

1．具有完整的系统

工业文化系统是许多具有特定功能的要素按一定结构组合而成的有机整体，包含物质、制度和精神层面的要素。这些要素是构成工业文化的基本单位，亦称工业文化元素，如一件工艺美术品就是物质层面的要素。

工业文化的系统性是其规律性的反映。系统性不仅包含其内部要素的多样性与整体性，也包含内部要素的某种独立性及其之间的关联性，这是由工业文化自身规律所决定的。系统性影响工业文化中各类现象的发生、发展和演变，依据这一规律，就可以分析工业文化现象的成因和演变趋势，可以认识到任何工业文化现象的存在都是以其系统为前提的，从而大致发现特定现象的基本内涵。

系统性也可能引发工业文化交流过程中的排斥、冲突等现象。依据这一规律，就可以较为理智地看待交流过程中存在的各种问题，尊重不同文化系统的核心价值，促使各个文化系统在交汇中融合、借鉴、协调，获得发展的新动力，并为创造更具生命力的新工业文化提供可能性。例如，在当今科技革命和产业变革的浪潮中，在不同文化系统熏陶下的人们或多或少地会受到影响或冲击，原有的思维定式在改变，有些文化中甚至已经出现突破系统规范的新现象、新问题，如信息网络的迅猛发展，已经建构起一个足以抗衡传统物理世界的虚拟空间。这种全新的网络文化已经渗透到人类活动的每个角落，这是突破既有工业文化系统的新生力量。

2．呈现典型地域性

文化既是民族的，又是世界的。工业文化同样具有民族性，任何工业文化最先都诞生于某一具体的国家或地区，因而带有鲜明的地域性。地域性决定了工业文化所具有的个性或特色，它体现在物质文化层面、制度文化层面和精神文化层面：物质文化层面，如器物的形态、用途的差异；制度文化层面，如工业管理体制、监管方法、政策、规划的差异；精神文化层面，如思维方式、价值观念、企业文化的差异。

地域性的工业文化与世界性的工业文化之间可以相互渗透、相互融合：一方面表现为地域性工业文化的世界化，另一方面表现为世界性工业文化的地域性。它们之间的相互渗透与相互融合，并不是无条件的，而是以一定条件为基础与前提的，通常情况下，是工业发达地区向工业欠发达地区输出工业文化及其价值观，工业欠发达地区更多的是被动接受和主动学习。

世界性工业文化应该是各国工业文化中那些被世界各国所广泛认同与普遍接受的文化。因此，并不是所有的地域性工业文化都能称为"世界的"，更不能说工业文化越具有地域性，就越具有世界性。当一个国家无法对世界上的其他国家产生辐射力与影响力时，它的工业文化只能是一种地域性工业文化，而不能被视作世界性工业文化。

3．发达地区向落后地区传播

正如"人往高处走，水往低处流"一样，工业文化的走势总体上是从工业发达地区流向落后地区，这一方面体现了工业文化的影响力有强有弱，另一方面也体现了工业文化的阶级性，这种阶级性表现为工业文化的传播更多的是单向的流动。例如，一些工业发达地区往往先建立起有利于自己的游戏规则，然后通过产品的销售、技术的转让、标准的制定、文化的传播、价值观的输出、管理制度的复制等，获得高额利润，实现自身利益最大化。

在存在阶级对抗的社会里，文化不可避免地要被打上阶级的烙印。一个国家中居统治地位的阶级，会将有利于自己的思想观念和行为规范向其他阶级甚至其他国家渗透。而被渗透的阶级的抗争，也必然会从工业文化中反映出来。

4．从量变到质变的过程

工业文化是不断发展变化的，当传承或积累到一定程度时，就会发生质变。人类文化是由低级向高级、由简单到复杂不断进化的。从早期的茹毛饮血到今天的时尚生活，从早期的刀耕火种到今天的自动化、信息化、智能化，都体现了现代社会和工业文明的进化成果。

总体来说，稳定是相对的，变化是绝对的，工业文化的发展过程一般呈现出两种形式：一种是量的增减，即累积性；另一种是质的飞跃，即变异性。这两种形式不是割裂的，而是统一的。累积性指工业文化缓慢地自然发展，传承旧的或引进新的，或者淘汰一些旧的特质；变异性指工业文化特质的增减促使文化系统的结构或模式发生全局性变化。实际上，工业文化变异不单单指浩大的文化运动，它往往也会悄然发生。

以工业物质文化为例，工具、器物的进步是一个渐进的过程，这种渐进过程也会被不期而遇的意外所打断。在原始社会、农业社会，工业物质文化累积的速度非常缓慢，而且由于信息传播和制造工具的落后，一些发现发明不能迅速普及。从陶器到青铜器、铁器，从蒸汽机到电动机、计算机，再到人工智能，工业物质文化在科技革命和产业变革中发生质变，在质变的基础上重新累积，循环往复，以至无穷。今天，工业文化知识和信息的传播、传承、储存手段和累积方式更是发展迅速，日新月异。

5．体现时代特色

在人类发展的历史进程中，一定的文化总是在一定的历史阶段和民族区域中产生、演变的，因此任何一种文化都有其时代性。工业文化的时代性指一个国家、地区或群体的工业文化具有鲜明的时代特征，呈现深刻的时代背景，这种时代性反映了工业活动和社会发展对工业文化的需求程度。

文明的演进、时代的更迭，必然引发文化类型的变异，最终新的形态取代旧的形态。但这并不是否定工业文化的继承性，也并不意味着工业文化发展的断裂。相反，人类演进的每个阶段，都会继承前人优秀的文化成果，将其纳入自己的社会体系，同时又创造出新的文化类型，作为这个时代的标志性特征。因此，工业文化的创造和存在具有时代性，它的传承和淘汰也取决于时代。具体可以从以下三个方面理解。

一是所有的工业文化都是在具体的时代被创造出来的，每个时代都有各种工业文化形态和内容涌现，使得人类文化不断累积、保存而日趋丰富。例如，以生产力和科技水平为"标签"的石器时代、青铜时代、铁器时代、蒸汽时代、电气时代和信息时代，均形成了一套内涵丰富、独具魅力、影响深远的特色文化。

二是人类工业化的每个阶段都有自己的工业文化要求和特色，其存在具有时代性，这从时尚服饰文化中可深切感知。

三是在工业化发展进程中，传承和淘汰反复发生，各种文明相互竞争，推动工业文化向前发展。传承和淘汰并不是对工业文化的形态或内容全盘接受或否定，而是对其核心部分进行传承、改进、改造。传承与淘汰是同时进行的，从根本上看，它们都是时代的需要，如从马车、自行车到汽车的车文化演变过程。

6．逐步成为普适文化

自古以来，人类就有强烈的超越民族界限、突破时空限制，认同并接受普适性文化的梦想和需求。文化的普适性是指任何一种特定的文化所拥有的普遍性品格，能够为世界各民族所采借或理解。普同性强调广泛认同，普适性强调广泛适用，正是因为工业文化具有普同性的属性，所以其才具有普适性的特征。工业文化的普适性是世界各国人民广泛交流、接触、沟通的结果。在农业社会，通信、交通的闭塞，导致农业文化具有强烈的民族性与地域性。在工业社会，由于通信、交通、贸易的迅速发展，特别是经过几次工业革命，工业技术、工业生产和工业产品在世界范围内扩散和应用，源自工业活动且更丰富、更多元的工业文化，在与地域文化、民族文化的交汇、交融中，显现出强大的"普适性"特征，它能够反哺地域性、民族性的文化，使之更具包容性和传播性，并促进了其发展。由此，工业文化逐步孕育出了"普适文化"（或者称为"大同文化"），这种普适文化在科技发展、市场经济、社会生活等方面形成了一套能为大众所广泛接受、广泛适用的价值理念、标准规范和行为准则。

当前，随着计算机、互联网、人工智能、信息通信、生物医药、新能源、航空航天等现代工业技术的迅速发展，工业产品、技术、制度、标准、规范等不断地向世界各个角落渗透，促进了整个人类文明的繁荣。这些成果的扩散，催生了一个全球共有的工业文化，使得大家均能认可并接纳。例如，在研发制造环节，不同国家和地区的企业相互协作、相互依存，依照共同约定的标准完成产品的研发、设计、生产、检验、包装等过程；在销售使用环节，不同国家和地区的人们根据产品的设计要求，按照规定的操作程序使用产品。再如，工业技术的扩散和产品的应用，使时尚服饰文化、建筑文化、汽车文化、网络文化、影视文化、快消品文化等新文化业态逐渐形成，迅速跨越地域和民族的界限，在全球广泛传播、广为流行。

第三节 工业文化的功能

工业文化的功能是指工业文化系统内部各要素之间的相互关系，以及由各要素构成的文化整体所发挥的作用和效能，它更强调其对人类生存、社会进步，特别是对工业发展所起的作用。

人类为满足生理和安全方面的基本需求进行物质生产活动，并在此基础上产生更高级的精神文化和制度文化的需求。随着生产力发展，大工业产生，工业社会逐渐形成，工业文化也随之演进并发挥其满足人类物质及精神所需要的功能。同时，工业文化演进推动人类需求升级，推动工业文化内容与形态持续更新。从这一角度看，工业文化的功能主要包括以下方面。

1．传播功能

传播功能即记录、存储、加工和传承工业社会的信息，以满足社会发展的需求。随着历史的进步，人类创造了日趋先进的传播手段，使世界上不同国家、地区和民族的经济、政治、科技、教育、新闻、法律、宗教、民俗、器物等方面的情况，都得到日益广泛、日渐深入、日趋快捷的传播。人们认识自然、认识社会、认识自身、认识不同文化的浓厚兴趣和强烈愿望是文化传播的动力。文化的传播对于借鉴别国、他人的长处，不断提高自身的创新能力大有裨益。

2．认知功能

认知功能即影响、制约人们的认识活动和知识水平。工业文化凝聚着人类在工业活动中对认识世界、改造世界的认知。借助文字符号的记录，人们得以了解和认识不同的社会形态和历史阶段，了解和认识不同行业和领域的个人、企业、团体等多方面的差异，了解和继承前人的知识和遗产，考察自然界和人类社会中的各种现象，分析其演变过程，探求工业文化的运行机制和发展规律。工业文化的认知功能具体体现在以下两个方面。

一方面，人类在工业生产中不断认知世界，并提升认知世界的能力。工业生产的前提是对生产对象的认知，相关从业人员在对生产对象的性能、生产目的、加工方式、发展趋势等方面产生认知后，才能开展工业生产，并在生产中加深认知，提升技术水平，优化对资源的利用，协调工业生产与自然环境的关系及人际协作关系。

另一方面，工业文化的认知功能在传承中创新发展。工业文化将前人积累的优秀知识经验集于一体，为后继发展提供基础。认知的获得主要以传播和教育两种手段进行，通过教育手段可以直接系统地获得已有的知识，通过传播手段可以扩大受益面，接受者通过继承和移植方式，结合自身的时代、地域、个体特色予以扬弃，在传承的基础上实现融合和创新发展。

3．规范功能

规范功能即通过营造工业文化环境，改变人的思维方式、行为习惯、价值观念、审美趣味并使之社会化，达到指引、评价、预测、教育、制约的目的。文化是人创造的，同时人又被文化所塑造，本质意义上的人实际上就是文化意义上的人，社会中任何成员都无法超越文化的影响和制约。不同行为背后有不同的价值观念，而不同的价值观念源于不同的文化类型。所谓"适应"就是人们有意或无意地调整自己的思想和行为，使之合乎所处的环境，这也正是人们被文化所塑造的过程。通过相应文化的规范或教化，才能培养出具有创新精神的新人。

工业文化通过价值引领、制度标准、教育评价等方式在个体指引和宏观引导上发挥其规范作用，具体包括五个方面：①指引作用，指工业战略、规划、政策和标准可以为工业发展提供具体的工业标准和行为模式，其价值取向也可以在宏观上引导工业的发展走向；②评价作用，指工业文化可以作为一种标准和尺度对工业生产与发展进行评价、判断，以确定其正误良莠、增益减损、前景价值，并进一步起到指引作用；③预测作用，指通过监测、分析工业文化发展态势，可预测工业活动中个体与群体、企业和行业的行为走向与发展趋势，并据此采取对策；④教育作用，指工业文化将已有的认知成果和价值标准凝结起来，既对原有成果进行传承，又可以从成功和失败的案例中获得相关经验，促使相关工业主体汲取其中的教育意义，并在后续行为中受其规范；⑤制约作用，指当工业主体违反工业运行中形成的规范、标准时，将受到所在环境的消极评价，甚至硬性制度的惩戒与制裁。这五个方面相互影响，共同推动工业文化规范功能的发挥。

4．凝聚功能

凝聚功能是把一定区域的社会群体、个体聚集在一起，让其融洽相处。文化存在着双向的辐射现象：一种是内辐射，产生向心力，发挥聚集功能；另一种是外辐射，产生发散力，发挥融合功能。这两个方面互相协调、相辅相成，使文化形态在保持完整的同时，又得以不断发展。

例如，一个国家的文化基因，在不知不觉中影响了该国人们的思维方式和行为方式，并形成强大的向心力。工业生产中的各个主体在协作中形成相同的价值观念、社会意识、行为模式和标准规范，对这些方面的认同形成强大的向心力，发挥着凝聚作用。

工业各行业内部亦有行业文化，行业标准、制度准则、评价体系等文化要素凝聚着工业发展能量和从业人员的观念素质，进而会对工业发展产生影响。行业文化、工业文化也具有普适性，因此不同国家和地区的行业、工业有诸多共同点，进而可以推动国际交流，在国际范围内发挥工业文化的凝聚功能。

5．调控功能

调控功能是在工业发展过程中，协调人与人、人与企业、工业与社会、工业与自然之间的关系。调控功能既是人类社会发展内在机制的需要，也是工业文化自身发展的需要。不同的利益群体有着不同的利益诉求，其中存在的多种矛盾需要予以调控。从工业社会运转的角度，可以这样说：工业社会运转表现为人与人之间形成特定的社会关系——工业生产关系、经济关系、政治关系等；保障这些社会关系运行的是隐藏在其后的工业文化——制度、规则、习惯、理念、审美等。

拉德克利夫·布朗认为：一个社会的每种习俗与信仰都有其特殊的功能，这种功能有利于维持那个社会的结构。在一个社会中，只有做到各部分"习俗、信仰"有序部署，社会才有延存的可能。由此，有理由认为，工业文化是隐藏在"社会关系"之后的"润滑剂"和"助推剂"，在工业社会发挥了维护社会系统稳定、维持工业发展的调控作用。

具体而言，工业文化的调控功能主要体现在以下四个方面。①调控个人的身心发展。工业文化产品丰富着人们的生活，为人们的身心健康发展提供了更多的物质条件，价值理念和行为导向也影响着从业人员的职业性格及心理心态，由此对个人身心发展予以调控。②调控工业生产人际关系。制度文化调控着从业人员的协作方式，精神文化引导着从业人员的行为模式，使工业主体遵从一定的行为准则和道德标准，减少冲突。③调控工业生产与经济、社会、生活等方面的关系。工业生产为社会创造了大量的物质财富，极大地满足了人类生活和社会发展的需要，促进了社会稳定，推动了文明进步。④调控工业生产与自然环境的关系。生态自然是工业发展的资源来源和运作环境，同时影响着工业发展。工业应以更科学、更环保、更可持续的方式发展，在生态自然和工业发展中寻找平衡点，实现代际和谐、生态和谐。

6. 创新功能

创新功能即超越现实局限性，激发人类的创造意识和创新能力。人类不断利用已掌握的知识，促使环境朝着有利于其生存和发展的方向变化，从而变革自然生态和社会环境，改善自身的生活条件，改变自身的精神状态，变革人类的思想观念，拓宽人类的视野。随着工业文化不断刨新发展，人类的思想观念、价值标准、精神风貌都发生了或正在发生着极为深刻的变化，在此基础上，人类一直在尝试改变世界甚至塑造新的世界。

世界各国经验表明，社会目标的实现很大程度上取决于人的观念，"先化人，后化物"。观念的本质是文化问题，文化对人类社会的发展与进步有着至关重要的影响。

第四节　工业文化的作用

工业文化与工业发展是作用与反作用的关系。首先，工业文化作为一种精神力量，能够在人们认识世界、改造世界的过程中转化为物质力量，并与经济、社会交流融合，对工业经济和个人发展产生深刻的影响，成为提升工业竞争力的重要因素；其次，工业社会的制度形态、价值观念、行为规范、生产方式、人文精神等决定了工业文明的发展程度，工业文化中生态文化、绿色文化等的发展趋势引导着工业文明和人类社会的发展；最后，人类在创造工业文明的过程中也在不断地创造先进的工业文化，并逐步构建起整个社会的新的价值体系和道德规范，推动人类社会不断前进。

（1）工业文化是生产力

马克思在《资本论》[①]中指出，在人类历史进程中，人类生产劳动的社会

---

①　马克思，恩格斯. 马克思恩格斯全集：第 48 卷 [M]. 中央编译局，译. 北京：人民出版社，1979: 98.

分工造就了物质生产领域和精神生产领域的分离，于是社会生产分化为物质生产和精神生产。在物质生产中创造物质产品的能力，形成了物质生产力；在精神生产中创造精神产品的能力，形成了精神生产力，也就是文化生产力。

工业文化具有明显的生产力属性。物质生产力和文化生产力相互交融，共为一体。一方面，工业文化生产力具有精神生产的独特性，是职业操守、行为准则、价值理念等精神文明发展的成果，具有突出的意识形态特征。在工业文化生产和传播过程中，生产主体将自身强烈的主观因素渗透于生产和传播的整个过程。另一方面，工业文化生产力又具有明显的物质性，具有一般实践活动的特征，即由实践主体通过劳动，将一定的材料加工为物品，形成物质文化。换句话说，工业文化融入工业生产的过程表现为一个物化的过程，即通过文化为产业、企业和产品赋能。

（2）保障工业社会协调发展

作为文化系统的子系统，工业文化影响着其所在工业系统整体的发展，发挥着协调工业社会正常运转的重要作用。

首先，在解决工业发展中的问题时，工业文化既能起到规范、凝聚、调控的制约作用，也具备"上善若水"般包容、浸染、渗透的润滑功能，后者更像"润物细无声"的"春雨"，具有持久的、潜移默化的作用。工业文化是保障复杂的工业社会顺畅运行的"润滑剂"，时刻在平衡、调节生产关系，以及人与人、人与机器、人与企业、企业与社会、工业与自然的关系。

其次，工业文化有助于实现人的全面发展。随着科技进步和生产力提升，整个社会的工业文明素养和科学文化教育水平获得极大提高。工业文化通过不断发展产业、扩大文化产品的生产以满足人们日益增长的文化需求，陶冶人们的情操，提高整个社会成员的素养，从而为人实现自身的全面发展提供文化保障。

再次，工业文化是增强工业综合实力的重要手段。一方面，文化软实力发展可以直接提升工业硬实力；另一方面，工业文化可以提升从业人员的综合文化素质和思想道德水平，从而为社会培养出一大批高素质的人才，从整体上提高国民素质，为经济发展提供直接的推动力量。

最后，工业文化是提升国际影响力的重要途径。可以通过文化外交增强本国文化对其他国家人民的吸引力，构建工业及相关产业交流的新平台，从而促进不同文化间的交流和联系，在国际舞台上提升本国的国际影响力。

（3）工业发展的倍增剂和灵魂

工业实践滋养现代化观念，工业文化铸就现代文明精髓。工业文化既是工业系统的重要组成部分，也是工业发展的倍增剂和灵魂，并可为其发展提供精神动力。工业文化作为工业化的思想基础和精神动力，包含丰富的人文内涵、制度规则、合作精神、效率观念、质量意识、可持续发展观，这一切构成了工业文化思想的内核。"工业精神"是文化中精神动力的重要体现，一个国家的"工业精神"往往表现为整个社会对制造业的重视程度和制造业所处的经济地位。在人们的印象中，德国人严谨、美国人创新、英国人规范、日本人敬业，这其实都是工业文化中"工业精神"的一种体现，其内涵就是对科学规律的尊崇，对规则、制度、标准、流程的坚守，回望欧美曾经走过的工业化之路，不难发现工业文化发挥了巨大作用。

（4）增强工业软实力，推动增长方式变革

当今世界国与国之间的竞争，不仅是经济、技术、产品等硬实力的竞争，更是软实力的竞争。设备落后可以更新，管理落后可以引进，而要改变人的思想，优化发展环境，培养正确的工业价值观，就必须形成一套适合本国发展的工业文化。

工业文化的嬗变顺应了工业化的潮流，同时作用于工业化的发展。一方面，工业社会的制度形态、价值观念、行为规范、文化环境和人们的文化素养决定了工业文明的发展程度；另一方面，人类在创造工业文明的过程中也在不断地创造先进的工业文化，在新科技革命和产业变革来临时，技术体系、生产体系、资源体系、管理体系发生变化，进而会改变人的思维模式并形成新的价值理念，从而推动社会进步和产业发展。

（5）促进质量品牌建设，提升产品的文化附加值

世界许多发展中国家在发展过程中出现了社会道德滑坡、诚信缺失、行为失范等情况，食品安全、产品质量、工程事故、环境污染等问题层出不穷。因此，通过传播和弘扬契约精神、效率观念、质量意识、品牌意识、可持续的发展观等工业文化理念，能促使企业注重产品品质提升，履行企业社会责任。

产品价值包括使用价值和文化价值。当消费者生活水平提高后，一定期盼产品在实现使用功能的同时，能带来更多的精神享受，而企业也希望在满足消费者精神需求的基础上，获取更多的文化溢价。通过加强设计、包装和服务，丰富产品的文化内涵，可以大幅提升产品的品质和附加值，并让企业形成差异化的市场竞争优势。发达国家，如意大利、法国、德国、丹麦和挪威的日用陶瓷、服装成衣、制鞋、家具等传统产业，其发展道路与发展中国家的低成本制造业完全不同，它们通过赋予这些产品一定的文化内涵和知识特性，将其打造成高端品牌，甚至奢侈品，把"夕阳"产业变成了创意产业。

第五章

工业文化的先进性

文化是思想、科技、社会进步的源泉，是一个民族的根。人类文明是多样的，文化也具有多元性、丰富性，各民族文化没有优劣之分。但是，在几百年的工业化进程中，有的文化兴起了，有的文化衰落了，有的文化只能孤芳自赏，有的文化却能风靡全球，归根到底，还是文化生命力的问题。先进文化是与时俱进的，它随着经济的不断变化，总能够适应和满足时代进步、社会发展的要求。工业文化的变迁有许多复杂的因素，所谓工业文化的先进性不是指学理上的玄奥与高深，而在于是否能够适应社会发展、引领时代潮流，最终为整个社会所接受。

第一节　先进性的界定

文化属于上层建筑的范畴，既受生产力的制约，又可以反作用于生产力。从某个历史时段看，文化对生产力的促进作用有先进和落后之分。文化可以滞后于社会发展，也可以超前于时代并指导未来。所谓"先进文化"是指能够根据时代的变化，适应时代的要求，推动社会生产力发展和社会全面进步的文化，它是一个民族不断发展壮大的原动力。

一种文化不管处于何种时代，对应何种生产方式，要成为这个时代的先进文化必须具备开放性、科学性、创新性和发展性四个特征，这是先进文化的基本要求。

历史上，对于评判文化先进性的标准有不同的观点。一般认为，衡量文化先进与落后的标准离不开生产力，促进生产力发展的文化具备先进文化属性；反之，阻碍生产力发展的文化属于落后文化。因此，先进文化的标准至少可以从四个方面考量：有助于促进生产力进步；有助于实现善治；有利于人民福祉；有助于增强文化认同和国际影响力。

① 从生产力角度，工业文化先进性体现为对传统农业文化的扬弃。工业文化对生产力有促进作用。工业革命的根本在于生产力的质变，而质变产生的结果是政治、经济、文化、社会各领域均发生了系统性的变革。显然，生产力进步的文化后果就是近现代工业文化的产生与发展，其本质属性有别于传统农业文化，是对后者的扬弃与超越。

② 从治理角度，工业文化先进性体现为对全新社会秩序和组织形式建立的有效推动。工业文化的诞生是生产力变化的结果，代表了先进生产力的文化形态，工业社会的机器大工业和商品经济的典型特征对社会秩序及组织形式的改变也必然体现在文化层面。自工业革命以来，工业文化的主导思想是以对生产效率的追求和对科技的崇尚为基础的"工具理性"，这种理性化的结果就是"科层制"大行其道，科层制成为治理国家、市场和社会的主要手段。

③ 从提升人民福祉角度，工业文化先进性体现为以人为本的发展诉求。生产力的提高使人民生活日益富足，能够获得好的居住条件、医疗卫生条件，获取健康的水源和足够营养的食物。与工业文化相伴而生的民主进程的加速和人民自主性的提升也能最大限度地增进公共利益，即人民福祉。人民福祉的提升体现了生产力的"福利属性"，其背后是以人为本的诉求，包括消费需求的满足，也包括社会福利和公共服务的完善。另外，工业科技进步所体现出来的以人为本的取向，其背后的动力是工业价值理念中对消费群体和社会负责任的态度。

④ 从文化认同和国际竞争角度，工业文化的先进性体现为能够有效增强文化认同和国际影响力。在国际竞争中，综合国力体现为"硬实力"和"软实力"，伴随着全球化的到来，先进的工业文化理念和组织管理制度越来越成为考量综合国力的重要因素。长期以来，全球文化交流并不平等，西方发达国家

掌控全球文化话语权，借助现代传媒进行文化扩张和渗透，使其文化和价值观获得了广泛认同。可以说，西方工业文化是世界范围内的强势文化，在文化传播与文明冲突中处于主动或优势的地位，这是全球文化互动中不可忽视的一点。西方文化强势地位的形成，主要是因为它更多地利用了最新工业文明成果作为文化输出的载体。另外，文化的重要功能之一就是提供归属感和提升凝聚力，先进工业文化可以通过对经济领域价值观的引领和渗透，增强政治和社会领域的认同，进而增强民族自豪感和国家认同感。

第二节　先进工业文化的影响力

工业文化从来不是一成不变的，当时代更替，社会经济条件发生变化时，文化也必须应时革新，蕴含新的时代内容，这样才能产生积极的力量。从西方近现代工业发展的历史可以看出，正是自由、平等和创新的文化开启了西方工业文明时代人本精神和科学理性精神的大门，为西方工业发展所需要的文化精神提供了基本的思想框架。先进工业文化是一种具备强大影响力的文化类型，在参与全球化竞争，特别是价值观较量的过程中，先进工业文化往往可以有效支撑一个国家的文化软实力，从而能够不断扩大这个国家的文化影响力。

1．动态理解先进性

工业文化应当是为生活于工业社会的人们所共有、遵循和传承的一整套价值符号体系，包括共同的知识、情感、伦理和信仰等，还包括其物质表现形态和顶层设计系统。首先，工业文化可以塑造国民性格、民族精神，进而引起文化变迁、群体行动，体现在生产力进步、社会进步、工业文明素养提高等方面；其次，工业文化有助于明晰产业结构布局和经济发展方向，引导行业诚信自律和体制机制完善，体现在全球化背景下的产业结构升级和系列创新活动等方面；最后，工业文化能引导社会职业伦理道德进步和物质文化建设，体现为职业人认真、勤俭、理性、卓越等品质的形成与传承，以及对产品品质和审美的追求等。

（1）工业文化发展需要与时俱进

事物是辩证发展的，相对于传统农业文化，工业社会是先进生产力的代表，工业文化是先进生产力的成果，而工业文化的先进性并不意味着工业文化就没有落后和糟粕的成分，而是指它本身具有先进文化的属性和特征。

因此，工业文化的先进性并不是一贯和永恒的。工业文化从农业社会走来，对农业文化有所继承，也有所决裂和舍弃，这本身就是一个历史过程。工业文化的先进性也不是说它包含永恒的先进特质，而是其在特定历史时期成为适合推动生产力发展的上层建筑，并伴随着社会形态和生产力的变化、伴随着社会结构与秩序的变化而与时俱进。

（2）不同工业文化之间存在差异

工业文化的先进性并不意味着所有国家和地区的工业文化形态没有差异。当今世界的发展，工业社会也好，后工业社会也罢，其实本质上都是有别于农业社会的工业社会的不同形态，社会化大生产和机器大工业仍然是生产活动的典型特征，变化的是互联网、物联网、云计算、大数据、人工智能、量子计算、生物医药、新能源、新材料等飞速发展的科学技术，它们改变了生产工具和人们交往的途径。在全球化的今天，工业文化仍然会与不同国家和地区的政治、经济、文化背景融合，从而产生不同的形态。尽管划分工业文化的标准是多维的，如工业发展所处阶段、技术先进性、工业理念先进性等，但是仅就本书所提到的标准而言，不同国家和地区的工业文化就存在着显著差异。

在横向的对比中，可以清晰地看到美国、德国等西方强国在工业化进程中处于领先地位，也可以看到北欧国家在增进民众福祉方面的成绩和教训。这些国家的工业发展已经持续了几百年，取得了突出的成就，形成了一整套符合自身发展特色的工业文化体系，体现出在促进生产力、优化社会治理和增进人民福祉方面一定的先进性。

2．引领与掌控作用

（1）引领作用

工业文化的影响力体现在其对全球工业文化或者特定领域的引领作用。比如，工业革命初期英国价值理念对全世界资本主义国家的引领，就是通过其创新性的工业生产方式和技术能力实现的。在后续的两次工业革命中，美国的引领作用非常突出。这种引领以该国超前的工业化进程和先进的工业文化为基础，围绕引领国在工业领域的进展，会形成一系列标准规范和国际组织，使引领国成为引领全球的"游戏规则制定者"。刘怀光、王崇认为，"问题的关键在于，起自《威斯特伐利亚和约》的现行国际关系体系，是西方国家自 17 世纪以来民族、国家关系演进的结果。其价值规则和政策框架均来自西方的文化、历史传统。对于美欧国家而言，这一体系是自然而然的东西，其价值观是毋庸置疑的共识，其文化产品是自身生活的表达，其政策操控与这一体系是高度一致、吻合的"[1]。

（2）话语权掌控

在国际工业文化竞争中，文化定价权是需要特别关注的。文化定价权不同

---

① 刘怀光，王崇. 从软权力到文化软实力——语境变化的内在逻辑与现实根据 [J]. 河南师范大学学报 (哲学社会科学版). 2012, 39(5): 4.

于工业资源和商品乃至劳动力的国际定价权，而是指在国际价格规律基础上，由于文化影响力的差异而产生的"溢出"的价格和成本。资本主义进入帝国主义阶段后，试图将西方中心论的"普世价值"向全球扩张，文化竞争归根结底是意识形态竞争，"文化帝国主义"是它的一种表现形式。

第一个系统阐述"文化帝国主义"这一概念的是赫伯特·席勒，他的全部研究基于这样一个事实：第二次世界大战以后，新兴的民族国家尽管在政治上脱离了西方的殖民统治，但在经济和文化方面仍然严重依赖少数发达的资本主义国家。

从本质上说，当今各国参与国际产业分工协作、商业贸易交流，大多依靠经济和文化来竞争话语权。这是由于不同民族的文化特质不同，它们在促进经济发展和社会进步上各有所长，而世界前进的方向和方式不是唯一的，因此维持世界工业文化的多样性十分必要且迫切，而工业文化的生命力和先进性应该放在人类历史的长河中去审视和评价。

第三节　工业文化的外溢

当今世界进入了一个综合国力竞争异常激烈的时代，大国竞争不仅体现在经济实力、军事实力等硬实力层面，更进一步体现在观念、文化、发展模式的吸引力，国家形象、国际影响力等软实力上。可以说，文化战略就是生存战略，谁的文化成为主流文化，谁就是价值观主导权斗争的赢家。但是，只有具备先进性的文化才能为世界所广泛接受，当一国的制造业增加值占全球比重超过20%的时候，先进生产力孕育出的先进文化就会产生外溢效应，被其他国家争相研究、学习甚至效仿。

1．20% 现象

中国学者尤政、黄四民在研究工业文化时观察到一个现象，将其称为"20%现象"，即当一个地区的制造业增加值占全球比重超过 20% 的时候，该地区的工业文化就会由"内生"逐步走向"外溢"，开始大规模地为其他国家所接受[①]。此时，该国的工业软实力明显增强，其对外的影响力、号召力、掌控力，尤其是对规则的制定能力显著提升，因而该国的主流价值观和发展模式获得认同的机会大增。美国、日本就是典型案例。

例如，在 19 世纪和 20 世纪之交，美国的制造业增加值占全球比重超过 20%，在此后的半个多世纪里，美国产生了以流水线为标志的效率文化，以及其后的质量文化、组织文化、创新文化和企业家精神等，不仅巩固了其工业强国的地位，也影响了世界其他国家的发展模式。20 世纪 90 年代初，日本的制造业增加值占全球比重达到 20%，产生了以丰田生产模式为标志的精益文化，对世界工业乃至其他领域的影响持续至今。

2010 年，中国的制造业增加值占全球比重首次超过美国；2012 年前后，中国占比超过了 20%。如果"20% 现象"依然存在，那么中国工业文化外溢就处于一个新的历史机遇期。

2．从内生到外溢

外溢效应有文化外溢效应、技术外溢效应和效益外溢效应等。工业文化的外溢效应，是指工业生产活动不仅会实现产品制造本身的预期效果，而且会对工业领域以外的人或社会产生影响。

---

① 尤政，黄四民. 新时代工业文化研究的机遇与挑战 [N]. 新华社客户端，2018–1–22.

工业文化外溢效应指工业生产活动孕育出的工业文化价值难以评估且具有公共产品的属性，因此，工业文化的创造者、传播者并没有获得额外的经济效益，但工业文化在传播、扩散过程中额外给社会创造了巨大的积极价值。

工业文化外溢具有巨大的社会价值与潜在收益，具体表现在以下方面：第一，影响生产组织模式，提升生产效率、产品品质与服务质量；第二，形成产业，产生经济效益；第三，提升工业文明素养，形成主流意识形态，产生社会效益；第四，孕育出先进发展理念和文化形态，并通过各类产品和管理模式对外传播与输出。

工业文化外溢带来的结果就是该国的影响力、号召力、掌控力显著提升，对国际的标准、规范、机制、组织、秩序、生态的导向、制定和控制能力提高。这也意味着该国已从量的积累、点的突破逐步转变为质的飞跃和系统能力的提升，意味着该国的产品、企业、产业将更多地在价值链高端深度参与国际竞争与合作，从技术、标准、规则的模仿者、跟踪者、遵守者逐步转变为赶超者、创制者、引领者。

第四节　先进生产模式的外溢效应

从第一次工业革命开始，曾经产生过许多影响世界的生产管理理论与方法。如 20 世纪初出现于美国福特公司的流水线生产模式和第二次世界大战后肇始于日本丰田公司的精益生产模式等曾经风靡全球，多国纷纷学习和效仿，并形成了惊人的工业文化外溢效应。进入 21 世纪，人类迎来新一轮的产业革命，工业互联网、智能制造、绿色制造在全球兴起，虽然在理念模式上它们各有侧重，但究其本质都是实现个性化定制及服务延伸，此时服务型制造成为全球制造业发展的新方向，因而率先领跑的国家将成为各国学习与效仿的榜样。于是，凝聚先进生产方式和经营理念的工业文化一定会产生外溢现象。

1．流水线生产与文化外溢

工业生产模式经历了由个体或团队独立加工到大规模流水线生产的过程。大规模流水线生产是现代工业生产的一种典型模式，它产生的文化元素不仅改变了工业系统内人的思维习惯和行为方式，更是随着工业产品的推广应用，使流水线文化扩散到教育、艺术等诸多领域，并深刻影响着这些领域的文化演进。

工业流水线生产诞生于 20 世纪初的汽车行业。当时，电动机的应用逐渐普及，电动起重机等一批电驱动设备也被发明出来，这为流水线生产模式铺平了道路。流水线首先出现在汽车行业，与汽车生产的特殊性有关。早期福特 T 型车的生产要由工人将各组成部分装在固定架子上，工人为寻找组装件需要来回走动，耽误时间，同时一组工人要掌握汽车组装的大多数操作程序，培训成本也比较高。因此，福特希望可以做到车移动、人少走动。基于这种理念而诞生的流水线生产技术，为离散型的工业生产组织带来了根本性变革。依据流水线的生产理念，分工更为细致，每道工序所用的时间大致相同，工人只需专注于一道工序，且更加专注，由于专注于一项重复性的操作，工人也会从中找到灵感，进而发明出更为便捷的工具。流水线生产技术使得大规模生产成为现实，而且可以降低工人的培训成本，保证工人稍加培训甚至不需要培训就可以工作，工人上岗的门槛变低了。生产效率明显提升后，工人待遇也提高了，因此这一技术广受欢迎。

在此之后，流水线生产不断完善，其他行业纷纷引入福特的流水线理念，这种理念被传导到社会中，得到当时美国社会的一致赞扬。汽车产能提高，成本下降，使得更多的美国家庭可以购买汽车，工人可以在缩短工作时间的基础上提高工资，进而促进消费，消费又带动了生产，形成良性循环。

其实，这个时期还有一位重要人物——泰勒，他的《科学管理原理》一书所蕴含的思想在家庭、经济、教育及流行文化等诸多领域都引起了巨大反响。但泰勒的标准化理念在实践中并没有超越流水线生产理念，因为流水线生产理念还主张不断把先进的设备引入流水线生产技术中，不断对它进行优化。《科学管理原理》的广泛传播使社会更多阶层和领域的人可以接触流水线和标准化的生产理念。流水线生产理念在被更多人所认知的同时逐渐沉淀，成为流水线文化。

随着流水线生产模式的普及，一些群体逐渐发现这种模式与自身需求或者预期存在不协调之处。首先，部分工人发现每时每刻的重复性劳动使自己逐渐丧失了本来可以拥有的专业技术能力，他们感觉自由正在被生产车间所剥夺，担心自己的精神因此会麻木。接着，一些企业管理者和社会学家发现流水线虽然能大幅提高生产效率，但是这种"推动式"的生产模式对市场容量要求比较高，如果市场容量严重萎缩，为降低成本，企业将不得不关停流水线，流水线上的大量工人会因此失业，且由于长期从事重复性劳动，失业工人很难再从事其他技术性强的工作，从而导致可怕的大规模技术性失业。很遗憾，这种担心在 20 世纪 20 年代末的金融危机中成为现实。工人、企业管理者的这些认识传递到社会中，社会也涌现出了批判流水线的声音，如卓别林的电影《摩登时代》就是这种批判的代表。《摩登时代》这种脍炙人口的文化作品使得更多的工人意识到流水线正在剥夺自己的自由，对流水线的不满也越来越强烈，后来福特一再提高工人待遇，依然无法吸引到足够的工人。企业管理者也深刻认识到流水线的问题，这为精益生产模式的产生创造了条件。

2．精益生产与文化外溢

今天，在科研、行政、金融、文化等诸多领域依然能听到"精益"这个词。

在各类机构眼中，"精益"是一个"永不过时"的时尚"名词"，很多机构更是将其视为核心价值和毕生追求，不仅不断丰富"精益"的内涵，更在办事流程和制度的设计上穷尽想象力和创造力以实现"精益化"。这种"精益文化"正是工业精益生产中精益文化外溢的结果。

精益生产诞生于日本的丰田公司。该公司的大野耐一从工人与企业管理者等群体之间关于流水线的文化碰撞中总结出自己的一套认识。大野耐一曾经在福特的工厂认真学习了传统流水线的生产组织模式，他认为这种模式不能直接套用到日本，因为日本当时的市场空间和原料供给都十分有限，先生产产品再找市场，会造成收益周期与成本周期之间的巨大差异，其带来的债务负担是丰田难以承受的。同时，大野耐一认为，日本人的敬业精神是丰田可以信任的，日本工人在技能和主动性方面拥有巨大的潜力，传统流水线生产模式对工人的技能缺乏重视，无法将日本工人的作用发挥到极致。因此，大野耐一考虑既要充分发挥工人的作用，又要与市场紧密结合，基于多方面考虑，他在流水线基础上摸索出一套精益生产模式。这一模式的显著特点就是要求工人根据市场订单"看板生产"，即从市场需求端出发，有多少订单，就生产多少产品，变传统流水线的"推动式"生产为"拉动式"生产。同时，他提倡团队协作生产理念，要求工人必须掌握多种技术，能够在改进生产方面提出建议等。

这种精益生产更强调人的作用，给人以更大的发挥空间，因而很快得到丰田公司上下的认同，赢得汽车高效生产和工人主观能动性的双丰收。随着以丰田车为代表的日本汽车的市场占有率赶超欧美汽车，精益生产理念被世界所认知，欧美企业逐渐开始研究并采用精益生产的理念，改进传统生产组织管理模式，使得精益生产理念逐渐积淀成一种强调协助、强调充分发挥团队中每个人价值的精益文化。精益文化从工业生产领域扩散开来，还对教育、科研等诸多领域的组织和管理都产生了巨大影响。时至今日，由工业衍生出的精益文化依然在各领域管理效能的改善和提高中发挥重要作用。

3．服务型制造与文化外溢

进入 21 世纪，一场新的产业变革发生了，主要发达国家纷纷提出，基于数字化、网络化、智能化的工业生产方式，制造业和服务业间的界线变得模糊，制造即服务成为全球追逐的理念和模式。无论是德国工业 4.0，还是美国的工业互联网，它们的核心思想都是通过有效的技术和管理手段，推动制造业从大规模生产转向柔性化、定制化生产，更加精准、高效地满足客户的需求，为其提供细致周到的个性化服务。

传统观念认为，制造就是生产加工。实际上，生产并不等于制造，制造包括生产和服务两部分。过去，由于工业供给能力有限，基本上是工业供给什么，消费者就消费什么。当今，自动化生产技术已基本实现全球性的普及，无人车间、无人工厂这种智能化生产模式也比比皆是，工业供给能力和效率前所未有地提高，成本则在逐渐降低。然而，对于企业来讲，供给能力提升带来的是有限的市场和更加挑剔的消费者，为吸引消费者购买自己的产品，很多企业采取将消费者纳入生产组织过程的办法，力求使消费者对产品产生黏性，这也令消费者所拥有的文化元素融入企业，从而促成了今天的服务型制造。

服务型制造是为了实现制造价值链中各利益相关者的价值增值，通过产品和服务的融合、客户全程参与、企业相互提供生产性服务和服务性生产，实现分散化制造资源的整合和各自核心竞争力的高度协同，从而高效创新的一种制造模式。

服务型制造形成了新的服务模式和服务文化。第一，在价值实现上，强调由以传统的产品制造为核心，向提供具有丰富服务内涵的产品和依托产品的服务转变，直至为客户提供整体解决方案；第二，在作业方式上，由传统制造模式的以产品为核心转向以人为中心，强调客户、作业者认知和知识的融合，通过有效挖掘服务制造链上的需求，实现个性化生产和服务；第三，在组织模式上，覆盖范围超越了传统的制造及服务的范畴，让不同类型主体（客户、服务企业、制造企业）主动参与服务型制造网络的协作活动，在动态协作中自发形成资源优化配置；第四，在运作模式上，强调主动服务的文化，主动将客户引进产品制造、应用服务过程，主动发现客户需求，展开针对性服务。企业间基于业务流程合作，主动为上下游客户提供生产性服务和服务性生产，协同创造价值。

个性化服务就是服务型制造的一个典型应用场景。过去，工业产品供给能力较弱，产品消费者和产品生产者之间属于弱关联，产品生产者追求产量，根本不会过多地考虑消费者。然而今天有竞争力和生命力的企业，都会充分考虑消费者，让消费者参与生产的各个环节，并积极地响应消费者的各种诉求。

工业服务文化的历史就是人类体验升级的历史。最早的流水线生产时代，产品的物理功能可能就是一切。在工业化的漫长岁月中，注重售后服务、产品使用和维修手册，逐渐成为一个典型工业品的标配。今天，工业进入服务型制造时代，服务理念开始贯穿产品研发、设计、生产、销售、使用的全生命周期，服务文化逐步取代精益文化和流水线文化。

第六章

工业文化的传播与变迁

工业文化包括手工业文化和近现代工业文化。人类从有意识地制造石器开始，就出现了手工业文化的萌芽。石器、陶器代表着旧石器时代和新石器时代的原始文化，青铜器和铁器的使用将人类带入农耕文明。农耕文明累积的量变达到质变，使用蒸汽动力的新机器被发明出来，近现代工业文化偕同工业文明奔涌前进。工业文化成为一种全球广泛传播、普遍认同、无法抗拒的先进文化，成为一种推动工业进步和社会发展的软实力。

第一节　演进动力

科技革命和产业变革是工业文化演进的原动力。每次工业革命爆发，都会带来新的生产技术和管理方式，打破生产力与生产关系的和谐发展，并引发人、工业、社会、自然等之间的各种矛盾。矛盾是事物发展的动力，一方面，新的工业科技和管理方式会给人以新的启迪，带来思想文化的同步进化；另一方面，在处理矛盾的过程中，人们认识世界、改造世界的能力会不断提升，由此造就新的工业文化业态。

1．工业制造与自然环境之间的矛盾

从哲学角度来看，人与自然的矛盾是人类社会的基本矛盾之一。人与自然的矛盾伴随人类的生产活动产生。随着现代工业社会的发展，人对自然的干预能力大大增强，人与自然的矛盾日益加剧，一方面人们努力保持与自然的和谐共处，另一方面工业制造会对自然环境造成一定程度的干预和破坏，气候变暖、土地荒漠化、雾霾等自然环境被破坏的现象不胜枚举。

在人类历史中，工业制造对自然环境的破坏一度达到顶峰，人类不得不开始竭力保护自己生存的环境，于是，工业文化中增添了绿色、生态的理念，企业不只是产品的生产者，还要承担一定的社会责任，必须在保证不破坏生态环境的基础上，生产出绿色、安全的产品，如很多企业都将绿色环保放在企业宗旨的首位。这些都体现了人与自然的矛盾在工业文化形成与发展过程中的作用。

案例

马斯河谷烟雾事件

比利时的马斯河谷烟雾事件，是于 1930 年 12 月发生的一个急性大气污染事件，这是发生得较早的工业制造对环境造成危害的事件。一星期内，有 63 人死亡，为同期正常死亡人数的 10.5 倍，另有几千人出现呼吸道疾病症状。后经调查，该事件产生的原因是在比利时马斯河谷这个狭长的河谷地带，聚集了许多重型工厂，包括炼焦、炼钢、电力、玻璃、炼锌、硫酸、化肥等工厂，还有石灰窑炉。当大雾弥漫，出现逆温层时，空气对流受到抑制，这些工厂生产、排放的废气和粉尘在地面上大量积累，无法扩散，特别是二氧化硫的浓度极高。

2．生产活动中人与人之间的矛盾

人与人之间的矛盾是人类社会的基本矛盾。为了让人与人和谐相处，人类创造出制度文化，即风俗习惯、道德伦理、社会规范、典章律法等。同样，为了在工业生产活动中建立人与人之间的和谐关系，减少矛盾，工业制度文化诞生，并在不断地发展和完善。

工业制度文化是维持企业生产正常进行的保障。谷歌作为世界 500 强企业中的佼佼者，拥有高效的制度文化和管理体系。"以人为本"是谷歌制度文化的中心思想，在谷歌办公区，员工的位置一般被安排在靠窗的地方，方便大家欣赏风景和享受阳光。此外，谷歌为员工提供免费而丰盛的三餐，兼顾口味和营养，让他们能有健康的身体。处处为员工考虑，提供舒适的工作环境等，可以让他们工作得更开心、更投入，减少摩擦，提高效率，这些细节都是企业文化中的关键点。

案例

<h2 style="text-align:center">华为的制度文化</h2>

目前，华为是通信设备企业的一大巨头。1998 年 3 月，华为出台"华为基本法"，它不仅是中国第一部总结企业战略、价值观和经营管理原则的"企业宪法"，也是华为进行各项经营管理工作的纲领性文件和制定各项具体管理制度的依据。"华为基本法"效仿法律条文的方式进行编写。主要有六个方面：宗旨（核心价值观、基本目标、公司的成长、价值的分配）、基本经营政策（经营重心、研究与开发、市场营销、生产方式、理财与投资）、基本组织政策（基本原则、组织结构、高层管理组织）、基本人力资源政策（人力资源管理准则、员工的权利与义务、考核与评价、人力资源管理的主要规范）、基本控制政策（管理控制方针、质量管理和质量保证体系、全面预算控制、成本控制、业务流程重整、项目管理、审计制度、事业部的控制、危机管理）、接班人与基本法修改。"华为基本法"的真实意图在于，通过组织发动公司上下学习，将核心价值观融入新一代管理者头脑中，以确保优秀的"DNA"能一代代传承下去。"华为基本法"最具特色和活力的部分在于尊重人才，而不是迁就人才。

3．社会发展与文化需求之间的矛盾

人与文化之间的矛盾是社会发展永恒的主题。随着人类社会的发展，矛盾逐渐从人与自然、人与社会的矛盾转移到人与文化的矛盾上来，这种转移实际上体现了人的自我意识的转变。从主观角度来讲，人与文化的矛盾的产生体现了人们自我意识的提高，体现了人征服世界与控制自我的协调，体现了人类思考的主题从怎样看待外部世界到怎样看待自我的变化。

文化是人类自身活动的成果，是人的本质对象化的成果，是人类自我否定的过程和表现，是人追求自我发展的动力，它弥补了人类存在的非理想性。人类在改造客观世界的同时创造了文化，而不同时期的人类社会对文化有着不同的需求，当文化不能满足社会发展时，就造成了社会发展与文化需求之间的矛盾。这种矛盾会使社会矛盾加剧，直至产生与之相适应的文化，推动社会前进。工业文化是人类社会发展到工业文明时代的必然产物和基本需求，这种需求推动着工业文化的发展。

4．科技进步与思想观念的矛盾

历次重大科学发现所引起的技术突破，都引发了生产力的巨大进步和社会的深刻变革。从历史上看，三次工业革命浪潮带来的技术革新，使科学理性和工业技术成为近现代社会文化发展的重要源泉。

如果说，以相对论和量子力学为基础的现代科学技术把人类的认知范围从肉眼可观察的物质世界扩展到肉眼难以观察的宏观与微观世界，从根本上改变了人类的宇宙观、时空观、物质观和运动观，那么，正在全球范围迅速发展的互联网、移动通信、人工智能和量子技术，实现了人类文化资源和文化价值的共享，为全球范围的人们更广泛、自由、迅速地交往和沟通提供了前人难以想象的高效和便捷，从而极大地改变了人类的生产方式、生活方式、行为方式和思维方式，并成为推动全人类物质文明和精神文明发展的强大力量。

总之，在工业化过程中，科技进步和生产力的渐进与飞跃造就了文化形态的变革和文化结构的升级。可以说，有几次工业革命，就有几次文化变革；有几次产业结构升级，就有几次思想认识的跃迁。

5. 不同工业文化系统之间的矛盾

当今世界上存在多种文化系统，不同文化系统之间由于物质基础、制度规则和价值观不同，必然存在矛盾，如国家间工业文化的矛盾、地域间工业文化的矛盾，以及不同时代的新旧文化之间的矛盾、工业文化和农业文化的矛盾等。不同工业文化系统之间的矛盾是工业文化发展的重要动力，它不仅能促成工业文化的分化——打破旧的体系，促生新的体系，还能促进各要素的整合，使不同的工业文化系统在矛盾冲突过程中相互碰撞、相互吸收、相互融合，并逐步趋于一体化。

工业文化兴起于发达国家的工业化时代。从第一次工业革命开始，发达国家进入了工业文明时代，工业文化也随之迎来大发展。德国的严谨、美国的创新、英国的规范、日本的敬业是大家熟知的工业精神，这些文化的积累是通过几代人上百年的沉淀才形成的。

案例

空中客车集团的文化融合

空中客车集团（以下简称"空中客车"）是欧洲的一家飞机制造公司，1970 年由德国、法国、西班牙和英国四国联合投资，总部设在法国。空中客车制造的第一款飞机是 A300 型号的飞机，它的合作团队就曾经存在文化差异的问题。虽然法国和德国曾合作研制过"协同"军用运输机,但是合作研制飞机完全是另一回事。因为投资的风险很高,所以承受的压力也很大。德国人花了很长时间去适应法国人的工作方式,法国人亦然。据说,大家都花了很长的时间来消除彼此的成见。比如,德国人总是认为法国人只喝红酒,而且绝不会把一件事重复两遍。法国人则认为德国人是一群不用脑子的"工人",只要你给他们一张纸条,告诉他们需要做什么,他们就会照章执行。德国人还会时不时地出现"无用武之地"的"综合征"。每个德国人都会自觉不自觉地认为,空中客车的飞机项目是法国人在法国进行的一个试验。尽管如此,随着两国团队成员越来越习惯一起工作,他们都开始认识到他们从事的是一项协力进行的项目。德国人不再执着于争取领导和问题解决者的角色,法国人亦然,这便是不同工业文化融合的结果。

第二节 传播条件与路径

工业革命以后,分散的、手工作坊式的生产模式逐渐转变为以机器为主要工具的工业化生产方式,其主要特点是标准化、自动化及流水线化。工业革命致使工业内部开始分工协作,外部则普惠于民,规模化的大生产把实用的产品带进千家万户,公众与权贵共享科技发展的先进成果。

工业文化的演进是建立在传播基础上的。传播是文化特质或文化元素从一个社会传递到另一个社会,从一个区域传递到另一个区域,是一种文化传递、扩散现象。工业文化传播是其构成有活力的网络体系及影响文化进化的重要方式,传播既是一个横向的流动过程,也是一个纵向传承的历史活动。

1．传播条件

工业文化传播的传播主体可以是普通大众、工匠艺人、科研人员、教师学者及政府组织。人作为文化传播的主体，是有思想、有意识、有感情的，因此，工业文化传播不是简单的输入和输出的过程，而是一个极为复杂的由无数相互交错、相互作用的个人因素所形成的文化动力学过程，不仅受到社会集团共同意识的制约，也受到个人的社会心理、思想意识、价值观念的影响。

工业文化传播有自己独特的媒介、途径、方法与手段，它在传播中增值、更新和发展。但传播是有一定条件的，概括地说涵盖四个方面：工业文化的共享性、传播关系、传播媒介及传播途径。共享性指的是人们对工业文化的认同和理解，作为符号系统的文化，如果不是共享的，将不可能进入信息系统进行传播。传播关系是指在文化传播链中，各有机组成部分之间的联系。传播媒介可以是语言交流，也可以借助其他载体，如书籍、数字媒体等。工业文化的主要传播途径：①自然传播，主要依靠人的自然流动和迁徙将文化传播开来；②商贸传播，通过商贸往来传播新产品、新技术和新的管理制度；③战争传播，殖民主义把工业文明带入殖民地；④移民传播，工业文化随着移民传入世界各地；⑤媒介传播。报纸、杂志、书籍、广播、电影、电视、数字媒体、互联网等传统媒介或新兴媒介是传播的重要手段。

马克思、恩格斯在《共产党宣言》中曾预言，资本不断追逐利润的需要，推动了世界市场的形成，使生产和消费更具世界性，增强了各民族间的相互往来、相互依赖，随之而来的是精神生产的世界性[①]。换言之，资本扩张的本性决定了全球化的必然趋势，人类社会进入全球化时代正是工业文化在世界迅速扩散的根源。

---

① 叶虹. 文化全球化的形成及其后果 [J]. 浙江师大学报，2000(1)：13-16.

工业文化的全球化之所以会成功，一方面是因为，对生产企业来说，当这种蕴含工业魅力的文化不再是曲高和寡、地域价值观念强、纯粹精神层面的东西时，它就成了有利可图的生意；另一方面，对发达国家而言，商品的全球售卖，不仅可以带来高额的直接利润，而且通过生活方式、消费模式、价值观念的传播，可以重塑并稳固其需要的世界体系，能在其他领域为它们带来更多的、间接的、长期的利益。

哪里有利润，哪里就有资本；哪里有工业，哪里就有文化。对资源、资本、技术和产品等要素流动的掌握，对世界标准、规则、秩序的控制，正是工业文化传播扩散的根源和动力。

2．殖民路径

第一次工业革命前后，殖民扩张是传播工业文化最重要的手段和途径。15世纪末，欧洲开辟了新航路，西方殖民主义开始入侵世界上发展水平不高的地区，一直到20世纪中叶，殖民活动仍然存在。

16世纪到18世纪上半叶，欧洲处于工场手工业阶段，生产能力有限，对原料和市场的需求不大。西班牙、葡萄牙、荷兰、英国等欧洲国家的早期殖民扩张，依靠血腥的、赤裸裸的掠夺开始了资本的原始积累。

西班牙摧毁了美洲的阿兹克特和印加帝国，征服了比自己大几十倍的领土，建立了相当庞大的殖民帝国，势力范围北抵美国中部，南到阿根廷，在亚洲又独霸了菲律宾。凭借殖民扩张，西班牙在16世纪实现了经济的繁荣和霸权。发了财的西班牙国王和贵族从意大利、法国、荷兰、英国的市场上大量采购商品。上至贵族，下至民众，都想去殖民地掠夺财富，个个都想发家当地主，这是当时西班牙社会的心态与文化。到了17世纪初，英国、荷兰等新一代帝国打破了西班牙的贸易和殖民垄断。到了 19 世纪，西班牙已无力保有自己的殖民地，随着殖民地纷纷独立，帝国崩塌了。

1511 年，葡萄牙人控制了马六甲，对这个曾经几度繁荣的贸易港口进行暴力掠夺和敲诈勒索，大量获取东方的香料、瓷器和丝织品，给当地的经济发展带来重创，因而马六甲人把葡萄牙人与当地的鳄鱼、黑虎并称为"三害"。相对于西班牙来说，葡萄牙衰弱得更早些，不过致使它们衰弱的因素类似，如贪图享乐、不思进取、狂热的宗教迫害等。

荷兰有着优越的地理位置，造船业和航运业发达，商船总吨数居当时世界首位，占欧洲的 3/4。新航路开辟后，欧洲的商路和贸易中心转移到大西洋沿岸，为荷兰提供了机遇。

英国早在 16 世纪就开始扩张了，但当时掌握海上霸权的西、葡两国禁止它同欧洲以外的世界交往。英国一方面通过海盗活动劫掠财富，另一方面增强本国实力，积累资本。于是，强大起来的英国采取了战争手段，分别击败了当时世界上的几个强国，如西班牙、荷兰、法国，在 18 世纪下半叶确立了其海上霸主地位，成为最大的殖民国家，号称"日不落帝国"。除了海盗劫掠、战争，英国还通过欺诈贸易、黑奴贸易，以及组建大型商业公司、建立奴隶制种植园等手段进行殖民扩张。

殖民扩张使得世界的联系进一步加强。自开辟新航路后，世界市场初具雏形，伴随着奴役与掠夺，世界市场进一步扩展。

3．全球化路径

全球化是一个概念，也是人类社会发展的一个过程。这个过程指的是物质和精神产品的流动冲破区域和国界的束缚，影响地球上每个角落的生活。全球化由来已久，早在 15 世纪，伴随着新大陆的发现、远程贸易的开展和文化科技的交流等，就有了最早意义上的全球化。通常意义上的全球化是指全球联系不断增强，人类的全球意识崛起，国与国之间在政治、经济贸易上互相依存。全球化亦可以解释为世界的压缩和视全球为一个整体。

全球化经历了跨国化、局部的国际化及全球化几个发展阶段。在此过程中，出现了相应的地区性、国际性的经济组织与实体，以及思想文化、生活方式、价值观念、意识形态等精神力量跨国的交流与碰撞、冲突与融合。总体来看，全球化是一个以经济全球化为核心，包含各国、各民族、各地区在政治、文化、科技、军事、安全等多层次、多领域的相互联系、影响、制约的多元概念。全球化在带动经济发展的同时，也为各国、各民族的文化交流提供了平台，这种交流为各国本土文化的发展注入了新元素。

一是全球化所带来的国际秩序有利于工业文化的交流。在全球化的时代，工业文化输出的方式不再是一个国家可以决定的。正如社会学家罗兰·罗伯森所说，在全球化的时代，我们也有了新的世界秩序。1945 年生效的《联合国宪章》，反对各成员在国际上使用威胁或武力，规定各个成员都有追求发展的自主权，强迫他人接受自己文化的方式逐渐失去了根据地。

二是全球化给各国工业文化输出带来了机会。在全球化时代，无边界的网络为各国提供了公平竞争的平台，这使得各国均有文化输出的机会，文化间的鸿沟渐渐缩小。

第三节　传播规律

工业文化传播程度既取决于工业文化本身的性质、发展水平、风格特点及功能价值，又取决于其赖以生存的国家的综合国力和国际关系。另外，工业文化的载体形式对于其传播也是不可忽略的因素 ①。

（1）传播基础取决于价值特性

工业文化的价值是其存在的根基和生命力，也是其传播的前提条件。任何工业文化，只要能够在一定时空层面上存在和发展，都有其存在的合理性和必然性。

工业文化的传播不仅是一个输出过程，更是一个选择和接纳的过程。选择和接纳的前提就是对特定工业文化价值的认可，传播的程度取决于工业文化自身的价值及满足特定国家需要的程度。另外，有的工业文化表现出明显的地域特征，在此地有价值，在彼地却没有；有的工业文化具有较大的兼容性和普遍的适应性，更易于传播和被接受。

（2）传播走势是先进生产力文化削弱落后生产力文化

文化的辐射与渗透是一个非常复杂的现象，不同的国家和地区，由于文明起源、社会制度、实力状况和生存方式不同，因而其工业文化的发展层次和态势会存在明显的差异，有明显的强弱之分。

在世界范围内，人类的发展遵循着共同的规律，但是不同国家也呈现出一定的不平衡性，导致不同社会制度并存于世。因此，各类工业文化在并行发展过程中必然表现出一定的差异性。从特定的历史断面来看，有的国家社会文明程度高，工业文化发达，处于高位和强势状态；有的国家社会文明程度低，工业文化落后，处于低位和弱势状态，这必然会形成一定的势位差。

---

① 刘宽亮. 关于文化传播规律的思考 [J]. 运城学院学报, 2003(2): 9–12.

文化传播是遵循动力学规律的，工业文化总是从处于高位的国家和地区向处于低位的国家和地区传播，通常情况下很难会逆向。工业文化发达的国家和地区，表现出蓬勃向上的态势，形成文化发展的巨大张力和强劲势头，文化不断向外扩张和辐射。工业文化落后的国家和地区，难以满足工业与社会发展和民众生存的需求，因而迫切希望引进强势工业文化，加之民众对本土文化信心不足，对发达国家的工业文明产生了浓厚兴趣甚至是崇拜心理，以致自觉或不自觉地引进和接收外来的文化，甚至无意中对文化入侵起到推波助澜的作用。

（3）工业强国的文化被更多地关注与接受

在世界政治经济与国际关系中，一个国家处于什么地位，扮演何种角色，往往取决于国家的综合国力。国力不同的国家，不仅在国际事务中起的作用不同，而且传播各自工业文化所取得的效果也不同，表现为强国的强势文化挤压落后国家的弱势文化。

综合国力强大的国家，在国际关系中处于核心地位，它的文化因有强大的国力作后盾，富有自信和气势，活跃在世界文化舞台上，自然成为世人关注的亮点和重心。其他国家的民众在关注这些国家的政治、经济、社会的同时，必然会关注其文化。而且，这些国家在利用政治、军事、外交等手段对世界施加影响的同时，往往还把文化渗透作为重要手段，把其文化及价值观推向世界。

综合国力弱的国家在国际政治、经济中不占主导地位，当然在文化传播方面也不会占优势，无力与综合国力强大的国家抗衡，即使它们的文化是优秀和有价值的，也很难被其他国家、地区的人所理解、所接受。近现代以来西方工业文化能风行世界，与西方国家强大的综合国力是分不开的。

（4）传播范围受工业文化载体影响

在工业文化的传播过程中，载体非常重要，大体来说可以分为物化的载体和人化的载体。书籍、工业产品和城市设施等是物化的载体，思想、语言、行为习惯和交往方式等是人化的载体。

载体是不断发展的，从报纸、杂志到广播、电视，再到互联网，从具体真实的载体到抽象虚拟的载体，都体现了人类工业文明的进步。在现代社会中，工业文化的传播呈加速度扩散态势，传播速度越来越快，影响范围越来越广，普及程度越来越高，这都因为传播的载体和手段有了革命性的变革。

物化的载体对于工业文化的传播固然有很大的作用，但也有很大的局限性。最为有效、最为直接的传播应当说是人化的载体，因为人是文化的"活化身"，在人身上充分体现着一定的精神意志。在跨地域的交流过程中，语言表达、思维习惯、行为方式等最能直接表现出一定的文化内涵和特征。频繁的人际交往不仅能够促进传播和交流，而且能创造工业文化，在跨地域、跨文化的交往中，不同文明、文化会发生碰撞，不同价值观会产生冲突，但是不同工业文化也会有所融合，并且能实现整合与超越。

（5）工业物质文化比工业精神文化更易于传播与被接纳

文化有不同的层次，工业精神文化是抽象的高层次文化，工业物质文化是文化的物化形式。不同地域、民族的精神文化经常表现出一定的排他性，可能引发文化理念和价值观念的冲突；相较之下，工业物质文化涉及的文化的情感和价值特征较少，是一种普遍适用的工业文明成果。

正是由于两种文化各自的特点，它们在传播过程中表现出不同的特征。精神文化因其积淀性、凝固性而表现出一定的稳定性，不容易被改变，也不容易被接受；物质文化仅仅是一种形式化的表现，更具工具意义，在不同的国家和地区中更容易流通，传播的速度更快、范围更广。

（6）传播程度取决于工业文化风格

文化是有风格的，不同的工业文化也有不同的风格特点。有的文化外向开放，表现出一定的向外张力，一有条件就向外传播；有的文化则内敛平和，表现出一定的内向型性格，缺乏向外渗透的精神，很少有向外传播的主动性。文化风格存在差异的原因是复杂的，有地理环境等自然因素，也有生产方式等社会因素。例如，第一次工业革命爆发前后的欧洲列强在全球抢夺资源，建立殖民地，输出产品与价值理念，形成了开放的外向型工业文化形态；而在自给自足的小农经济的封闭环境下，当时的中国传统手工业文化则注重手工艺的传承，在创新和市场开拓方面求实、求稳，形成了封闭的内向型工业文化形态。

第四节　工业文化变迁

工业化和社会变迁有着极其密切的关系。其实，工业化本身就是一种社会变迁，而且是有史以来最显著、最激烈、最富有意义的社会变迁。工业文化本身就是一个充满着矛盾的辩证统一体，需要自我延续与自我更新，它的演变过程中出现了传承与创新、冲突与调适、涵化与整合、丧失与自觉、中心与边缘等多种变迁方式。工业文化变迁表明其发展不是静止不动的，而是始终处于变化中的。

1．传承与创新

工业文化发展是一个从无到有、从小到大、从轻到重、从粗到精的过程，任何强大的工业体系都是在历代先辈们艰苦奋斗、驰而不息的建设中一点一滴积累起来的。传承与创新是辩证的关系，既要保持民族文化的优良传统，又要创新传统，广泛吸收外来文化的优秀成果。

（1）工业文化传承

工业文化传承就是工业文化在存在和发展的过程中，对于原有元素的保存和继续。社会和文化正是以传承为前提条件，才得以存在和不断发展的。工业文化的发展过程，是由低级方式向高级方式、由粗糙向精细、由简单向复杂的一种螺旋式上升的过程。人类不仅依赖前人所留下来的物质、制度和精神文化遗产，同时更是将这些遗产作为进一步发展的起点。

在物质文化方面，最为典型的是工业遗产的传承，对工业遗产的保护、开发与利用，就是对其最好的传承。在制度文化方面，人类文明的进步与生产方式的演变是分不开的，生产方式是最基本的制度文化之一。在精神文化方面，主要从传统文化中继承价值观念、思维方式、行为规范等。不过，人类的创造性常常会打破这种原有的规定性，推动工业文化走进全新的领域及未来。

（2）工业文化创新

任何新文化的形成，都有一定的机缘和条件，是人们对生存环境的挑战进行积极应对的结果。工业文化的创新建立在了解传统文化、域外文化，继承传统、借鉴外来文化的基础之上，表现为新的价值观念、新的行为准则、新的生产方式等。这些创新要被认可并成为社会的实际行动，光靠理论上的灌输和表面上的交流是不够的，必须实现社会生产力水平、人类生活水平和工业文明素养的同步提升。当然，一种文化向另一种文化转变还有一个接受与磨合的过程。

工业文化创新是人类工业社会赖以维持和发展的坚实基础，也是工业得以进步的根本保证。工业文化的自我延续是文化生命维持自我同一性的需要，是相对稳定的经济社会在文化形态方面的体现；工业文化的自我更新是文化生命发展与时俱进的需要，是必然变迁的经济社会在文化形态方面的反映。总之，从本质上来讲，人类工业进步的历史就是人类工业文化创新的历史。

2．冲突与调适

不同文化碰撞常常引发冲突，无论是地域的、民族的、时代的冲突，还是阶级的、阶层的、集团的冲突，最终可能伴随着彼此的交融而化解。冲突与调适是工业文化发展过程中的一对矛盾，彼此相互作用。

（1）工业文化冲突

全球化经济格局带来全球化的文化格局，为工业文化的融合和发展提供契机。工业文化冲突主要包括全球化引发的冲突、文化市场化引发的冲突、跨国企业文化与本土文化的冲突、工业发展与生态环境的冲突等多个方面。冲突通常表现为在与异质文化相互接触之后，如不同国家、不同地域、不同形式、不同发展程度的文化在演变过程中因发展模式、制度规则、价值理念、行为规范、人员素养等因素不同，既相互推动、相互影响，又相互碰撞、相互独立，从而出现对立、排斥、摩擦、消耗。例如，清代末年，西方列强用坚船利炮轰开封闭的中国大门，这其实是工业文明与农业文明的一次交锋。

（2）工业文化调适

工业文化调适指在工业化进程中，不同文化接触、碰撞后，互相调整、互相配合、互相适应的过程。工业文化具有时空适应性，能适应一个时段或一种地域环境的规则习惯，但不一定能适应另一个时段或另一种地域环境。同时，特定的规则习惯代表了一个社会对特定的自然环境和工业发展环境的适应方式，并不代表只有这一种适应方式。不同的社会面对同样的情况，可能选择不同的适应方式。

工业文化是时代发展的产物，表现出不同的时代特征。时代在进步，社会在发展，然而工业文化的土壤依旧离不开传统文化，这就要求工业文化既不忘初心，又与时俱进。调适的目的是对工业文化的保护和发展，但调适的结果不会是立竿见影的，调适过程将持续进行。工业文化调适包括国家间、区域间、企业间、群体间、个人间等方面。消极抵抗和盲目排外都是不客观的，企业只有端正态度，摆正位置，虚心学习，努力提高，才能在国与国的工业文化博弈中占据一席之地。

案例

肯德基在中国

作为全球快餐企业巨头，肯德基在中国的发展经验值得借鉴：在保持自身特色的前提下，充分融入中国文化，适应潮流的变化。特别是在定位产品、适应市场需求、平衡中西文化方面，肯德基克服了外来企业水土不服的困难，入乡随俗，逐步打造出具有中国特色的运营模式。2000年，肯德基组织40多位国家级食品营养专家创立"中国肯德基食品健康咨询委员会"，用于开发适合国人饮食习惯和口味的产品；2002年推出"早餐粥"，再到后续的豆浆、油条、烧饼、米饭套餐；春节期间，肯德基的企业形象还可能一改往日装扮，换上华人传统节日的盛装，店堂布置中也不乏中国元素。

3．涵化与整合

任何一个国家、一个民族的文化，在其发展进程中，都经常出现这样一种矛盾运动：一方面它要维护自己的民族传统，保持自身文化的特色；另一方面又要吸收外来文化以壮大自己。

（1）工业文化涵化

各国工业化进程不同，致使各国的工业文化发展水平也不同，从而形成工业文化势差。这种势差在交流、调适的过程中有很大的作用。通常情况下，工业文化基本上是从势能高的一方流向势能低的一方。工业文化涵化既是对外来、异质工业文化系统吸收、改造和重建的过程，又是对本土工业文化重新评估、反思和改铸的过程。在这一动态的历史过程中，两种工业文化系统相互交流，相互作用。如果有效地调节涵化的程度和速度，可以缓解因文化涵化引起的社会冲突，从而使社会的发展与演进被控制在一个科学、和谐的程度上。

在世界工业化和全球化的百年间，处于工业文化涵化进程中的发展中国家和地区，也正经历着传统、制度及风俗习惯的急剧变化，正从一种生活方式转变到另一种生活方式，这种改变的直接结果往往是已涵化的文化解决了旧有的一些问题，却又产生了新的需要解决的问题。一些国家或地区在打破西方殖民主义枷锁的同时，也在追求西方工业化社会所享有的生活水准，并在潜移默化中接受了西方的工业文化。

（2）工业文化整合

工业文化整合是指不同地区或不同内容的工业文化相互吸收、融合、调和而趋于一体化的过程。它对文化的改变比调适更大，它对外来文化的吸收比涵化更系统，带有一定的主动性。

当内涵不同的工业文化发生碰撞时，必然会相互吸收、调适、涵化，发生内容和形式上的变化，逐渐整合为一种新的文化体系。当旧的工业文化不足以支撑新的工业生产模式和社会生活方式，就会融合、继承其他先进的工业文化以实现工业与社会的进步。

总之，不同工业文化之间发生冲突，调适与涵化均不能彻底解决矛盾时，就需要对工业文化进行系统整合，如社会变革、工业革命、企业重组等，整合是分层次进行的。

案例

中国对外来文化的整合

第一次鸦片战争，西方列强用大炮轰开了中国的大门，中国面临着救亡图存的历史任务。第二次鸦片战争以后，曾国藩、李鸿章、张之洞等出于御外侮、平内患的双重目的，用西方的先进技术来武装我们这个古老的国家和民族，开展"洋务运动"。洋务运动取得了一定成效，比如武装了一个北洋舰队，据说舰船吨位一度位居世界第九位。但是这个吨位位居世界第九位的北洋舰队在甲午海战中被排名更加靠后的日本舰队消灭了。这在中国引起了震惊。猛醒、反思之后，人们认为光引进西方先进技术不足以富国强兵，还必须学习先进的制度，因此开始了练新军、办学校、废科举、兴议会等一系列着眼于政治制度、教育改革的"戊戌变法"。后来变法失败，改良成了死路一条，就爆发了辛亥革命。辛亥革命后，人们发现社会制度仅仅换了个形式，辫子剪掉了，皇帝换成了总统，但整个国家、民族的状况、地位、生活方式，特别是民族精神和心理状态没有发生多少变化。因此，新文化运动爆发，着重探讨国民性问题，研究文化的深层结构。这样，从1840年到1919年，中国最终接受了西方的工业文化，完成了一定深度的工业文化整合。整合大致分为三个阶段：第一个阶段，引进西方技术，主要接受西方物质文明，如坚船利炮、铁路电报、洋火洋车，这是两种文化碰撞在一起首先感受到的东西；第二个阶段，改变社会制度；第三个阶段，深入社会思想与精神[①]。

同样，1978年以后，中国开始实行改革开放政策，首先引进西方的技术设备，接触西方的工业物质文化。后来转向研究东西方不同的工业模式、社会模式，主要对比美国、日本、新加坡、韩国等。直到最近几年国家大力弘扬中华优秀传统文化，倡导"工匠精神""企业家精神""创新精神"，各界的目光和兴趣才更多地转向文化问题，集中于精神文化的深层结构问题。

4．丧失与自觉

每种工业文化都有自己兴盛、衰亡的历史，就像生物一样，有着自己的发生期、青春期、成熟期、衰亡期。不同时空环境的人类群体的生存样式、发展道路是各不相同的，因此，衡量世界各地工业文化没有绝对的、普遍有效的尺度。

（1）工业文化丧失

工业文化丧失是指在社会经济发展的过程中，因技术革命、产业变革、社会改革、经济波动、城市规划、企业重组等原因，工业文化的外在实体和内在精神

---

① 庞朴．文化的民族性与时代性 [M]．北京：中国和平出版社，2005.

由于保护传承不到位，遭受野蛮破坏、不可逆的重创，产生了文化迷失等现象。

（2）工业文化自觉

伴随工业文化从量变到质变的发展，人们也渐渐意识到它的重要性，并对其有了新的认识。因此，从人类的能动性角度来看，推动工业文化发展是从自发走向自觉的过程。

工业文化自觉是指对工业文化的地位和作用的深刻认识、对其发展规律的正确把握、对发展工业文化责任的主动担当。换言之，是工业文化的自我觉醒、自我反省、自我创建。

工业文化自觉有狭义和广义之分，狭义的自觉是指在当前这个时代比较具体的自觉，广义的自觉贯穿于工业化进程中的方方面面。工业文化自觉是时代的响亮口号，意味着思想的复苏、人文的复兴，是对工业文化的主动性思考，是思想的深化，这种自觉应当成为工业社会的共同意识。因为，一方面，全世界不同工业文化圈、不同领域的人都可以在这个语境下思考和对话，促进工业文化的融合与发展；另一方面，自觉的内容是在全球化、工业化过程中人们无不关注的问题，有助于破解现实困境。例如，很多国家在意识到工业污染的严重性时，开始注重产业结构调整和发展方式的转变，即注重生态文明建设。这本身就是对工业文化的一种重新认识与思考。

案例

1952 年伦敦烟雾事件

1952 年 12 月 5 日至 9 日，伦敦发生了一次严重的大气污染事件，短短一周时间，死亡人数就超过 4000 人。由于毒雾影响，公共交通、影院和体育场所都关门停业，大批航班取消，甚至白天汽车在公路上行驶都必须打开大灯。在之后两个月内，又有近 8000 人死亡。此后，1956 年、1957 年和 1962 年又连续发生了多达 12 起严重的烟雾事件。究其原因，伦敦烟雾事件主要与城市烧煤有关，同时，汽车开始在英国普及，排放的尾气让伦敦脆弱的空气雪上加霜。

1952 年伦敦的这场震惊全英国乃至世界的毒雾灾难，让整个英国社会开始反思，痛定思痛的英国人为摘掉"雾都"的帽子想尽了办法。1954 年，伦敦通过治理污染的特别法案。1956 年，《清洁空气法案》获得通过。《清洁空气法案》规定，当时伦敦城内的大部分电厂都必须在规定的时限内关闭，只能在郊区重建，并要求企业建造高大的烟囱，加强大气污染物的疏散。此外，法律还要求大规模改造城市居民的传统炉灶，减少煤炭用量，就连英国人喜欢使用的传统壁炉，由于需要燃烧木炭，也被限制使用。与此同时，英国政府开始限制私家车，大力推动公共交通。《清洁空气法案》的出台和对交通的管制，体现了英国人开始认识到了化石能源污染的危害，自觉地应对其负面影响，并加快产业结构调整和发展方式的转变，注重生态文明建设，这本身就是对工业文化的一种重新认识与思考[1]。

5．中心与边缘

工业文化不仅有主流与支流的区别，也有中心和边缘的关系。一般情况下，工业文化中心处于文化的密集区，其政治、经济、科技、文化、教育、

---

[1] 顾小成."雾都"伦敦的救赎之路 [J]. 环境，2013(3): 54–57.

生活等方面的信息流量大，而且会对周边地区的文化产生直接或间接的影响，带动工业文化向前发展。工业文化边缘总是受到中心的控制和影响，它在工业文化发展的各个方面明显地落后于工业文化中心，成为中心的边缘地带。

（1）工业文化中心

工业文化中心是指一个区域或国家特有的，文化特质最集中、处于主导地位且有向周边辐射功能的部分。每个区域或国家都有一个工业文化中心，这个中心是动态的，具有向外辐射的文化力量。

工业文化中心是一个相对的概念。一方面，在不同的历史时期，中心只是相对固定，即在一些特殊的历史条件下，中心是移动的。另一方面，中心是相对于某个区域而言的，区域有区域的中心，而且区域本身也不可以用先决条件框定；同理，国家有国家的工业文化中心，世界有世界的工业文化中心，由此，构成了多元的文化中心结构。

① 区域工业文化中心。城市是人类文明发展到一定程度的产物，是文明的集合点和象征，也是工业文化的集散地，更是一个地区或国家文化发展的代表或缩影。正是城市所具有的独特地位和文化特质形成了城市文化的特征。城市文化的这些特征会对周边地区产生极大的影响。社会城市化程度不断提高，区域工业文化影响也会越来越大。

案例

时间就是金钱，效率就是生命

在中国深圳蛇口工业区微波山下，一块上书"时间就是金钱，效率就是生命"的标语牌矗立了四十多年，这是中国改革开放初期深圳蛇口提出的著名口号，它可被看作 20 世纪 80 年代的一个风向标，在当时对中国人的思想产生了巨大影响，改变了人们的时间观念、效率观念。

② 国家工业文化中心。一国的首都往往也是该国的工业文化中心。由于首都的独特地位，它一般是国家政治、经济、文化、外交等的中心区域，国家方针政策、法律法规等从这里辐射到全国各地。首都也是城市，因此，其也具有城市文化的一般特征，只不过有时首都的文化作用和影响可通过行政手段来实现，具有单向性和不容选择性。

③ 世界工业文化中心。世界工业强国一般是世界工业文化中心，但这是一个相对的概念，工业强国本身也是一个相对的概念，因为一个国家的科学技术和工业生产会在某个时间段处于国际领先水平。因此，欠发达国家向工业强国学习的不仅是科学技术，还包含工业文化等内容。从这个角度讲，世界工业强国对于欠发达国家的工业文化影响，显然是巨大且直接的。再加上一些工业强国推行霸权主义，有意识地推行自己的文化模式，这种影响就更加不可避免。但好在工业强国是一个历史的概念，是动态的：昨天发达不意味着今天发达，今天发达也不意味着明天继续发达。

（2）工业文化边缘

工业文化边缘是一个区域的概念，主要是指一个工业文化中心的边缘地区，处于次要的、从属的地位。根据不同的情况，工业文化边缘可以分为区域的工业文化边缘、国家的工业文化边缘和世界的工业文化边缘。

区域的工业文化边缘。乡村城镇是相对于一个区域工业文化中心的城市而言的，它在自己的历史、文化形态和人们的生存方式等方面，都与城市文化形成鲜明的对比。这种由乡村城镇为主体组成的文化群落，在较长的时期内保存着单一的生产和生活方式，因此，它具有自己独特而鲜明的特征。

国家的工业文化边缘。每个国家均有经济发展较快的区域和相对落后的区域，后者一般属于国家工业文化边缘区域，如我国西部地区，整体而言，其在工业化思维、产业生态理念和营商发展环境等方面还滞后于沿海发达地区。

世界的工业文化边缘。这是相对于世界工业文化中心的概念。相较而言，当今世界发达国家大都处于北纬30°～60°，发展中国家多分布于高纬度和低纬度的其他地区。

工业文化中心也好、边缘也好，都不是绝对的、不可更改的。在历史上，工业文化中心从第一次工业革命起始地的英国，逐步扩展到德国，乃至整个欧洲，后又转移到美国，世界工业文化中心一直追随着世界工业重心的步伐。一个文明走向鼎盛，另一个文明则日渐衰落，此消彼长，就像人都会经历生老病死一样，从人类发展历程来看，工业文化也有自己的发展规律。

第七章

工业体系、工业文化资源、工业形象与产业名片

工业是立国之本、强国之基、富民之源。人类两百多年工业化的历史证明，世界上没有一个工业强国是在短期内发展起来的，文化基因对工业化进程和产业变革具有基础性、长期性、决定性的影响。工业强国建设是技术创新、匠艺精进的过程，不仅需要耐心和意志，还需要资源、科技、文化的共同支撑。

第一节　工业体系

工业是国民经济的重要物质生产部门，工业发展同整个国民经济的发展乃至整个社会的发展密切联系。国家工业体系的规模和结构与国家地域范围、人口、资源、经济基础及国际环境密切相关，并由国家经济管理体制和产业结构特点决定。

1. 工业体系

工业体系指一定地域范围内，工业经济活动的有机联系及由此形成的空间流的整体。工业体系的构成要素除工业生产单位外，还包括：

（1）具有决策和行政功能的管理单位及其附属的发展研究单位；

（2）从事原材料采掘、加工或产品修配的厂矿；

（3）为厂矿提供物资调运、产品销售等服务的辅助单位。

小至一个工业联合企业，大至一个国家甚至国家集团，都可视为某种工业体系。例如，一个钢铁联合企业，至少要包括铁矿山、石灰石矿山、炼铁厂、炼钢厂、轧钢厂、焦化厂、耐火材料厂、机修厂等生产单位，以及物资部门、运输部门、销售部门、服务公司等辅助单位，还有公司管理机构本身。这些组织都在一个体系之内，彼此密切配合或具有从属关系，形成各种物质流、人员流和信息流。以一个国家为例，各类工矿企业数量庞大，由政府的工业部门和大型公司或企业集团负责总的管理决策，由专业的设计研究院所协助谋划，并由专门的物资、销售、运输机构提供各种服务，从而形成内部关系错综复杂的工业体系。

从经济和贸易全球化角度讲，整个世界可以说存在着一个工业体系，然而由于世界政治经济形势的复杂性，很难确切划分其范畴。因此，人们更重视国家或区域性的工业体系。国家工业体系与国家经济管理体制、地域范围、人口、资源、经济基础、产业结构和国际环境等密切相关。国家工业体系包括基地、地区和国家三个层次。

经济较发达的地区一般具有相对完善的产业结构，主要的工业门类比较齐全和协调，具有较强的经济实力，能够相对独立地运转。这种地区工业体系一般包括若干个工业基地。

工业基地是由于在一个有限的地域范围内集中发展优势产业而形成的，其工业体系的特点是强调主导产业的重要性，而非部门结构的完整性。工业基地一般包括若干个彼此邻近的工业园区，各工业园区包含特色产业，具有较强的内聚力并同其他工业园区或基地保持联系。

工业体系的各个层次都在不断变化。20 世纪 60 年代以来，发达国家的产业变革和发展中国家的经济增长，使世界工业体系的结构和布局发生了显著的变化，如新兴产业集聚区涌现、老工业区结构改组、传统工业由发达国家和地区向发展中国家和欠发达地区转移等，也使得地区工业体系在一二十年内发生的变化比过去数十年、上百年的变化还要显著、深刻。即使如此，任何工业体系一经形成，还是具有相对的稳定性，只有当某种重要因素突然发生变化时，才会引起整个工业体系性质的改变。

2．管理体制

现代工业社会就像一台机器，具有复杂的组织结构，需要各部门协调配合方能运转。工业管理就是按照经济规律和社会规律的客观要求，把工业内部和外部各种人的要素和物的要素正确结合起来，并用恰当的形式和方法调节各种错综复杂的关系，使工业组织的各项活动协调地运转和发展。一般来说，工业组织是由各种要素组合而成的，通常将其概括为人、财、物、信息四要素。"人尽其才"和"物尽其用"是工业组织的各项活动正常运行的基础和保障，反之，组织就会陷入混乱状态。

工业化是一国经济发展的必经阶段，也是国家经济腾飞、国民财富增长及社会文化财富得以积累的必要途径，工业化的发展水平直接受工业管理体制影响。工业管理体制是指在一定社会制度下，工业管理机构、管理机制和管理制度的总称，包括机构的设置方式、管理方法和手段、法律法规体系等。机构、机制和制度是工业管理体制的三个基本要素，其核心是要理顺管理主体与对象，以及管理主体之间的关系，具体涉及四个方面：一是工业经济活动决策权；二是调节经济的手段；三是利益分配关系；四是政府与企业的关系。

工业政策是国家为了实现某种经济和社会目的，以工业为直接对象，对工业的生产、建设和发展所制定的一系列行动准则。工业政策既要考虑政策实施带来的经济效益，又要考虑政策实施带来的社会效益。国家的工业政策明确表述了国家支持、保护、鼓励什么，引导、允许什么，限制甚至禁止什么，由此构成了工业活动的准则。对国家来说，实行这些政策有利于国家和社会的利益；对企业来说，实行或不实行这些政策，会给企业自身的利益带来不同的结果，但企业只有遵循工业政策，才能使国家与企业利益一致，并取得积极的效益。

3．产业分类

行业（或产业）是指从事相同性质的经济活动的所有单位的集合。为适应对工业进行组织管理和统计分析的需要，必须从不同角度对众多的工业部门进行分类。

（1）三次产业分类

在世界经济发展史上，人类经济活动的发展有三个阶段：第一阶段即初级阶段，人类的主要活动是农业和畜牧业；第二阶段开始于英国的第一次工业革命，以纺织、钢铁等机器大工业的迅速发展为标志；第三阶段开始于 20 世纪初，大量的资本和劳动力流入非物质生产部门。可见，不同阶段对应了不同的产业结构。

1935 年，新西兰经济学家费歇尔在《安全与进步的冲突》一书中首次提出三次产业分类法。英国经济学家、统计学家克拉克在费歇尔的基础上，采用三次产业分类法对三次产业结构与经济发展的关系进行了大量的实证分析，总结出三次产业结构的变化规律及其对经济发展的作用。

这种分类方法以工业时代的产业经济发展为背景，在提出后，得到广泛认同，并一直被沿用至今。

一般而言，第一产业也称原始产业或农业产业，第二产业也称工业产业，第三产业也称服务业产业。

（2）国际标准行业分类

为了使不同国家的统计数据具有可比性，以便汇总各国的统计资料，联合国于 1948 年首次制定了《所有经济活动的国际标准行业分类》（ISIC 1948），历经修订，目前执行版本为 ISIC Rev.4。

标准行业分类的优点在于对全部经济活动进行分类，并且使其规范化，具有很强的可比性，有利于分析各国各地的产业结构，而且与三次产业分类法联系密切。中国制定的国家标准《国民经济行业分类》（GB/T 4754—2017）的分类原则和方法同联合国《所有经济活动的国际标准行业分类》（ISIC Rev.4）保持一致。

（3）轻重工业分类

按照产品的经济用途，把整个工业分为生产资料工业和消费资料工业，通常也叫重工业和轻工业。重工业包括钢铁、冶金、机械、能源（电力、石油、煤炭、天然气等）、化学、建筑材料等工业部门，是为国民经济各部门提供技术装备、动力和原材料的基础工业，为实现和扩大社会再生产提供物质基础。一个国家重工业的发展规模和技术水平，是体现其国力的重要标志。轻工业主要指生产消费资料的工业部门，如食品、纺织、皮革、造纸、日用化工、文教艺术体育用品工业等。

（4）其他分类

按照不同的工艺过程和劳动对象性质，把工业划分为采掘业和制造业。采掘业的劳动对象是未经人类劳动作用过的自然资源，采掘业直接从自然界取得制造业所需要的原料和燃料。制造业则对从采掘业或农业中取得的原料进行加工。

按照劳动力、资本和技术三种生产要素的密集程度，把工业划分为劳动密集型工业、资本密集型工业和知识技术密集型工业。

按照工业产品序列结构，把工业划分为初级产品生产、中间产品生产和最终产品生产。工业产品的生产是一个连续的过程，整个过程可分为初级生产阶段、中间生产阶段和最终生产阶段。与此相对应，各个生产阶段的产品分别称为初级产品、中间产品和最终产品。

按照工业部门形成和发展的先后顺序，把工业划分为传统工业和新兴工业。传统工业指已经得到广泛发展的、技术较为成熟的工业领域。新兴工业一般指随着科学技术进步而迅速发展起来的工业领域。

4．工业结构

工业结构指各工业部门的组成及其在生产过程中形成的技术经济联系。或者说，工业结构就是工业的构成方式，是工业内部各部分之间的经济、社会联系和比例关系。工业结构从性质上说，包含两重含义：一是合理组织生产力，即协调生产力诸要素的相互关系和比例关系，其表现为人与物，以及物与物的关系；二是调整和完善生产关系，即工业生产中这部分人与那部分人之间的关系。所以，工业结构是生产力与生产关系的对立统一体。

分析和衡量工业结构的主要指标有三种：一是独立工业部门或门类的固定资产、流动资金和劳动力在全部工业中所占的比重；二是各工业部门或门类的总产值、净产值和利润在全部工业中的比重；三是各工业部门间的产品消耗系数（包括直接消耗系数和完全消耗系数）。

工业结构同经济体制模式有着内在的联系。在不合理的经济体制模式下，不可能有合理的工业结构。影响国家或地区工业结构的因素：社会经济制度、供给结构（包括自然资源、资金、劳动力及技术系统）、社会需求结构、国际贸易和地区贸易、经济地理位置等。

工业结构由多种横向结构组成，至少包括八种：①部门结构，指工业内各部门、各行业、各种生产之间的生产关系和比例关系。工业部门是生产同类产品的企业的总和。同类产品指经济用途相同、使用的原材料相同，或者工艺过程、性质相同的产品。②地区分布结构，指工业在各地区的地理分布。③产业结构，指工业内部的产业构成及其相互之间的联系和比例关系。④技术结构，指工业生产过程中的智能化、机械化、半机械化、自动化、半自动化和手工劳动之间的联系及比例关系。⑤产品结构，指工业企业内部各种产品之间的联系和比例关系。⑥企业规模结构，指大型、中型、小型、微型企业之间的联系和比例关系。⑦所有制结构，指工业企业中国有、私营、混合所有制的构成。⑧生产组织结构，指生产者对所投入的资源要素、生产过程及产出物的有机、有效结合和运营方式，是生产与运作管理中的战略决策、系统设计和系统运行管理的全面综合。

从发达国家的发展历程来看，工业结构一直随着工业化的进程而调整。在产业结构方面，其演变过程可分为三个阶段。第一阶段是以轻工业为中心的发展阶段。如英国等欧洲发达国家的工业化过程是从纺织、粮食加工等轻工业起步的。第二阶段是以重化工业为中心的发展阶段。在这个阶段，化工、冶金、电力等重化工业都有了很大发展。第三阶段是工业的高加工度化的发展阶段。加工度的提高，使产品的技术含量和附加值大大提高。

以上三个阶段，反映了传统工业化进程中工业结构变化的一般情况，但并不意味着每个国家、每个地区都完全按照这种顺序发展。当前，以信息网络、人工智能、生物医药、新材料、新能源等为核心的新技术，正在改变着社会的种种结构，最先受到影响的就是工业结构。

第二节　工业文化资源

工业文化资源是一个涵盖范围很广的概念，主要指人类在工业生产中创造的物质文化、制度文化和精神文化成果所形成的资产、要素和理念。当然，工业文化资源并不能完全等同于工业文化，加了"资源"一词就意味着它已经拥有时间性、效用性、聚合性，其重点是利用和开发，且与生产的关系十分紧密。与自然资源、社会资源一样，它也是工业发展不可或缺的重要资源。产业文化资源、企业文化资源、品牌资源、工业文化人才资源、工业遗产资源、工业旅游／研学资源等均是工业文化资源的组成部分。

1．资源类别

对工业文化资源进行恰当分类是进行资源统计、调研及制定战略规划的重要前提。工业文化资源可从不同角度进行分类。

（1）根据形式，工业文化资源可分为有形资源和无形资源。有形资源包括工业遗产资源、工业旅游资源、工业博物馆资源、工艺美术资源、工业设计资源、公共服务平台资源等。无形资源包括工业文化教育资源、工业文艺资源、人才资源等。此外，企业文化资源、行业文化资源等既是有形资源，又是无形资源，具有双重属性。

（2）根据时空，工业文化资源可分为历史资源、现代资源和未来资源。历史资源主要指工业发展历史上遗留下来的，具有资源属性的要素，如古代工业技艺、工业遗产。现代资源是指当今工业领域在使用的、具有文化价值、可以开发利用的要素，如可以作为工业旅游资源的现代化生产车间等。未来资源是指工业领域尚未实现产业化或者全面普及的，停留在概念或设计阶段，但拥有较大产业化潜力和价值开发空间的要素，如面向未来的工业产品、未来技术，可以从体验、展示的角度作为工业文化资源进行开发。

（3）根据服务类别，工业文化资源可分为行业性资源、地域性资源，如为产业集群服务的资源、为军工服务的资源、为消费品生产提供的资源、为支撑服务业发展提供的资源等。

（4）根据内容，工业文化资源可分为品牌资源、信息资源、创意资源、工业精神素材资源、产业政策资源、制度规范资源、知识产权资源等。

2．资源特征

工业文化资源对工业发展起着支撑、凝聚、推动及指引方向的作用，它具备有形、无形、传承性、稳定性、共享性、持久性、效能性、递增性、多样性等特征。

有形：有些工业文化资源是以遗址、设备、产品等物质形态存在的，人们可以通过眼、耳、手等感觉器官直接感知。

无形：有些工业文化资源是以精神、理念等观念形态存在的，是无形的，但人们可以认识、理解、感知到，甚至可以用语言表达出来。

传承性：任何工业文化资源的形成都是一种历史的积累，是通过长期的工业活动凝练、继承、创造出来的，蕴含着一个群体的特性。

稳定性：工业文化资源作为客观存在，是经过长期的历史积淀而形成的，人们可以丰富它、发展它，但它一旦形成并得到认同，就具有一定的稳定性，不会轻易被改变。

共享性：有些工业文化资源虽然有产权归属，但产权拥有者并不一定会独占、独享这一资源。资源共享是发挥它最大效用的途径。

持久性：许多自然资源使用后便可能消耗掉，工业文化资源则不然。只要合理地开发、利用，不但不会导致其减少或减弱，反而有可能使其更为丰富、多样，甚至产生新的特质、新的资源。

效能性：对于工业文化资源，使用的人愈多、范围愈广，其效能就愈大。

递增性：工业文化资源是经过一代一代人的努力，随着工业的演进而不断创造、不断丰富、不断发展的。

多样性：工业文化资源在工业部门的不同行业、主体之中以多种形式存在，并且随着其发展、演变、融合，不断产生新业态、新内容，呈现多样性。

由于工业文化资源本身就具备物质、制度和精神的属性，或者有形、无形的属性，对其价值的评价和度量也就有了多重意义。有的工业文化资源可度量，有的则不可度量。可度量的资源有其鲜明的价值量化形式，如工业遗产、工业博物馆、工业美术品、工业设计品等；不可度量的资源鲜有明确的经济价值标尺，如工业精神、企业文化等。有鉴于此，客观评价工业文化资源的价值，需要建立一个兼顾可度量和不可度量资源的评价基准。

第三节　国家工业形象

国家工业形象是国家形象的核心组成部分，是一个国家工业的重要无形资产，是一个国家吸引世界关注与投入的重要因素，对国家的政治、经济和社会等的发展具有重要意义和战略价值。良好的国家工业形象意味着更高的可信度、更强的接纳性和更广阔的国际合作与发展空间。在当今全球化时代，越来越多的国家意识到国家工业形象建构和传播的重要性，都在努力提升自己的国际工业形象。

1．内涵

国家工业形象是国家的外部公众和内部公众对国家工业本身、国家工业行为、国家工业的各项活动及其成果的总体认知和评价。国家工业形象是一国的工业资源、工业科技、工业产品、工业体制、工业文化等的综合反映，是由一国的工业体系、一家家工业企业（特别是出口企业）、一件件产品的技术、质量、品牌、信誉和服务等决定的。

国家工业形象也可被称为国家工业认知、国家工业声望、国家工业品牌等。国家工业形象是一个综合体，具有极大的影响力、凝聚力，是一个国家工业整体实力的体现。对国家工业形象的理解包括以下三个层面。

第一，宏观层面，即消费者对特定国家的工业产品技术、品牌质量、创新能力、工业文化、行业管理、工业化和信息化水平、工业文明程度等的总体印象。比如，美国、德国、日本给大家的形象是世界工业强国，无论是在科技实力、创新能力、产品质量还是品牌竞争力等方面都居世界领先地位。

第二，中观层面，即消费者对特定国家工业某个领域或行业的产品技术、品牌质量、创新能力、文化特色等方面的整体感觉或认知，例如德国汽车行业、中国日用消费品、韩国电子和船舶工业等。

第三，微观层面，即消费者对来自特定国家的某一产品或者企业的品牌质量、企业文化等方面的总体感觉，例如瑞士手表和军刀、法国香水等。

国家工业形象的形成是一个复杂的过程。人们通过购买和使用来自一国的产品和品牌，对这个国家的产品和品牌形成了某种总体印象。当然，这里面也融汇了个人的价值观念、情感意念、生活阅历，以及对该国工业形象本源的感知程度等诸多因素。各种因素相互交织、共同作用，便形成了整体形象。由此，国家工业形象的构成有两大决定性因素：一是产品因素，二是国家因素。

产品因素就是产品本身给消费者留下的印象，这个印象直接关系到国家工业形象的形成。可以说国家工业形象与产品形象息息相关，没有良好的产品形象支撑，国家工业形象就成了无源之水、无本之木。国家因素就是一个国家在国际社会上的政治、经济、科技、教育、军事形象，这些形象对这个国家工业形象的形成有至关重要的影响。事实上，国家工业形象是企业形象、行业形象和国家形象的综合体。

在国际交往日益频繁的全球化时代，各国越来越关注国内外公众对本国工业的看法，国家工业形象的作用也日渐凸显。国家工业形象的重要性在于，一旦形成好的国家工业形象，一般的产品也能沾光卖个好价钱；一旦形成不良的国家工业形象，好产品也可能受到拖累，甚至可能沦落为"地摊货"。日本也曾是世界低端工厂，但 20 世纪 70 年代后，日本的低端制造业开始向外转移，而索尼、丰田等一批高端品牌开始崛起，工业形象逐步升级。

国家工业形象不能简单地等同于国家工业综合实力，就如具有主观属性的形象，不可与客观物质等同起来一样。国家工业形象从某种程度来讲并不是国家工业综合实力的真实客观反映，而是融汇了受众的主观情感、价值观念、认知习惯等因素，可能会存在或多或少的歪曲和误读。

2．特性

国家工业的客观状况是国家工业形象的基础，决定了国家工业形象的客观性。由于人们的情感、观念和认知是影响国家工业形象的重要因素，因而国家工业形象具有一定的主观性。国家工业形象一旦形成，会在一段时间内保持相对的稳定，会在人们心目中形成一定的惯性思维模式，但它的稳定性不是一成不变的，在某种程度上是可以塑造的，具有相对可塑性。

① 客观性。客观性指国内公众和国际社会对一国工业形象的认知是建立在该国工业的客观状况的基础之上的。国家工业的客观状况或综合实力，是一个国家拥有的赖以生存与发展的物质保障，是国家工业形象的基础和客观内容，在很大程度上反映了该国工业在国际工业领域的地位和影响力。

② 主观性。国家工业形象不一定是对国家工业客观状况真实、直接的反映，而是渗透了认知主体自身的价值观念、生活阅历、情感态度、利益需求等主观因素。不同的国家和地区，由于处于不同的发展阶段，社会制度、发展模式和文化传统均有所差异，由此形成了各自特有的思维习惯和评价标准。

③ 稳定性。随着工业发展和认知情境的变化，工业形象确实会发生变化，但在一段时间内具有相对的稳定性和持续性。形象一旦形成，便会持续影响人们的认知框架。人们一般会沿着知觉惯性去认知现有事物的形象，那些与已有形象不一致的信息会自动被忽略。例如，苹果公司的产品设计美观、品质卓越，深受人们喜爱。然而，iPhone 4 的信号问题、iPhone 5 的掉漆和漏光问题等，说明苹果公司的产品并非尽善尽美，但很多人依然对其评价极高。

④ 可塑性。国家工业形象的可塑性是指其在不同因素的影响下逐渐发生变化的特性，主要表现在以下两个方面。

一是主动塑造。当国家产生了改变自身工业形象的需求时，就会对理想的国家工业形象进行定位，并把国家工业形象的全面塑造上升到战略层面。作为塑造主体的国家，主动改变自身不合时宜的方面，努力使国家工业形象的客观状况与其理想的形象趋向一致，以赢得国内外公众的好评。

二是无意塑造。不同的主体，会对同一国家的国家工业形象产生不同的认知。当多个认知主体基于利益需求、特定目的、产业发展、文化传统、意识形态等因素，去感受和评价一个国家工业形象的整体情况时，其评估可能会呈现多元化、复杂化的倾向。

国家工业形象的这些特性说明，只要把关键的产品和行业的国际形象打造好了，就可以有效地带动这个国家整体工业形象的提升。

3．功能作用

负面的国家工业形象会降低其产品的可信度，正面的国家工业形象则会提升其产品的美誉度。国家工业形象的功能作用表现在以下五个方面。

① 增强国际影响力。国家工业形象好似一张名片和通行证，良好的声誉有助于敲开其他国家的大门，增进了解与信任。国家工业形象产生的吸引力可以为本国赢得更多的国际话语权、扩大影响力，有助于顺利推行对外工业战略。

② 促进经济贸易活动。在对外经济贸易中，国家工业形象的潜在影响时刻存在。任何一个国家或企业寻找对外贸易合作伙伴，会在很大程度上考量这个国家的工业形象，若其形象不好则意味着不值得信任，也就不愿同其合作。

③ 增强民族凝聚力。国家工业形象是文化认同的一种标志性符号和载体，是国家经济发展的一面旗帜，能够增强国民的民族自豪感和自信心，从而增强民族凝聚力。

④ 影响产品的竞争力。国家工业形象可以起到辐射作用，影响人们对该

国产品普遍特征的印象，从而左右人们对某一品牌或产品的态度，进而影响产品的竞争力。例如，同样的产品，贴上不同国家的标签的卖价不一样，原因就在于国家工业形象的差异。

⑤ 增强工业软实力。良好的国家工业形象不仅可以扩大本国工业文化的影响力和吸引力，而且可以为工业硬实力的提升注入新的动力。在国家工业形象的树立和传播中，媒体宣传、形象片打造及消费者口碑起着不可替代的作用。

4．形象塑造

塑造国家工业文化形象可以从形象标识、历史形象、科技形象、政府形象、企业形象、品牌形象、产品形象、工业文化氛围和国民工业文明素质等多个维度进行策划。

增强工业科技研发和自主创新能力，掌握关键核心技术是提升一国工业竞争力和工业文化形象的关键。作为创新的主体，企业应平衡短期利益与远期利益，着眼于长远，以世界先进水平为方向，加强对核心技术的研发，不断提升产品的技术含量。

提高工业产品的质量、品牌和服务水平是重要途径。企业，特别是为数众多的中小企业，要加强自觉性。

由于时间、空间的限制，受众很难对其他国家产生直接的认识，他们只能借助产品和媒介去了解。国家工业形象可以通过新闻专题、广告宣传、事件策划、口碑营销、对外交流等方式来进行立体化传播。互动性、即时性强的新媒体在推动国际交流合作、塑造国家工业形象方面具有独特优势。

第四节　产业名片

产业名片是国家工业形象的显著标识和重要组成部分，是区域形象、产业优势和软实力的综合体现和浓缩。随着区域经济发展和竞争格局的演变，优质要素资源会加速向最具产业势能和创新活力的区域集聚，在此过程中，马太效应会持续显现，强者愈强、弱者愈弱，而打造产业名片恰恰是提升区域的知名度、影响力和竞争力的有效手段，基于人文与产业融合的品牌塑造正成为促进区域经济发展的有力举措。

1. 基本概念

产业名片是以产业和区域为载体，充分反映区域文化底蕴、产业基础和城市特色，对技术、人才、资金、企业等要素有较强吸附能力的区域产业品牌，是区域软实力、竞争力和影响力的重要体现。产业名片立足客观基础，结合主观理念而形成，兼具客观性和主观性。产业名片的客观性体现为区域本身的产业文化积淀和发展的基础，主观性体现为区域规划者的认识水平和相关受众对产业名片的认知。

产业名片的基本特征包括五个方面。

一是区域性。产业名片反映区域产业形象。产业名片需要由一定的区域进行承载，既可以是国家，也可以是国内某个区域，带有较强的地域特色。同时，它是区域内产业或企业共享的公有资源，对同一区域而言，有非排他性和非竞争性。

二是产业性。产业名片需要有明确的产业特性，能够有效反映区域产业发展的优势、特色和发展方向，反映主导产业发展的基本理念。

三是生态性。产业名片具有能够帮助区域有效集聚相关的人才、资金、企业等资源的核心向心力，是区域软实力、软生态塑造的核心支点。

四是传播性。产业名片因其内涵高度凝练，而且大多有相应的视觉标识体系，而具有较强的传播性。通过有效传播，产业名片对区域发展的产业竞争力和生态竞争力有显著提升作用。

五是品牌性。多数产业名片是区域产业发展过程中形成的具有一定影响力的区域产业品牌，具有区域品牌的特性。产业名片具有持久性，许多地理标志品牌就是产业名片，它是众多企业品牌精华的浓缩和提炼，反映区域内产业的集体优势。从品牌设计的角度，所打造的产品名片应尊重全球文化差异；具有深刻的寓意，能引起人们美好的联想；能覆盖该区域未来会拓展的业务。它的视觉传达应易读、易懂、易记、易传。

产业名片可以从以下三个角度进行分类。

一是从反映形象的角度，可分为主名片和特色名片。主名片是区域产业形象的集中反映，它扎根于区域文化底蕴，在全国具有比较优势或先发优势，具有较强的区域带动效应和中长期发展潜力。特色名片则呈现了区域产业形象的特色，体现了某种地方特色，产品明确、领域聚焦。

二是从区域级别的角度，可分为国家产业名片和区域产业名片。国家产业名片是基于区域比较优势，彰显该国工业形象，反映核心价值理念和文化内涵，凸显工业实力和能力的产业名片，如中国高铁、中国核电名片体现了中国装备制造的水平，德国汽车、德国刀具名片反映了德国制造的水平。区域产业名片是一个区域产业历史文化积淀、优势特色和未来发展方向的反映，比如武汉光谷、景德镇陶瓷、美国硅谷等。

三是从行业类别的角度进行分类。不同的产业发展规律不同、脉络不同，最后所形成的产业文化不同，因此，每个行业会有基于各自文化脉络的产业名片。不同行业的产业名片所反映的行业发展理念和标志特征不同。通常立足于反映行业特色的产业名片，主要是由行业重点产品形象和企业品牌组成的。

2. 功能作用

产业名片对促进区域经济发展的积极意义早已在国内外众多城市的产业发展实践中得到了验证。美国硅谷是具有全球影响力的产业名片，已成为世界产业名片的标杆。武汉光谷、合肥声谷等产业名片在城市宣传、城市影响力提升等方面也起到了十分显著的效果，成为国内城市产业名片的典型。近年来，各大城市纷纷打造产业名片，先后涌现出深圳创客之城、西安硬科技之都、株洲中国动力谷、资阳牙谷等各具特色的产业名片，产业名片作为提升城市竞争力的重要手段已充分引起各方重视。

总体来讲，产业名片对促进区域协调发展、价值链提升，尤其是软实力的提升等方面都具有重要作用。产业名片的总体功能是通过名片规划、有效传播、地标建设、生态构建等路径来发挥的，其作用如下。

一是有利于促进区域协调发展。产业名片是立足区域的文化、资源和产业特色而形成和打造的，有利于促进区域间产业的特色化、差异化和协同化发展，一定程度上可破解虹吸效应导致的区域发展不协调的问题，促进区域协调发展。

二是促进价值链提升。产业链、价值链的提升，需要通过技术创新补短板，立足区域延链、补链、强链，同时使价值链进一步向高端化方向延伸。打造产业名片有利于提升区域品牌、企业品牌的影响力，形成高附加值的产业生态。

三是有利于提升软实力。产业名片因其传播性和生态性，是区域产业软实力的"核"，围绕这一"核"能够有力集聚企业、人才、资金、研发机构等各类要素资源，形成基于产业名片的发展生态，提升软实力。

四是有利于提升城市形象。产业名片可宣示城市产业的特色定位，提高城市产业显示度和影响力，树立良好的区域形象。

五是有利于凝聚发展共识。产业名片准确定位城市产业发展目标，凝聚力量，形成共识。

3．形成模式

从全球来看，目前产业名片的形成模式有多种，但归纳起来讲不外乎两类：市场自发衍生型和政府主导推动型。

市场自发衍生型是在给定制度、技术、市场约束条件下，由企业家群体互动达成的均衡状态，而非理性设计、安排、推动的结果，例如美国硅谷。政府主导推动型指地方政府推行产业发展战略，促进区域产业集群的快速成长，按照规划路径推动生长而形成产业名片，例如武汉光谷。产业名片的打造是一项复杂的系统工程，需要综合运用技术、产业、品牌、传播、公共服务等多种手段，协调各方资源共同推动。

此外，产业名片也具有相应的生命周期，包含起步、发展、繁荣、衰退等四个阶段。产业名片的内涵会不断地迭代更新，会随着社会、经济、文化的发展而改变，会随着产业主攻方向、主导产品的创新而更迭。结合产业名片所处的不同阶段，充分适应新形势、新技术，延长产业名片的繁荣期，是发挥产业名片驱动区域经济发展作用的重要路径。

第八章

工业文化产业

工业文化产业是工业技术与产品在融入文化和创意后所形成的产业，以及与之相关的文化产业，主要包括工业遗产、工业博物馆、工业旅游、工艺美术、工业设计、工业文学与艺术、工业文化教育及工业文化新业态等。

第一节　工业遗产

1．基本概念

20世纪60年代初，伦敦尤斯顿火车站的存废问题引发了英国全国性的工业遗产保护活动。1973年，为了研究与保护兴起于英国工业革命时期的工业遗存，英国工业考古学会（AIA）成立，第一届国际工业纪念物保护会议在英国铁桥峡谷召开，这标志着国际性的工业遗产保护工作的开始[①]。

1978年，第三届国际工业纪念物保护会议在瑞典首都斯德哥尔摩举行，会议达成决议，成立国际工业遗产保护委员会（TICCIH）。TICCIH的成立标志着工业遗产的研究与保护进入国际化进程。2003年7月，TICCIH通过《下塔吉尔宪章》，对工业遗产进行了定义：工业遗产是指工业文明的遗存，它们具有历史的、科技的、社会的、建筑的或科学的价值。这些遗存包括建筑、机械、车间、工厂、选矿和冶炼的矿场和矿区、货栈仓库、能源生产、输送和利用的场所、交通运输及其基础设施，以及与工业相关的社会活动场所（如住宅、教育设施等）。该宪章还指出，我们不仅要研究工业革命以后的工业遗产，也要关注工业革命以前的工业遗产，包括它的原始工业之根。传统工业，即工业革命以前的手工业，也是工业遗产的重要组成部分。

2011年11月28日，国际古迹遗址理事会（ICOMOS）第17届大会通过了

---

① 程萍．工业文化遗产：城市疮疤还是项链？[N]．科学时报，2010-06-24(A03)．

《国际古迹遗址理事会—国际工业遗产保护委员会联合准则：工业遗产、构筑物、区域和景观的保护》，简称《都柏林准则》（*The Dublin Principles*）。该准则对工业遗产的定义：工业遗产包括遗址、构筑物、复合体、区域和景观，以及相关的机械、物件或档案，作为过去曾经有过或正在进行的工业生产、原材料提取、商品化，以及相关能源、运输等基础设施建设过程的证据[1]。

因而从形态上，工业遗产可分为"物质"和"非物质"两大类，其中物质遗产又可分为"可移动"和"不可移动"两类。生产线、机械设备、生产工具、仪器仪表、工业制品、办公用具、生活用品等属于可移动工业遗产。工业构筑物、厂房、仓库、码头、矿山、交通系统、办公用房、生活设施等属于不可移动工业遗产。非物质工业遗产包含生产工艺流程、生产技术、设计方案、原料配方、品牌商标、契约合同、历史档案、记忆口传、工业精神、影视资料、工作组织等相关形态，以及复杂的社会和文化传统。

近年来，工业遗产的概念在继续扩大，其中"工业景观"的提出引起了人们的关注，一些国家已经开始实施广泛的工业景观调查和保护计划。

2．作用与价值

工业遗产是不同时期人类工业文明的证物，是一个国家或地区工业发展史的真实记录，与文献记载相互印证，共同阐释了一个国家或地区工业历史的脉络，为后人探究发展历史、总结规律提供了依据。工业遗产的这一作用主要体现在以下三个方面。一是工业遗产是一种文化符号，是一个国家或地区重要的工业文化脉络和记忆，对一个地区文化特色的形成、传承与发扬起到了不可磨灭的作用；二是工业遗产中蕴含着特有的品质——工业精神，能为社会添加一

---

① 严鹏，陈文佳．工业遗产：传承优秀工业文化的载体 [J]．经济导刊，2021(2): 54-58.

种永不衰竭的精神气质；三是城市建设要想避免千篇一律，就需要有独特和标志性的东西，工业遗产的特殊形象成为其区别于其他城市的一个标志，它可以作为一种文化旅游资源。

工业遗产的内涵十分丰富，可以从历史、科技、社会、文化、审美、经济等价值维度来理解保护和利用工业遗产的意义。

① 历史价值。工业遗产见证了工业活动对历史和当今所产生的深刻影响，代表着手工业文明和近现代工业文明，是人类文化遗产不可或缺的组成部分。保护好工业遗产，发掘其丰厚的文化底蕴，将使绚丽多彩的历史画卷更加充实。同时，这些深刻变革的物质证据对人们认识工业的产生和发展，研究某类工业活动的起步和过程，具有普遍价值。

② 科技价值。工业遗产见证了科学技术对工业发展所作出的突出贡献。工业遗产对生产基地的选址规划、建筑物和构筑物的施工建设、机械设备的调试安装、生产工具的改进、工艺流程的设计与产品制造的更新等方面具有科技价值。只有保护好不同发展阶段具有突出价值的工业遗产，才能给后人留下相对完整的工业科技发展轨迹记录。

③ 社会价值。工业活动在创造了巨大的物质财富的同时，也创造了取之不竭的精神财富，如艰苦奋斗、求实创新、精益求精、追求卓越、诚实守信等精神品质，它记录了普通劳动者难以忘怀的人生，成为社会认同感和归属感的基础，构成不可忽视的社会影响。因此，工业遗产不仅承载着真实和相对完整的工业化进程的历史信息，而且可以展示某一时期人们的生产和生活方式，保护工业遗产就是对民族历史完整性和人类社会创造力的尊重，是对传统产业工人历史贡献的纪念和对其崇高精神的传承。

④ 文化价值。人类文化丰富多彩，多样化地理解和评价文化遗产的概念和价值意义重大。工业遗产具有普遍意义上的文化属性，是文化遗产不可分割的组成部分。保护工业遗产就是延续人类文化的传承，培植工业文化的根基，维护文化的多样性和创造性，就是在促进社会不断向前发展。

⑤ 审美价值。工业景观等工业遗产形成了无法替代的时代特色。认定和保存具有多重价值和个性特点的工业遗产，对于提升地区文化品位、维护历史风貌、改变"千城一面"的城市面孔具有特殊意义。地区的差别性关键在于文化的差别性，工业遗产的特殊形象往往成为该城市的鲜明标志。

⑥ 经济价值。工业遗产见证了工业发展对经济社会的带动作用。对工业遗产的保护可以避免资源浪费，防止城市改造中因大拆大建而把具有多重价值的工业遗产变为建筑垃圾。同时，有效利用工业遗产能够聚集人气，衍生各种业态，保持地区活力。通过对工业遗产的梳理、归类、合理利用，可以为城市延续工业文脉、积淀历史底蕴、注入发展活力和动力。

案例

北京首钢老厂区的保护与利用

1919 年，中国北洋政府在北京西永定河边建设了石景山炼铁厂（现改名为首钢集团，以下简称首钢），其至今已有百年历史。首钢是以生产钢铁为主的企业，一度拥有员工约 20 万人，在中国炼钢史上占有重要位置：1964 年，首钢建成了中国第一座 30 吨氧气顶吹转炉；1994 年，首钢钢产量达到 824 万吨（当年位居全国第一）；2012 年，首钢在《财富》世界 500 强榜单中排名第 295 位……

北京成功申办2008年夏季奥运会后，为了改善北京整体生态环境，2010年年底，钢铁产业已整体搬迁至河北曹妃甸，首钢老厂区全面停产。在老厂区，高耸的烟囱、巍然屹立的冷却塔、锈迹斑斑的高炉、残旧的运输廊道和铁路专用线、纵横交错的管廊管线等，总能唤醒人们对那个辉煌年代的记忆。于是，首钢老厂区被纳入工业遗产保护范畴。

北京成功申办2022年冬奥会，这加快了首钢老厂区的开发利用步伐。经过总体规划和精心设计，结构安全的建筑尽可能地被完整保留了下来，例如首钢炼铁原料区变成了北京冬奥组委驻地，精煤车间变成了中国国家队冰上训练场地，联合泵站变成了冬奥会展示中心，2022年北京冬奥会的一个赛场——滑雪大跳台则与炼钢高炉、冷却塔等工业景观形成了具有整体性的独特风景。如今，首钢老厂区逐渐改造为以钢铁文化遗存为特色的园区，成为工业旅游和工业研学的热点。

第二节　工业博物馆

博物馆是保护和传承人类文明的重要殿堂，是连接过去、现在、未来的桥梁。工业博物馆是博物馆的一个重要类别，不仅有博物馆的基本属性，而且与工业遗产、工业文化、工业科技与产业发展密切相关。放眼国际，世界上许多国家，特别是工业强国，大多建有标志性的工业博物馆，成为展现区域特色文化、提升民众科技素养、增强民族自信、塑造工业形象的重要平台。

1．基本概念

工业博物馆是为社会及其发展服务的，以教育、研究、欣赏为目的，征集、保护、研究、传播、展示工业和信息化领域活动、环境、发展趋势的，向公众开放的非营利性常设机构，主要以博物馆、企业展馆、纪念馆等形式存在。

博物馆是非营利性组织，不以营利为目的，但这与经济创收并不矛盾。对于非国有博物馆来说，经济创收是其生存发展的根本保障；而对于国有博物馆来说，经济创收是减轻国家财政负担，助力博物馆发展的有效手段。因此，工业博物馆可以利用平台资源，通过科技研究、教育培训、工业旅游、工业研学、文创产品开发等多种形式，创新商业模式，创造经济效益。

工业博物馆强调工业文化传播、工业科普，以及工业发展历程和工业文明成果的展示。结合工业博物馆的特色，可从不同角度对其进行分类，并形成相应的体系架构，如图8-1所示。从建设运行看，可以将其分为传统工业博物馆、现代工业博物馆（也称新型工业博物馆）；从展陈内容看，可以将其分为综合类工业博物馆和专题类工业博物馆；从体系架构看，可以将其分为国家级工业博物馆、区域综合类工业博物馆、行业类工业博物馆、企业类工业博物馆、高校及科研院所相关工业博物馆，以及其他工业博物馆（包括私人工业博物馆、手工业博物馆和其他民间工业品收藏馆）。

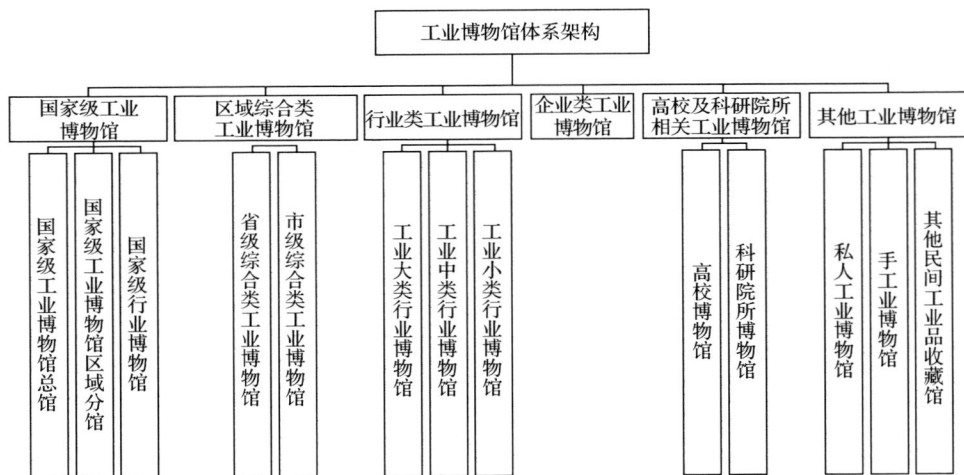

图8-1 工业博物馆体系架构

从本质上说，展示石器、玉器、青铜器和陶瓷等文物的博物馆可以归类为手工业博物馆。

2．新型工业博物馆

新型工业博物馆是传播工业文明的窗口、弘扬工业文化的阵地、提升公众科学素养的殿堂、展示城市形象的名片，不仅拥有工业领域技术与产业的优势，而且具备资源整合与利用的平台功能。为满足时代发展需求，新型工业博物馆可以从以下八个方面强化其内涵特色。

（1）展陈理念的创新

新型工业博物馆的建设应以人为本，聚焦工业与人、社会、自然之间的关系，突出历史、文明、科技、产业、文化、生活的特色，探寻工业发展对生态环境、社会进步、生活方式等的影响和改变，并结合工业的物质形态、制度形态、观念形态进行展示。其中，物质形态指工业建筑物、构筑物及可移动物件，包括厂房、设备、工具、产品等；制度形态指工业体系、产业结构、企业制度、生产方式等；观念形态包括工业价值观、工业精神等。

（2）时间空间的扩展

在时间上，新型工业博物馆不再只是讲述工业历史进程，而是具备"展示历史、展现当下、展望未来"的作用与功能，即在认真梳理工业发展逻辑和演进路径的基础上，展示人类工业文明史，展现当代工业发展状况和取得的成就，展望未来的发展趋势和工业对人类社会的改变。

在空间上，新型工业博物馆不再拘泥于博物馆内部的展陈空间，可以扩展延伸至其他任何可展示、能掌控的空间，如户外展示、空中展示、网络展示、全息再现，甚至借助元宇宙空间为参观者提供身临其境的体验。

（3）核心功能的延伸

新型工业博物馆不仅包含教育、展示、研究、保护、收藏等博物馆的基本功能，还可以利用行业、企业等资源优势探索新功能，打造区域发展的科技高地、经济高地和文化高地。一方面，通过对一定地域范围内的企业、设备、技术等信息的采集、分析，可以将资源、信息汇总和聚合起来；另一方面，通过各项活动促进工业博物馆之间，以及与企业、行业、地域之间的沟通交流，成为技术研发、成果转化、产品服务、商务洽谈的交流合作平台，以及各类资源和信息的传播服务平台。

工业博物馆可以与企业及其他相关机构合作，为其提供周期性展示的场所与最新的展示技术，结合博物馆自身的展陈内容打造大型的会议、展览等活动，既可以满足企业新产品发布与用户体验的需求，又可以借助活动的影响力使博物馆的展品得到更广泛的宣传与推广。同时，可以借助工业博物馆的各种工业文化特色资源，开发工业旅游与研学所需的相关配套设施，如特色主题餐厅、创意产品销售店、科技文娱体验区等。

（4）设计思路的转变

新型工业博物馆可以打破传统博物馆以时间为主轴线的设计思路，尝试围绕行业门类、产业链上下游、制造环节、产业布局等工业领域自身的突出特征设计展陈主题线及整体叙述思路，以凸显科技进步、人文生态和工业文化的价值。

生产工艺流程能够充分体现产品的科技含量。尝试以生产工艺流程为主题可以更好地展现工业博物馆的特色，同时在此基础上衍生出相关的研发设计、制造设备、生产工艺、产品功能、质量品牌等"副主题"，并根据其价值差异有所侧重，而非面面俱到。

以产品全生命周期为主线，将展陈拓展至产业链上、中、下游也是工业博物馆的一大特色。按照原材料获取、材料加工、零配件制造、成品组装、产品使用、废物利用或处理的产品生产制造流程做全景式展示，其中产品的各个组成部分可作为副主题进行扩展。此外，劳动者生活和娱乐的相关配套设施也可做适当展示。

（5）展陈内容的多元化

新型工业博物馆展示内容的类型应更加多元化，可以以物质、制度、精神和行为为题材，包括事件、厂房、设备、产品、技术、人物、精神、知识、档案等。

传统工业博物馆与其他类型的博物馆一样，其展品均以可移动物件为主。新型工业博物馆则可以充分利用不可移动的工业遗产进行原址展示，特别是保存得较好的生产线、大型构筑物等，不仅可以丰富展品类型，更可以凸显工业博物馆的形态特征。另外，展示内容应包括物质与非物质的遗产，传统工业博物馆往往会忽略非物质遗产部分。

传统工业博物馆展品多以历史价值为核心，可能会忽略其他价值。新型工业博物馆应对工业遗存进行深入的价值评估，确定其价值载体，再选择核心载体进行展示。例如，展现科技价值，可以对生产工艺、核心技术进行深度解剖；展现社会文化价值，应在原有的基础上更强调工业文化内涵；展现艺术审美价值，则应该凸显工业美学。

（6）展示手段的多样化

合理利用工业遗产现存空间，在展示展品的同时凸显工业博物馆的特征，将工业领域的新科技进行转化应用，满足参观者的深度体验感，通过创新模式吸引年轻群体在不忘历史的同时，承担起弘扬工业文化的使命，满足教育和传承的需求，这既是新型工业博物馆面临的挑战，也是其进行创新的切入点。

工业博物馆建设可以充分利用工业遗产资源，将厂房、车间、仓库等场所的内部改造设计成展陈空间，一方面保留本来的风貌，使之成为展示的一部分，另一方面保留场馆外的其他工业遗产，以此作为博物馆的外景观。大跨度的桁架结构、具有历史印记的钢筋混凝土立柱、经历了无数风霜的砖墙、工业厂区特有的铁轨、高耸的烟囱、错综复杂的管道等，原本就是极佳的工业景观和工业文化载体，将它们保留下来，将增强工业博物馆的感染力和吸引力。总之，在充满工业风的遗存遗迹间讲述工业发展，既能让参观者获得身临其境的体验，又能将工业魅力凸显得淋漓尽致。

传统博物馆主要以静态陈列为主，依靠实物、图片、文字、图表、显示屏等方式表达，但随着新技术的突破及其产业化应用，数字技术、网络技术、虚拟现实技术、多媒体技术、人工智能技术等为展陈方式提供了多种可能性。

（7）体验方式的提升

新型工业博物馆要强调互动体验功能，以达到教育培训、传承传播的目的。例如，尽可能地运用新技术提升用户体验，要从静态实物的单向展示逐步转变为动态虚拟的双向互动：还原当时的生产、生活场景，让参观者置身其中，参与并体验当年的工业生产生活；通过 AR 眼镜让参观者在观看一个静态生产工具的同时，可以领略到该工具在生产中实际应用的动态景象；参观者可以亲自动手，体验产品制作过程，并通过试用产品，了解其性能和使用方法。

（8）运营模式的创新

新型工业博物馆被赋予了经营特色项目、部分自我造血的功能。不论是要实现资源集聚、平台展示，还是要开展工业旅游与研学、促进区域经济发展，均需要新的管理运营模式来适应新的需求。要充分发挥政府的引导作用，推动社会各类主体以多元化、创新的方式进行工业博物馆的建设与经营，从而激发活力，适应市场需求。

第三节　工业旅游

工业旅游是指以体验和了解工业设施、工业生产过程、工厂风貌、工人劳动生活场景等为主要目的的旅游活动，它是伴随人们对旅游资源理解的拓展而产生的一种旅游新概念和产品新形式。工业旅游起源于 20 世纪 50 年代的法国，由汽车行业辐射到其他工业领域。英国作为工业革命的先驱国家，所拥有的大量极具价值的工业遗存，通过保护、开发和再利用，逐步成为国际工业旅游热门地。进入 21 世纪之后，工业旅游在全球方兴未艾，被誉为朝阳产业。

工业旅游融游览、学习、娱乐和购物为一体，经创意开发，满足游客的审美、求知、求新等需求，实现经营主体的经济、社会和环境效益。通常，工业旅游是以保护和开发工业遗存为核心，同时展示现代化工业的生产和作业景观，并能让游客体验工业生产活动的专项旅游。

工业旅游形式多样，内涵丰富，不仅涉及工业遗产、工业博物馆、现代企业、研发机构、生产基地、厂房建筑、生产设备、生产线、工业产品，以及矿山、桥梁、大型工程、工业基础设施等物质资源，还涉及企业发展历史、管理模式、经验成就、企业文化等非物质资源。作为旅游业的新业态，工业旅游可以为消费者提供以下几种能够带来不同体验的旅游产品。

① 历史探寻与研究，指以体现与记录工业历史痕迹的工业遗存、工业博物馆等形式为依托的参观旅游等。例如，德国鲁尔区原本是一个传统工业区，在其由衰退走向振兴的历程中，有许多值得关注和借鉴的亮点，其中有关工业遗产的旅游开发颇具特色，亨利钢铁厂就是该区著名的工业遗产旅游景点。

② 工业科普与研学，指围绕工业遗产、现代企业、研发机构、大型工程与工业设施，以某一特定领域的主题开展工业科普活动和研学实践教育。该类型的工业旅游通常是在特定的场所开辟旅游功能区供游客参观游览，如在博物馆、展览厅配备专职导游或者邀请专家对各种科学技术知识和生产工艺流程进行现场讲解，重庆工业博物馆、开滦博物馆、沈飞航空博览园、上海航宇科普中心等就采用了这个方法。

③ 参观培训，指将产业集聚区，企业独特的生产技术、生产工艺、生产方式，以及企业管理、企业文化、企业环境等作为资源或载体，以体验和学习需求为导向而开发的旅游产品。同时，通过接待参观培训人员，产业集聚区和企业可以达到宣传自身、树立品牌形象的目的。拥有高新技术和先进生产工艺的产业集聚区或工业企业是这类旅游的热点，如美国硅谷、日本筑波科学城，以及中国的武汉光谷、华为、海尔等。

④ 观光休闲，指以工业遗产、工业特色街区（小镇）、产业园区、生产基地、大型工程与工业设施为主体资源，结合工业主题公园、周边环境和其他旅游资源，将企业或工业园区开发成具有观光、休闲、科普等功能的综合性旅游区的一种旅游产品。观光休闲旅游的开发，既要利用工业遗产、工业园区和企业的资源，又要利用周边的自然环境和人文景观，一体开发，一同经营。如美

国拉斯维加斯及其附近建在沙漠中的胡佛水库，中国的三峡库区、天荒坪抽水蓄能电站（位于浙江省湖州市安吉县）等。这些地方既有优美的自然风光，又有独特的工业旅游资源，可以建设购物中心、美食文化街、游乐园或影剧院等配套设施。

⑤ 购物消费，指通过参观企业和演示产品生产过程来宣传和销售产品、引导游客购买产品的行为。主要特点是以工业产品为纽带来带动工业旅游的发展。开发主体通常会利用一定的工业空间建立一个购物中心，并配备一定的休闲娱乐设施，进行以购物为主，以休闲、娱乐为辅的旅游开发。

第四节　工艺美术

工艺美术品主要指以手工艺制成的、实用且有欣赏价值的工艺品。随着时代的发展，工艺美术品已不局限于手工艺品，而是与机器工业，甚至与大工业相结合，把实用品艺术化，或者把艺术品实用化。

工艺美术的突出特点是把物质生产与美的创造相结合，以实用为主要目的，并具有审美特性，它属于造型艺术的一种。工艺美术通常具有双重性质：既是物质产品，又有精神方面的审美性。作为物质产品，它反映了特定时代、特定社会环境的物质和文化生产水平；作为精神产品，它的视觉形象（造型、色彩、装饰）又体现了特定时代的审美观。

工艺美术是伴随人类起源而产生的，从人类制造第一件工具开始，工艺美术这颗世界文化海洋中璀璨的珍珠就诞生了。卢梭曾在《爱弥儿》中说：在人类所有的职业中，工艺是一门最古老、最正直的手艺。工艺在人的成长中功用最大，在制造物品的过程中，人们通过手将触觉、视觉和脑力相协调，身心合一，从而健康成长。从原始社会到农业社会再到工业社会，人们一直在制造工具，并不断地获得新灵感，不断地追求美，对工艺美术的探索和发展从未停歇。

世界各地由于文化差异，对工艺美术有不同的认知和探索，从而形成了风格各异的表现形式。在欧洲，古希腊的迈锡尼长于工艺雕塑，古罗马以青铜工艺和银器工艺等金属工艺而闻名，俄罗斯的油画和雕刻艺术发达，颇具民族特色；在亚洲，中国的工艺美术，如陶瓷、玉器、丝绸、刺绣等一直都是东方文明的耀眼明珠，对亚洲文化乃至世界文化都产生了广泛的影响；在非洲，石器工艺和木雕工艺最为著名，古埃及的浮雕和壁画风格独特，是人类绘画艺术史上不朽的篇章。

工艺美术作为工业文化产业的一种，既有文化属性，又有经济属性；既是艺术形态，也是生产形态。当然，工艺美术在发展的过程中也面临诸多挑战，如关于传统与创新的争论。由于现代生活水平的提高，人们的审美标准在不断变化，尤其是年轻人追求时尚和新潮，这就要求工艺美术品必须有所创新，从而满足消费者新的需求。而这种创新要和传统艺术保持一种平衡，使工艺美术产业既体现出传统工艺与文化之美，又绽放出时尚之美。

第五节　工业设计

人类的设计活动萌芽于新石器时代，而数千年农耕文明中的传统设计，十分依赖经验的积累和技艺的传承。近现代工业设计的起源可以追溯到第一次工业革命，传统的手工制作方式被机械化大生产取代，由于这种机械化的生产方式严重缺乏设计，造成了生产者与消费者之间的冲突，工业设计的需求由此产生。

1919 年，"工业设计"一词由美国设计师约瑟夫·西奈尔首次提出。2015 年 10 月，国际工业设计协会（ICSID）召开的第 29 届全体会议宣布其正式更名为国际设计组织（WDO），并发布了工业设计的新定义：（工业）设计旨在引导创新、促发商业成功及提供更好质量的生活，是一种将策略性解决问题的过程应用于产品、系统、服务及体验的设计活动。

可见，工业设计既具有工业属性，又属于设计范畴。广义的工业设计指为了达到某一特定目的，从构思到实现一个切实可行的实施方案，并且用明确的手段表示出来的系列行为，它包含一切使用现代化手段进行生产和服务的设计过程。狭义的工业设计单指产品设计，包括对维持生存与生活所需的工具、器械等物质性装备进行的设计。

由于地域文化差异，各国工业设计所秉持的方针有所不同。例如，欧美比较注重以人为本，而日本比较注重成本控制。在第二次世界大战时期的太平洋战争中，日本为了以量取胜，研制战机时最大限度地缩减成本，甚至研制了一次性的自杀式战机；而美国在设计时更多地考虑飞行员的安全问题。有个细节，美国特意把战机的油箱做成了两层结构，外层是金属，里层是皮质，这样可以防止高射炮和机枪的子弹在油箱位置发生爆破而点燃油箱；日本却相反，为了节省成本，不要说两层，还把油箱的铁皮故意做薄了一点，结果损失惨重。德国一直注重技术与艺术的统一。对德国工业设计影响深远的威尔德于 1902 年提出了"设计三原则"，即"产品设计结构合理，材料运用严格准确，工作程序明确清楚"[①]，在这三原则的基础上，寻求符合工业技术的美感，讲求用理性的思想创造符合功能的产品。

工业设计面向工业生产，以功能设计、结构设计、形态及包装设计等为主要内容。与传统产业相比，工业设计具有知识技术密集、物质资源消耗少、成长潜力大、综合效益好等特征，在提升产品附加值、增强企业核心竞争力、促

---

① 彭心勤 . 现代设计和艺术的关系 [D]. 无锡 : 江南大学 , 2008: 18.

进产业结构升级等方面意义重大。

现代工业设计所包含的行业范围是非常广泛的，涉及很多专业和行业，涵盖视觉传达设计、建筑设计、室内设计、环境艺术设计、家具设计、产品设计、机械设计，以及传播设计、设计管理等。我们可以从多个维度对现代工业设计进行分类。

① 按照艺术的存在形式进行分类：一维设计，泛指单以时间为变量的设计；二维设计，亦称平面设计，对在平面上变化的对象，如图形、文字、商标、广告等进行设计；三维设计，亦称立体设计，如对产品、包装、建筑与环境等进行设计；四维设计，是三维空间伴随一维时间（3+1 的形式）的设计，如舞台设计等。

② 按照工业设计的概念与界定来分类。工业设计作为连接技术与市场的桥梁，迅速扩展到商业领域的各个方面，如广告设计、展示设计、包装设计、装帧设计等。随着科技的迅速发展和广泛应用，工业设计与其他领域设计的界限日益模糊，一些原属于工艺美术、视觉传达等设计领域的活动兼具工业设计的特点，如家具设计与时尚设计。

③ 按照现代工业设计领域来分类，包括产品设计、企业形象设计、环境设计、传播设计、设计管理等。工业设计领域日益拓宽，不同领域又具有各自的特点。

第六节　工业文学与艺术

工业文学与艺术指以工业为主要题材的文学与艺术，它是伴随工业产生而出现的一种文化业态，是人们对工业活动的提炼、升华和表达。工业文学与艺术扎根于工业文化的深厚土壤，且随着不同时代人类文艺发展的总体态势而变化。工业题材的文艺创作主要涉及语言艺术、表演艺术、造型艺术和综合艺术等。

- 语言艺术：诗歌、散文、小说、剧本、报告文学等。

- 表演艺术：音乐、舞蹈、小品、戏曲、曲艺等。

- 造型艺术：绘画、书法、雕塑等。

- 综合艺术：影视、摄影、科技装置艺术等。

工业文学，立足于不同时代背景，以科技发展、工业生产、工人生活等为题材，描写人类工业化进程中的人、物、景与事件，以及工业文明对社会、经济、文化、生活等方面的影响与改变。体裁包括诗歌、散文、小说、剧本、报告文学等。

工业艺术是以工业为创作基础的艺术，包括工业摄影、工业书法、工业绘画、工业建筑、工业雕塑、装置艺术、工业影视及其他反映工业文化的艺术。

工业文学与艺术的作品表现形式有写实、叙事、抒情、科幻等，它们不仅再现了工业生产活动，传递了时代美感，还反映了工业进步的情况，展望了工业发展的未来，揭示了由工业引发的各种社会现象等。

社会存在决定社会意识，当前我们生活在工业社会，科技进步与工业发展给人类社会带来深刻的变革，改变了人类的生存状态和生存方式，要真实地反映这一变化，需要创作相应的工业文学与艺术作品。同时，意识具有反作用，工业文学与艺术作品也在影响着人们的精神面貌、思维方式、价值取向，进而影响工业和社会的发展。尤其重要的是，工业文明不仅给文学与艺术带来了农耕文明时期不可触及的题材，更带来了一种有别于过去的话语方式、思维方式、想象空间和真实感受。

在新时代的语境下，工业历史上的诸多元素得到了延续和发展。工业文学与艺术的独特性又绝非其他元素所能取代：大工业建设主人翁和先进生产力代表的形象，现代化流水线式的劳动与人生，都市物质文明和现代生活方式建设者的气魄，以及创造未来新世纪的历史使命，所有这一切，都使得工业文艺具有特殊的地位[①]。

工业文学与艺术作品从本质上来讲是对工业化的关怀，以及工业化社会背景下对人类生存境遇的关注，伴随工业的发展而发展。新时代的工业文学和艺术作品，其创作理念、主题思想、人物形象、审美风格理应增加新的内涵，应努力塑造工业、工人的整体文化形象，在对工人个体的喜怒哀乐的摹写中，触摸和把握时代发展脉搏，增强表现社会与生活的覆盖力和渗透力，运用文艺的力量激活与强化人们参与工业建设的使命感与责任心。

第七节　工业文化教育

工业文化教育是教育的一个类别，是指一种自觉并且有目的地支撑工业社会发展和促进工业文化传播的活动，旨在使受教育者了解与掌握工业知识，提升工业文明素养，推动工业健康发展和工业软实力提升。工业文化教育与人类工业化进程高度结合，其教育形式和一般教育既有联系又有区别。

首先，现代教育体系就是工业化的产物，也是工业文化的有机组成部分。

---

① 樊洛平. 当代工业文学创作的考察与反思 [J]. 郑州大学学报（哲学社会科学版），1997
(5):20−25.

工业化不仅意味着机器生产，还意味着工业科技和生产技能的更新与优化，一支接受专门训练、具备一定科技能力的劳动力队伍，是人类工业化进程的一个组成部分。因此，工业化带动了现代教育体系的建设，它推动了不同领域、行业和专业的社会分工，这些行业、领域和专业都需要专门的教育。工业化对大众的基本教育水平提出了新的要求，所以普及教育成为工业化国家的基本目标。工业化也对不同类型和层次的职业技能提出了要求，促使不同类型和层次的教育持续发展。教育规模的不断扩大、教育层次的不断分化、教育普及和高等教育的大众化均是人类工业化的必然要求。现代教育体系虽然继承了农耕社会的一些传统，但从总体上看，现代教育体系是在工业化的背景下建立起来的，它成为工业文化的有机组成部分。

其次，现代教育的培养理念、教学原则和组织方式很大程度上遵循的是工业化需求和工业文化理念。人类的教育活动有着悠久的历史，形成了一套教学和人才培养模式，在进入工业社会之后，随着科技教育、工程教育、职业教育、应用型教育的兴起，传统的教育理念和方法均受到挑战，教育领域进行了一次又一次的改革，更为贴近社会经济的发展。目标明确、学制严格、职业导向的现代教育体系，虽然也受到了不少的批评，但从总体上看，其基本满足了现代工业社会对人才的培养需求，符合工业社会的效率和功能原则。

最后，工业文化与教育还具有一种特殊的联系。工业文明的成就成果和价值理念需要面向社会公众进行展示与传播，这种传播和理解工业文化的活动也是一种教育形式。比如科技馆、工业博物馆、工业博览会等，这些都是工业文化的教育场所。

工业文化教育包括教育者、受教育者、教育内容和教育活动四大基本要素。其中，教育者主要是指学校教师、相关教育机构和其他工业文化传播者；受教育者是以广大青少年为主体的学生及更广泛的社会人群；教育内容是指教育者引导受教育者在教育活动中学习的工业知识与技能。

工业文化教育类型一般分为研究型、技能型和科普型等。其中，研究型工业文化教育主要是指专家学者和高校教师对高校学生、研究人员或某一特定知识分子群体开展的具有研究性质的教育，具有专业性、前瞻性、引领性等特点，旨在通过培养更多有能力开展研究的专业人才，深入挖掘工业文化更深层次的内涵和价值，进而将其转化成能够应用在社会各方面的研究成果。

技能型工业文化教育本质上是一种职业教育，具有实操性和实践性的特点。其主要指由"大国工匠"、工程师、高级技师等技能型人才向职业院校学生、特定领域的技能人员或有志于进入某种技能行业的人员传授某一专业技能，旨在使受教育对象掌握某一领域的技能知识，从而在现在或将来更好地从事本职工作，是培养满足工作岗位需求人才的重要途径。

科普型工业文化教育本质上是一种社会大众化教育，具有社会性、群众性和持续性的特点。其主要指相关教育机构和工业文化传播者在科技馆、工业博物馆、企业、产业园区等场所向社会大众介绍工业知识、推广科学技术、讲述工业故事、展示工业成果等，它可以培养大众的科学意识、创新意识、探索意识，是提升国民科学素质的重要手段。科普型工业文化教育的形式包括工业文化相关课程讲授、工业科普与研学、工业劳动教育、工业文化思想政治教育等。

第八节　工业文化新形态

随着现代科技和经济社会的迅速发展，工业新技术、新产品层出不穷，当这些新技术和产品融入文化元素后，就可能诞生新的业态，我们称之为工业文化新业态。换句话说，工业技术、产品、设备与文化艺术消费结合，进而衍生出来的新模式、新产品、新形态，可定义为工业文化新业态，如可穿戴设备、增材制造（3D 打印）、智能汽车、无人机、机器人、人工智能、元宇宙（NFT）等，这些技术与产品已经在文化领域投入应用。与此同时，工业遗产、工业博物馆经过开发利用，与技术、产业和工业文化的其他领域融合发展，已经逐渐衍生出新的业态，如工业文化园区、工业文化主题公园、工业文化特色小镇等，未来，还可能发展出如工业文化综合体、工业文化超市等新形态。

① 机器人与人工智能。在工业经济向数字经济加速转型的过程中，将机器人与人工智能技术和文化建设相融合，推动工业文化新业态的成长，如机器人与人工智能技术和工业旅游、工业博物馆、工业主题公园、工业遗产保护利用等领域的融合。

② VR/AR/MR。虚拟现实（VR）、增强现实（AR）、混合现实（MR）等新的沉浸式技术的发展、设备的普及和相关内容的创新发展，全面升级了人们视听感官上的交互体验。运用 VR/AR/MR 设备，基于其传播平台，开发文化产品，提升品牌文化形象，创新服务模式（如 VR 体验游）等，能提高大众参与度，增强互动体验的趣味性。

③ 元宇宙。元宇宙并不是一个全新的事物，它是对数字技术驱动和连接的信息空间的一种新的概括性描述。元宇宙是互联网行业发展到特定阶段，产业升级的必然结果，是利用科技手段进行链接与创造的、与现实世界映射与交互的虚拟世界，是具备新型社会体系的数字生活空间。作为多种新技术的集合，以及虚拟世界与现实世界的融合，元宇宙点燃了人类对未来社会的想象。从数字时代到元宇宙时代，技术创新将大幅提升生产与沟通效率，并且在经济、文化和社会生活中不断渗透。产品制造、工业设计、医疗健康、教育培训、游戏

开发、影视制作、文体娱乐、销售服务、城市治理等均是其应用场景。虽然元宇宙还远未达到人类期盼的目标，但是它所蕴含的潜力及其带来的社会变革的影响不容小觑。以元宇宙为代表的数字文化产品是工业文化的典型形态，有着广泛的应用场景和潜在价值。例如，数字藏品是一种新型数字文化产品，最初在区块链公链平台上以 NFT（非同质化通证，一种基于区块链技术的表征数字资产所有权的凭证）的形式出现，应用在票据、债券、游戏和收藏品等经济领域，随着区块链用户的增长，区块链原创数字艺术步入繁荣期，有着强大品牌效应的体育、影视和音乐等传统 IP 纷纷开始采用数字藏品拓展新一代用户。

④ 工业文化园区。

- 工业文化主题公园。以工业遗产、工业博物馆、重点行业资源为核心，建设各具特色的工业文化主题公园，如航空航天主题公园、汽车主题公园、矿山主题公园、机器人主题公园、VR/AR 主题公园等。

- 工业文化特色小镇。充分利用与工业遗产及其相关资源，建设工业文化产业发展园区、特色小镇、创新创业基地，如工业设计小镇、工艺美术小镇、工业创意小镇、创客空间等。

- 工业文化综合体。工业文化综合体是指在产业聚集区域内，为产业发展提供综合配套服务的基础设施。主要包括 6 个方面：一是货物运输、仓储、信息、金融、节能与环保、生产性租赁、商务、人力资源外包等生产性服务；二是产业公共服务平台和创新创业孵化服务；三是工业设计、市场销售、品牌塑造、产品检验检测、认证评估、企业文化建设、产业咨询等专业特色服务；四是区域历史、产业发展、企业状况的展示宣传，产品陈列，体验服务；五是教育、培训、会议、展览、工业旅游等；六是商业、餐饮、娱乐、住宿等生活服务。

第九章

工业领域文化

工业领域文化是指工业每个领域、每家企业都可能涉及的工业文化形式，主要包括创新文化、质量文化、品牌文化、安全文化、生态文化等。

第一节　创新文化

创新文化是指在一定的社会历史条件下，文化主体在创新活动或其他社会活动中所创造和形成的、具有明显创新倾向和特色的精神财富及物质形态的总和，也指人们在创新活动中的文化实践，包括相应的实践成果，也包括在思想观念、认知方法、价值取向等方面的转变或提升。创新文化作为一个体系，一般包括创新价值观、创新准则、创新的制度与规范、创新的物质、文化环境等。

创新文化一旦形成，就会对文化主体及相关群体产生影响，激发他们的创意，进而形成创新活动。创新文化具有极强的潜移默化功能，从根本上讲，它是一种以创新价值观为核心的，能够最大限度地激励或激发人们去创新的文化范式。创新文化的核心价值表现为变革意识、超越精神、宽容失败、人文关怀。创新文化不仅通过理想、精神、境界、信念、意志、兴趣和激情等形式，作用于人们的世界观、人生观和价值观，从而给创新以巨大的推动力，而且还常常变成人们的灵感、直觉和想象，直接"参与"各种创新活动。

创新文化的内涵主要有以下八个方面。

① 创新文化是一种崇尚科学的文化。创新文化贯穿人类当代科学技术发展史，能够充分吸收相应的科学知识、科学思想、科学方法和科学精神。创新是人们在原有知识和认知的基础上产生的，是一种不断吸收新知识、新思想的活动。实现创新文化的科学化，既要跟上人类知识和科学发展的步伐，又要以科学的精神去建设创新文化。

② 创新文化是尊重客观规律的文化。只有根植于客观实际，遵循客观必然性，才能结出丰硕的创新之果。创新以改变世界为目的，但不是凭空杜撰和异想天开。创新必须从实际出发，按客观规律办事。

③ 创新文化是敢于质疑的文化。任何创新必然包含对旧观念、旧方法、旧事物的扬弃，因此，创新文化就其本质来说，是批判的、革命的文化，是反思、怀疑的文化。而且，在科学理性面前，不存在终极真理，不存在绝对的"经典"和"权威"。

④ 创新文化是公正、平等的文化。创新文化需要机会均等、地位平等、学术民主、公平竞争的社会环境。不少创新成就出自声名不显的年轻人，因为青年时期往往是思维敏锐活跃、创新激情高涨、进取情绪热烈的时期。然而这个时期也是成才的艰难期、风险期，创造公正、平等的文化环境，有利于年轻人的成长、成才。

⑤ 创新文化是一种激发人的潜能的文化。创新的主体是人，而人的观念、精神状态等决定了主体对创新的态度，也就决定了其能否创新。许多人在探讨人类的发明创造的奥秘时，总偏重创新内容、创新过程、创新成果及其价值，往往忽视了创新主体本身的心理素质和思维能力。创新活动中，重视创新主体，激发人的创造潜能，才能产生新颖独特而又有社会或个人价值的创新成果。

⑥ 创新文化是一种尊重实践的文化。创新源于实践的要求，又要在实践中实现。人总是通过自己的活动，再生产、再创造自己的劳动力价值，同时再生产、再创造知识及其传播和应用的方式。因而创新的检验标准只能是实践，是与之相关的内部与外部的效果。只有在实践中才能产生创新成果，而且要在实践中检验创新成果的有效性。

⑦ 创新文化是一种宽容的文化。创新是一项具有很高风险的活动，成功率很低，失败的可能性很大。因此，对于失败，社会必须采取包容的态度，对于失败者，更要尊重和鼓励。许多创新往往出自偏才、奇才，这类人不但拥有超凡的才华，而且有某些缺点、性格缺陷甚至怪癖。因此，只有容纳创新者的缺点，扬长避短，把每个人的特长发挥出来，才会形成新思想、新成果竞相涌现的局面。

⑧ 创新文化是一种多元、开放的文化。多元、开放的文化是一种海纳百川的文化，博采古今中外之长，广集百家精华。创新文化首先意味着多元、开放的思想观念，总处在发展和变化之中，总随着人类的经济发展水平不断变化，总能够适应和满足时代进步、社会发展的要求。

创新文化提倡和促进一切以新的理论、技术、方法改变现有秩序、规范和程式的思想及行为。创新文化是一种精神文化，是社会整体文化的一个侧面。它作为环境因素，影响或制约创新过程，又作为渗透到创新主体中的潜在因素，影响创新主体的行为和表达。创新文化是阳光、是空气、是雨露、是土壤，为创新的种子提供适宜的条件，创新的种子只有扎根于适合创新的土壤中，才能根深叶茂。

不论是从国家、行业、企业竞争优势的来源看，还是从迎接第四次工业革命的浪潮看，创新日益成为社会经济增长和企业创造财富的关键。许多国家和企业已经意识到了这一点，纷纷从法律法规、政策标准、网络体系、投融资服务、组织变革、文化建设等多方面进行改革，以期为创新创造出良好的环境。但并不是所有的国家和企业都取得了成功，关键在于形成创新文化而不是停留在口号上。

第二节　质量文化

质量反映一个国家的综合实力，既是企业和产业核心竞争力的体现，也是国家文明程度的体现。质量既是科技创新、资源配置、劳动者素质等因素的集成，又是法治环境、文化教育、诚信建设等方面的综合反映。

大部分产品都是为满足用户的使用需要而制造的，不论是简单产品还是复杂产品，都应当满足一定条件下的质量特征／特性。产品质量特性依产品的特点而异，参数和指标也多种多样。反映用户使用需要的产品质量特性一般归纳为六个方面，即性能、寿命（耐用性）、可靠性与维修性、安全性、适应性、经济性。

对于产品质量的概念，可从以下三个方面来理解。

① 符合性质量：以"符合"现行标准的程度作为衡量依据。

② 适用性质量：以适用于用户需要的程度作为衡量依据。

③ 狭义上的产品质量指有形制成品的质量；广义上的产品质量指硬件、服务、软件、流程性材料的质量。

质量文化是指以近现代以来的工业化进程为基础，以特定的民族文化为背景，民族或群体在质量实践活动中逐步形成的物质基础、技术知识、管理思想、行为模式、法律制度与道德规范等因素的总和。

对企业而言，质量文化就是企业在长期生产经营实践中，由企业管理层特别是主要领导倡导、员工普遍认同的，逐步形成并相对固化的质量意识、质量价值观、质量方针、质量目标、采标原则、检测手段、检验方法、质量奖惩制度的总和。

质量文化将实实在在的外在的产品质量上升到内在精神文化，并进一步反作用于产品质量。在全球生产制造水平达到一定程度之后，质量文化慢慢兴起。

第三节　品牌文化

品牌是技术和管理的结晶，是企业优良素质的标识。品牌的发展，不受产品生命周期和时空地域的限制，可以助力企业实现基业长青、历久弥新的发展目标。

可以说，品牌是一个企业的灵魂，也是一个国家和地区经济实力的象征。相较而言，一个工业企业的产品、品质、技术、管理手段、渠道、服务等较容易被竞争对手模仿和复制，而一个卓越的品牌是竞争对手无法复制的。因而，品牌是独一无二的，是企业避免陷入同质化竞争的最后一道"屏障"，是企业参与市场竞争的核心竞争力。

品牌文化是企业构建的，得到目标消费者认可的一系列品牌理念文化、行为文化和物质文化的总和。品牌文化可以说是企业带给消费者的心理感受和心理认同，又称品牌内涵。它是联系消费者与企业的平台，是品牌建设的最高阶段，目的是使消费者在消费企业的产品和服务时，能够产生一种心理和情感上的归属感，从而形成品牌忠诚度。

对于品牌文化的建设不但要注重其精神内涵，还要从营销策划、促销活动、广告宣传、客户关系等方面进行整合，而且可以通过典故、仪式和人物等文化载体进行传播，让品牌文化鲜活和生动起来，让消费者体会到品牌的精神、个性和文化内涵，从而拥有具有忠诚度的品牌消费群体。品牌文化要适应大众文化和消费者心理特征，才能形成自己的文化群体。比如，商用轿车瞄准商业人士，体现的是一种成功者的风度、气质和不屈精神；星巴克瞄准都市白领，塑造的是一种忙里偷闲、讲求情调和品位的咖啡文化。

第四节　安全文化

安全文化是在人类生存、繁衍和发展的历程中，在其生产、生活乃至实践的一切领域内，为保障人类身心安全并使其能安全、舒适、高效地从事一切活动（如避免意外事故和灾害），也为建立起安全、可靠、和谐、协调的环境及所匹配的安全体系，使人类更加安全、康乐、长寿，使世界变得友爱、和平、繁荣，而创造的安全物质财富和精神财富的总和。

就工业领域而言，安全文化就是安全理念、安全意识，以及在其指导下的各项行为的总称，主要包括安全观念、行为安全、系统安全、工艺安全等。安全文化主要适用于高技术含量、高风险操作型企业，在能源、电力、化工、军工、航空航天等行业内的重要性尤为突出。安全文化的核心是以人为本，这就需要将安全责任落实到企业的具体工作中，通过培育员工共同认可的安全价值观和安全行为规范，在企业内部营造自我约束、自主管理和团队管理的安全文化氛围，最终实现持续改善安全业绩、建立安全生产长效机制的目标。

在安全生产的实践中，人们发现，要预防事故发生，仅有安全技术手段和安全管理手段是不够的。当前的科技手段还不能从根本上消除设施设备的安全风险，因此需要用安全文化的手段予以补充。安全管理虽然有一定的作用，但是安全管理的有效性依赖对被管理者的监督和反馈，而由管理者密切监督每位员工，使其遵章守纪，会耗费大量的人力物力，这会带来安全管理上的疏漏。被管理者为了某些好处，例如省时、省力、多挣钱等，会在缺乏管理、监督的情况下，无视安全规章制度，"冒险"采取不安全行为。然而，并不是每次不安全行为都会导致事故的发生，这会进一步强化被管理者采取不安全行为的侥幸心理，并可能"传染"给其他人，而不安全行为是造成事故的重要原因。因此，安全文化手段的运用，正是为了弥补安全管理手段的不足。

安全文化的作用是通过对人的观念、道德、伦理、态度、情感、品行等深层次的人文因素的强化，利用领导、教育、宣传、奖惩、营造群体氛围等手段，不断增强人们的安全意识，提高人们的安全素质，促使其形成安全的行为习惯，从而使人们由被动地服从安全管理制度，转变成自觉主动地按照安全要求采取行动，即从"要我遵章守法"转变成"我要遵章守法"。

第五节　生态文化

生态是人类和非人类生命生存的环境，文化是人类生存的方式。生态文化是自人类诞生以来，不同人类种族、民族、族群为了适应和利用地球上多样的生态环境而发展出的生存模式的总和。

生态文化是人类从古至今认识和探索自然界的高级形式。人类从出生到死亡，要与自然界的万事万物发生关系。人类在实践活动中逐渐理解并认知人与自然环境的关系，只有处理好这种关系，才能长期和谐地生存和发展。随着生态科学和环境科学知识的普及，由人类活动诱发的各种自然灾害和生态灾难的教训，使人们越来越清醒地认识到：如果不彻底改变征服自然的态度，不改变以牺牲生态环境为代价来开发自然资源的生产方式，不改变奢侈浪费的生活方式，则不可能长期有效地避免地球生物圈的加速退化，人类最终也会由于不适应生态环境而陷入困境甚至是绝境。

目前，生态文化已从人统治自然的文化过渡到人与自然和谐发展的文化，标志着人的价值观念发生了根本的转变，这种转变促使人类中心主义价值取向过渡到人与自然和谐发展的价值取向。生态文化的重要特点在于用生态学的基本观点去观察现实事物，解释现实社会，处理现实问题，运用科学的态度认识生态学的研究途径和基本观点，建立科学的生态思维和理论。通过认识和实践，形成经济学和生态学相结合的生态文化理论。

生态文化是新的文化，要适应新的世界潮流，要广泛宣传，使更多的人认识和关注生态文化，激发人们对生态文化的兴趣，使资源开发更加合理，让生态环境进入良性循环，以促进经济健康发展，造福子孙。

第十章

工业的行业文化、群体文化与企业文化

工业行业文化属于中观层面的文化，群体文化和企业文化属于微观层面的文化。工业行业文化是各个工业行业在工业活动中所产生的文化现象，如航空文化、机械文化、钢铁文化、数字文化、矿冶文化、医药文化、时尚文化、影视文化等，每个工业行业文化还能衍生出子行业文化和产品文化，如汽车文化、网络文化、手机文化、服饰文化、茶文化等，包含复杂的多层结构。下面就以汽车文化与网络文化为例进行介绍。

第一节　汽车文化

1．文化内涵

汽车是人类社会近 100 年来最重要的发明和支柱产业之一，其历史是一面文明之镜，反映了人类社会的发展与变迁、人们提高生活质量的追求和改造自然环境的情况。1885 年，德国人卡尔·本茨发明了以内燃机驱动的三轮汽车，自此，在短短 100 多年里，汽车技术取得了空前的进步。汽车在诞生之初，是权力、地位和财富的象征；直到进入以流水线方式进行规模化生产的时代，汽车才成为大众消费得起的产品。在汽车普及的过程中，大众的思想意识、消费理念、生活方式也融入汽车之中，这为汽车文化的形成奠定了基础。

毫无疑问，汽车极大地拓展了人们的生活半径，也改变了社会的产业结构、生产和生活方式。汽车原本是个冷冰冰的钢铁机器，但是人赋予了它一种影响生活方式的生命内涵，反过来，这种内涵又作用于人类，拉近了人与车之间的距离。因此，汽车从诞生那天起，就被赋予了人类的价值观、生活形态、情感需求等，折射出了不同时代、不同人群的审美偏好，形成了特有的汽车文化。

汽车文化是建立在汽车这一物质基础的普及和技术进步之上而形成的一种文化形态。汽车文化衍生出一系列文化创意产品，例如典雅庄重的收藏级名车、精美的汽车模型、别致的汽车钥匙扣、亮丽的汽车装饰，以及带有名车标志的打火机、T 恤衫等汽车文化礼品。

汽车是物化的文化，这个由上万个零件组合而成的机电产品，是人类智慧的结晶，和谐地将科技与艺术、工业与文化相统一，绽放出绚丽的时代光芒。当代的汽车文化蕴含着以人为本、安全可靠、舒适便捷、经济实用、诚信服务、时尚创新、生态环保等核心价值理念。

汽车文化的含义很多，每个汽车品牌都有自己的含义、宗旨、设计理念，每个国家对汽车的认识也有差异，由此形成了不同用途的车型，如轿车、跑车、越野车、商务车、客车、房车、轻卡、重卡等，以及不同风格的车系，如德系车、美系车、日系车、韩系车等。

汽车的普及为人类社会生活创造了许多新生事物，汽车艺术、汽车影院、汽车广告、汽车展会、汽车体育、汽车旅游、汽车旅馆、汽车餐厅、汽车社区等已开始渗透到人们的日常生活之中，改变着人们的生活方式和传统观念，进而改变城市结构、乡村结构和就业结构，改变人们的区域概念、住地选择、消费结构、商业模式和休闲方式，改变人们的社会关系、沟通方式、活动节奏、知识结构及文化习俗。汽车创造着崭新的价值观念和生活内容，整个社会的文化理念、心理素质、道德因素也都因此发生了变化。

2．文化形态

汽车作为商品，在多年的发展中，除了履行其作为商品的"物质"功能，也履行着"文化"的功能，并已成为汽车企业和人们展现个性的舞台。

① 汽车品牌——个性的张扬。汽车品牌文化是企业在市场竞争中形成

的，包括汽车产品的定位、产品的价值取向、企业文化的积淀等。汽车品牌实际上代表汽车企业的社会形象，而文化是汽车品牌的灵魂。只有用先进的文化理念、温暖的人性关怀、友好的公益形象等一系列凝结在汽车产品里的精神内涵，才能铸就汽车品牌，满足人们更高的消费要求。

② 汽车运动——竞争本能的展现。对于汽车技术的竞争最为显性的表现是汽车运动。赛车文化是汽车工业发展的必然趋势和自然结果。汽车企业不断开发新技术，除了受到现代消费主义的驱动，还有一大原因是，人自身有打破原有事物框架、创造新的纪录、通过竞争战胜对手的渴望，人们从竞争中获得对自我价值的确认和满足感。

③ 汽车消费——轮子上的经济。由于汽车的普及，消费者的日常消费模式发生了深刻的改变，人们的消费因为有了"轮子"而更加便捷。当人们以双腿作为主要交通工具时，活动半径局限在几千米之内；一旦拥有汽车，人们的活动半径会迅速扩展到几百千米。

④ 汽车设计——技术与艺术的融合体。汽车不仅是一种工业产品，更是一种集高科技和丰富文化内涵于一体的艺术品。汽车本身所折射出的设计理念实际上就是文化元素，当这些元素熔铸于汽车中，则表现出不同国度、不同企业、不同设计师的文化底蕴。汽车从外形、颜色，到内饰、材料，均体现出企业文化特征及汽车品质。汽车作为一种"移动的物件"，与道路的融合、与城市的融合、与人群的融合，体现着这一"钢铁之躯"的亲和力，形成了城市中一道亮丽的风景线。

⑤ 汽车衍生文化——汽车的时尚。汽车是流动的风景，带给人们多姿多彩的文化生活，汽车衍生文化也以其丰富的内容和独有的魅力不断地影响着人们的生活，包括汽车邮票、车标、汽车游戏、汽车摄影、汽车会展、汽车收藏、

汽车模特、汽车广告、汽车俱乐部、汽车博物馆、汽车体育、汽车模型、汽车书刊、汽车与文艺、汽车与休闲等。它还包括与汽车有关的普及知识、交通法规及基本礼仪等。

第二节　网络文化

1．文化内涵

互联网肇始于 20 世纪 60 年代末。20 世纪 70 年代末 80 年代初，各种各样的计算机网络应运而生，不同网络之间互联的需求推动了互联网协议的诞生，这标志着计算机网络发展新纪元的到来。网络被称为继广播、电视、报刊之外的第四媒体，具有传播速度快、信息量巨大、双向互动等传统媒体无法比拟的优势。

网络文化是以网络信息技术为基础，在网络空间形成的文化活动、文化形式、文化产品、文化观念的集合。网络文化是现实社会文化的延伸和多样化的展现，同时形成了其自身独特的文化行为、文化产品，以及价值观念和思维方式。

网络文化是当代工业文化的重要组成部分，其内容和形式非常广泛，包括新闻、动漫、网络游戏、网络音乐、网络文学、网络论坛等，互联网是这种文化表现、传播的载体和工具。

作为社会交往的工具和符号，网络特殊的媒介身份及借此构建的全球化传播网络是全球化的一个重要的社会基础——网络已成为全球资源共享的交往平台，成为全球化的动力与资源。不同民族和地区会出现不同的网络文化，即使同一个民族和地区的网络文化也会有不同的形式，互联网产生国际化的文化，使不同民族和地区的网络文化互相融合。

网络文化会对群体与个体产生一种日积月累的涵化与分化作用，人们的价值观、文化精神及态度、行为等方面都会受到影响。网络文化的涵化作用既可能是积极的，也可能是消极的。与此同时，网络文化对社会群体具有分化作用。"物以类聚，人以群分"，网络文化的运动过程，也是人群自然分化的过程，使不同的人群表现出文化性的差异，其长远影响是值得关注的。

2．文化形态

互联网的出现使得人们拥有了一种新的生活方式，即网络生活方式，虽然网络生活方式被认为是 21 世纪最具颠覆性的生活方式，在某些方面和我们的传统文化格格不入，但是网络文化和网络生活方式在与传统文化的磨合中，一定程度上对传统生活方式进行了有益的补充，在某些方面反哺、影响、改变着传统生活方式。

在学习方面，无论是学校文化课的学习还是家庭生活知识的学习，网络都已成为人们的得力帮手。人们通过网络可以搜索知识、解惑释疑，网络上的内容从天文地理到生活常识，甚至如何洗衣、做饭、打扫卫生等知识都一应俱全，一方面丰富了人们学习的方法和途径，另一方面扩大了学习的知识范围，使人们可以接触更多、更广的文化知识。

在教育方面，网络的交互性、求新性、多媒体性等特点极大地丰富了传统的教育模式。目前，不但出现了远程教学、网络课件等多种视频、音频、动画等具有富媒体特征的教学方式，而且越来越多的学校开始实行网络化管理，使得教育教学的管理工作更为方便、集中、高效。

在工作方面，网络软件的开发和使用大幅提高了工作效率和工作质量。例如，办公软件已成为人们日常工作不可缺少的工具；网络信息也在传统的工作环节中占据越来越重要的位置，成为不可或缺的内容；甚至传统的办公模式也发生了变化，很多行业更多地依赖网上办公，如交通运输系统的网上售票、医院的网上预约挂号等。

在交往方面，网络的匿名性在一定程度上消除了人们交往中的羞怯心理，使网民敢于表达、愿意表达、乐于表达。同时网络的互动性使网民可以相互交流，形成点对点的关系、点对群的关系，在交往中建立自信和满足。目前，借由网络发展起来的聊天室、微博、微信、抖音、快手等交往平台已经成为人们日常生活的一部分，并更深层次地影响、改变着人们的生活。

在休闲方面，传统的休闲方式不断网络化，如棋牌游戏、益智游戏、球类游戏等被"搬上"网络；同时网络上的一些休闲活动不断被扩展到线下的生活方式之中。通过网络寻找志趣相投的朋友建立相应的朋友圈、组织定期的休闲活动也成为人们日常休闲的方式之一，如驴友团、美食团、摄影团、观影团等。

在消费方面，电子商务在蓬勃发展。随着网络交易诚信的逐渐建立，更多的消费者愿意足不出户地享受网络购物的便利与乐趣。伴随新的网络消费模式的出现，一些别有新意的消费理念和市场建立了起来。例如，越来越多的二手市场出现了，这些市场不仅仅销售房子、电器等大的物件，连用过的玩具、衣服、饰品等都可以销售，这使大量的闲置物品得以再流通、再利用，变废为宝。网络消费市场成为一个不受时间和空间限制的全球交易市场[1]。

可见，不同层面的网络文化交织在一起，构成了复杂的网络社会景观。

---

① 马可. 80 后与网络文化 [D]. 西安：陕西师范大学, 2013.

第三节 群体文化

1．工业群体

工业群体是指通过一定的工业生产和社会关系结合起来并共同活动的人群。比如，生产班组、研发团队、标准工作组、企业家俱乐部、企业工会、行业协会、产业联盟等。

工业群体以一定的业务、利益和感情关系为基础。在工业群体最初形成的时候，可能只有简单的价值认同或合作关系，随着群体的发展，往往会在内部形成稳定的交往方式，进而形成一定公认的规范，用来协调成员的行为，之后逐渐强化为一种带有归属感的群体意识，以保证工业群体的功能得以实现。工业群体意识最终会形成工业群体人格和价值观，工业群体人格和价值观决定着这个群体特有的生活样式。

显然，工业群体是与工业品制造、流通、使用产品等各过程发生联系的所有人，包括工业品制造者、销售者、消费者等。这些人在参与工业品制造、流通、使用的过程中形成了"生产者文化"和"消费者文化"。

2．工业群体人格

"人格"一词指一个人身上表现出来的品德、心理和行为模式。人格具有特质，也有偏好。瑞士心理学家荣格认为，"一切文化最后都沉淀为人格。个人的文化，最后成为个人的人格；一个民族的文化，最后就成为这个民族的集体人格"。既然研究文化应从人格入手，那么研究工业文化也应研究相应的工业群体人格；研究工业群体人格，应该以相应的民族人格和个人人格为基础。

群体人格是价值观形成的基础，它是指对形成独特的群体行为模式产生影响，包括群体心理、规范和目标等在内的群体特质，在一定程度上决定了群体一些持久、稳定的特点。群体人格反映在一个群体的惯常行为模式中。在各种不同的情况下，不同的群体反应定式形成了各个群体不同的群体行为模式。这些惯常行为模式可以将一个群体区别于另一个群体，据此可以对群体的未来行为作出具有一定准确性的预测。

工业群体人格应该是一个国家工业群体表现出来的品德、心理和行为模式，它可以由这个国家的工业产品的品质及其他形式、形态展现出来。可以说一个国家工业产品的品质与其工业群体人格息息相关，二者有机联系、相辅相成，表象是工业品质，本质是工业群体人格。

第四节　企业文化

1．概念内涵

企业文化是在一定条件下，企业生产经营和管理活动中所创造的具有该企业特色的精神财富、规章制度和物质形态。它包括文化观念、价值观念、企业精神、道德规范、行为准则、历史传统、企业制度、文化环境、企业产品等。

企业文化是企业的灵魂，是推动企业发展的不竭动力。它包含非常丰富的内容，其核心是企业的精神和价值观。这里的价值观不是泛指企业管理中的各种文化现象，而是企业或企业中的员工在从事经营活动时所秉持的价值观念。

企业文化的本质，是通过严格执行企业制度，因制度上的强制或激励最终促使群体产生的某一行为自觉。企业文化由三个层次构成：①表面层的物质文化，即企业的"硬文化"，包括厂容厂貌、机械设备、产品造型、产品外观、产品质量等；②中间层的制度文化，包括领导体制、组织架构、人际关系及各项规章制度和纪律等；③核心层的精神文化，即"企业软文化"，包括价值观念、群体意识、员工素质和优良传统等，是企业文化的核心，被称为企业精神。

企业文化理论孕育于 20 世纪 70 年代末，形成于 80 年代初。目前所说的企业文化，实际上包含两个层面的含义，它既是一种先进的管理理论，又指企业中客观存在的一种现象，即用企业文化理论来概括、提炼和指导企业的文化建设，形成某企业独具特色的一种文化状态。美国哈佛大学教授特雷斯·B.迪尔和著名的麦肯锡管理咨询公司的专家阿伦·A.肯尼迪于 1981 年 7 月出版了《企业文化——现代企业的精神支柱》一书，该书是企业文化理论诞生的标志性著作，强调价值观是企业文化的核心，提出了企业文化五因素论，即企业环境、价值观、英雄人物、文化仪式、文化网络，这五个因素在企业文化的构成中具有不同的作用。

企业文化的概念众说纷纭。狭义的企业文化是企业成员有关企业的价值观念的总和，包括企业价值观、经营观、风气、工作态度和责任心等。广义的企业文化是通过企业干部员工的主观意识，适应、改造和控制自然物质和社会环境所取得的成果，表现为一切经验、感知、知识、科学、技术、厂房、机器、工具、产品、组织、制度、纪律、时空观、人生观、价值观、市场竞争观、生产方式、行为方式、思维方式、语言方式、等级观念、角色地位、伦理道德规范、审美价值标准等。

2．核心内容

企业文化最本质的内容就是强调人的理想、道德、价值观、行为规范在企业管理中的核心作用，强调在企业管理中要理解人、尊重人、关心人。注重人的全面发展，用愿景鼓舞人，用精神凝聚人，用机制激励人，用环境培育人。

企业文化具有鲜明的个性和特色，具有相对独立性，每个企业都有其独特的文化积淀，这是由企业的生产经营管理特色、企业传统、企业目标、企业员工素质及内外环境所决定的。

企业文化内容十分广泛，主要包括以下八个方面。

① 经营哲学。指一个企业特有的从事生产经营和管理活动的方法论原则，是指导企业行为的基础。一个企业在激烈的市场竞争环境中，面临各种矛盾和多种选择，需要用科学的方法论来指导，用一套有逻辑的程序来决定自己的行为，这就是经营哲学。

② 价值观念。指企业员工对企业存在的意义、经营目的、经营宗旨的价值评价和对其进行追求的整体化、个异化的群体意识，是企业全体员工共同的价值准则。只有在共同价值准则的基础上才能产生正确的价值目标，才会有奋力追求价值目标的行为，企业才有希望。只顾企业眼前利益的价值观，容易导致急功近利和短期行为，使企业失去后劲，走向衰落。

③ 企业精神。指企业基于自身特定的性质、任务、宗旨、时代要求和发展方向，并经过精心培养而形成的企业成员群体的精神风貌。企业精神以价值观念为基础，以价值目标为动力，通过企业全体员工有意识的实践活动体现出来，是企业员工观念意识和进取心理的外化。

④ 团体意识。指组织成员的集体观念。团体意识是企业内部凝聚力形成的重要心理因素，它使每个员工把自己的工作和行为视为实现企业目标的一个组成部分，从而把企业视为自己与他人的利益共同体和归属。因此，他们会为实现企业的目标而努力奋斗，自觉地调和与企业目标的冲突。

⑤ 企业形象。指企业通过外部特征、经营理念、实力和社会责任等综合因素表现出来的，最终被消费者和公众认同的总体印象。由外部特征表现出来的企业形象称为表层形象，如招牌、门面、徽标、广告、商标、服饰、营业环境等，这些都给人以直观的感觉，会极大地影响企业给人留下的表层印象。通过经营管理实力表现出来的形象称为深层形象，它是企业内部要素（如经营理念、管理水平、生产能力、技术水平、产品质量、人员素质等）的集中体现。

⑥ 企业制度。指在生产经营活动中形成的，对人的行为有强制性，并能保障一定权利的各种规定。企业制度作为员工的行为模式，使个人的活动得以合理进行，内外人际关系得以协调，员工的共同利益受到保护，从而使企业有序地组织起来，每位员工都在为实现企业目标而努力。

⑦ 企业使命。指企业在社会经济发展中所应扮演的角色、担负的责任，它是企业的根本性质和存在理由，为企业目标的确立与战略的制定提供依据。企业使命要说明企业在全社会经济领域中的经营活动范围和层次，具体地表述企业在社会经济活动中的身份或角色。

⑧ 社会责任。指企业在创造利润、对股东承担法律责任的同时，还要承担对员工、消费者、社区和环境的责任，企业的社会责任要求企业必须超越把利润作为唯一目标的传统理念，强调要在生产过程中关注人的价值，强调对环境、对消费者、对社会的贡献和责任。

第十一章

工业文化与区域发展

一般而言，我们主要以生产力等要素作为量化标准来衡量文明的发展程度，而文化则是文明的外在表现形式之一。在社会发展进程中，各区域的自然地理环境、经济水平和人文因素不同，孕育出了千差万别、风格迥异的文化，这种具有典型区域特色的文化又会对区域经济发展产生巨大的影响。

第一节　生产力、生产关系与工业文化

人类社会的演化具有阶段性，每个阶段都有相应的生产力水平和生产关系。文化既是维系社会的基本要素之一，也伴随社会其他要素的变化而变化。经济基础决定上层建筑，尽管文化属于社会的上层建筑，也随着经济基础的变化而变化，但往往并不与社会的经济基础同步协调发展。文化的发展是以社会生产力进步为动力的，它与生产力、生产关系存在辩证关系。

1．生产力与工业文化

生产力与工业文化之间存在作用与反作用的关系。一方面，生产力发展决定工业文化，为满足生存与发展的需要，工业生产活动日益成为人类基本的社会活动，同时产生、演化和发展出与产品、产业和人类活动方式相统一的工业文化。另一方面，工业文化反作用于生产力，甚至在一定条件下对生产力发展起到某种决定性的作用。首先，工业文化对生产力的发展起先导作用。新的生产模式和生产力的产生与发展以文化繁荣为前提，只有突破旧文化的限制，实现了对旧文化的改造，并将其变为动力，新的生产力才能够具有发展的空间和条件。其次，文化环境极大地影响着技术发明，科技成果的产生离不开研发主体的工作环境、生活环境、社会环境。

工业文化与生产力之间的作用与反作用关系，在工业发展进程中趋于动态和谐，即生产力的发展推动着文化的发展演变，同时，文化的发展又推动着生产力的进步。文化的发展，通过对人的重新塑造，强有力地推动着生产力的进步。从整体上看，这是一种良性的互动循环。如机械化大生产形成了相应的制度文化和精神文化，同时，工厂的组织形式为生产力的发展提供了更便利的条件，制度规则规范着工业生产的运行，价值观念和工业精神也在影响着生产力的发展。

当然，生产力和工业文化也有不和谐的时候，即它们之间未能完全匹配，无法满足彼此的需求。比如，一些企业始终在追求更大的产能、超前的技术，而忽略了对产品质量和品牌信誉的提升、对人才素质和工业精神的培育，于是，可能导致产品品质下降、客户不信任、企业后续发展乏力、行业地位不稳固等问题。

2. 生产关系与工业文化

（1）工业文化对工业生产组织方式的影响

一方面，从历史上看，第一次工业革命以后，分散的、手工作坊式的生产模式逐渐转变为以机器为主要工具的工业化大生产，与之相适应的工业生产组织方式催生了制度文化。随着工业革命的成果向世界各地传播、扩散，它与不同国家或地区自身的地域特色和民族精神结合，形成了不同的生产组织方式。例如，日本企业的管理以"理念"为核心，强调和谐的人际关系、上下协商的决策制度，要求员工对组织忠诚、组织对社会负责；美国企业在创新、自由的文化环境下，以灵活雇佣制为主要生产组织方式，自上而下作出工业发展决策，责权分明。

另一方面，从工业文化对工业生产组织方式的影响机理上看，一是良好的工业文化为工业组织提供良好的发展氛围，有助于制定工业主体内部的组织制度，逐步使之成为一个高效的团队；二是工业文化影响工业生产组织方式的内容，主要包括工业主体内部的层次结构、部门结构等组织要素的排列组合，以及工业组织与其他组织之间关系的调整和创新，如横向协调、运行机制和跨企业联系等方面的生产组织方式。

（2）工业文化对社会秩序的影响。工业文化影响着工业社会运行中社会秩序的构建、稳定和发展，并与之相互渗透。

首先，工业文化对社会价值有构建功能，文化通过特定的价值指引，为人们提供理解自身和社会的参照系，使人们在心灵深处形成对某种价值标准的稳定、持久的认可，进而深化人们对集体文化内在精神的体悟，激发归属意识、进取意识和奋斗意识，凝聚社会各方面的力量。

其次，工业文化对社会冲突有整合功能，其通过思想文化的聚合作用和统领作用，影响、制约与凝聚社会价值、社会规范和社会结构，从文化、观念甚至利益方面对不同的社会主体进行整合，化解矛盾冲突，进而优化社会秩序。

最后，工业文化对社会发展有导向作用，文化对新思想、新理念、新机制形成的先导作用十分明显，文化精神往往能够为新思想、新理念、新机制的建立提供强大的理想信念、道德规范、精神追求等思想支撑，进而推动社会秩序的稳定发展。

第二节　文化风尚熏陶制造品格

1．文化模式作用于区域经济机理

一个区域特定的人文历史和风俗习惯构成了这个区域基本的人文特色和文化模式，它们是社会群体在长期共同生活中逐渐形成的，得到了社会群体的认同。这不仅使人文特色和文化模式具有了较强的稳定性，也使它们一经生成，就以其特有的方式对特定区域人们的价值观念、思维方式、行为准则和道德理念等进行全面的调节和控制，使社会中的每个成员都受其影响，遵循共同的价值观和行为准则。文化模式对人的这种强大的塑造作用，也给区域经济的发展打上了深刻的文化烙印，并最终使区域经济走上了差异化发展的道路（见图11-1）。

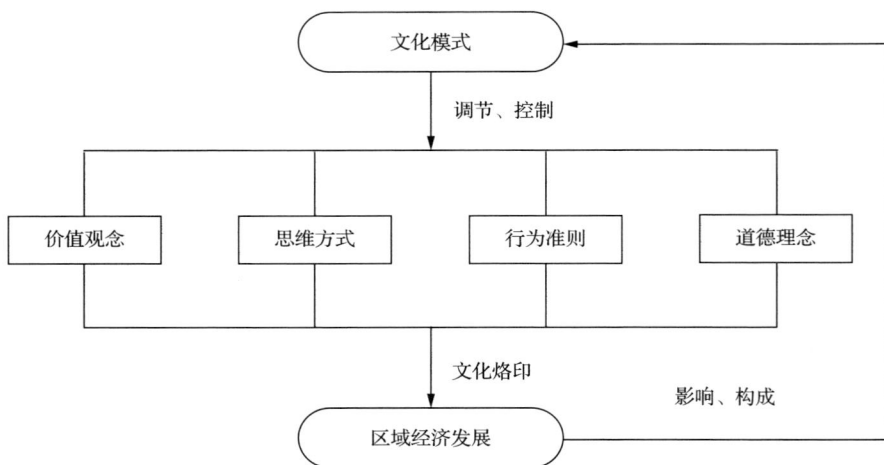

图 11-1　文化模式对区域经济发展的作用模式

2．不同国家迥异的制造风格

不同的人做同一件事会体现不同的风格，不同的企业做同样的产品会体现不同的风格，同样，不同的国家、地区制造同样的产品也会有各自的风格特色。工业活动作为工业文化的重要组成部分，其本身就是在特定社会条件下形成的，它在不同国家、地区所表现出来的特性不尽相同，必然会打上特定时空的烙印并带有强烈的民族风格。正如日本技术哲学家富田彻男所言，"当我们考察某一区域技术的性质时，就会发现，该地区的气候和某些社会结构，对其固有技术的性质起到决定性的作用"①。因此，可以看到每个国家的制造风格或多或少地反映出该国的文化特点，是该国自然资源、人文环境、工业精神的集中体现。

日本的工业产品注重精致和创新。日本的许多创新产品都具有结构紧凑、简洁精练、精雕细刻、手艺精巧的特点，这与日本地域狭小、资源匮乏这一环境因素不无关系。日本产品还以细腻见长，当然，这种风格也会招致批评，被贬为"小器"。日本的工业产品非常注重科技含量，注重利用新科技开发产品，如索尼公司开发的世界第一台全晶体管收音机，以及电视机、激光唱机等。

美国的工业产品强调创新和商业效益至上。新思想和创新思维一直是美国增长的引擎，它使美国成为一个工业和技术强国。19 世纪上半叶，美国开展创新活动的目的之一是用丰富的自然资源代替稀缺的劳动力资源和资本，如美国专业木工机器制造水平当时世界领先，但对木工机器本身的设计理念并不是从节约森林资源的角度出发的，而是主要建立在消费主义之上。

德国的工业产品呈现出秩序井然的机器美学。德国人严谨得像一台机器，他们是机器美学的最佳代言人。严密、谨慎的思维方式，使得精准成为德国人的品质：8 分钟的谈话，不会含糊地说 10 分钟。德国人一丝不苟的性格在腕表的制造上体现得淋漓尽致：其腕表简于形、精于心，外表简约、洗练，大气的骨架勾画出一种坚韧与理性的气质。

法国的工业产品充满浪漫主义气息。基于浓厚的传统手工业文化，法国的设计最初主要服务于贵族而不是大众，因此产品具有豪华、奢侈的风格。如今法国的产品仍具有突出的浪漫主义气息，新颖独特，时尚前卫，而其工业产品

---

① 张扬，易显飞. 我国科技创新的文化障碍及其消解机制 [J]. 科学技术与辩证法，2007(3): 66–69+111–112.

在发挥性能的基础上充分地体现出格调化、艺术化。这也使得法国一次次引领着产品设计的潮流和趋势。

北欧的工业产品简约而不简单。处于斯堪的纳维亚地区的芬兰、丹麦、瑞典、挪威和冰岛，制陶、纺织和玻璃制作工艺有着悠久的传统和历史。北欧的工业产品注重形式与功能的完美融合，设计简洁优雅。这里的冬天寒冷而漫长，森林覆盖面积很广，宁静清幽。古老的传统和美妙的自然是北欧设计师们灵感的源泉，他们的产品设计虽然重传统，但不拘泥于传统的符号和形式，而是将传统作为一种内在的精神理念体现在极富现代感的设计中。

案例

汽车设计体现国家风格

不同民族和国家的工业文化深刻影响着汽车技术的发展，一个国家汽车技术的演化，必定是和该国人民的生活方式、审美取向、性格特征等价值观念联系在一起的。这也是所谓汽车"基因"或"血统"的由来，这些"基因"或"血统"影响了一个国家汽车技术的特点，形成了独有的汽车文化。

德国、英国、意大利、瑞典、美国、日本等国家设计的汽车都具有自己独特的风格：德国人比较严谨，所以德国车机械精密；英国车具有浓厚的英伦风格；意大利是超跑之国，孕育出了法拉利、兰博基尼、玛莎拉蒂等著名汽车品牌，其汽车的外形设计也有很浓的意大利风格；瑞典人比较务实，加上瑞典常年被冰雪覆盖，所以瑞典车外形略显中庸，但是性能不俗且强调安全性；美国人喜欢大车，尤其是大排量汽车，因为美国的路况好，很多人更愿意自驾旅行，追求驾驶和乘坐上的舒适；日本车的特点也非常鲜明，日本是岛国，资源匮乏，车用燃料都要高价进口，所以日本车必须省油，日本人又深受中国传统儒家文化的影响，其车身的外形设计更符合亚洲人的审美观。

第三节　文化对区域经济的影响

1．对主体的影响

经济是人类生产活动的产物，文化对经济的影响归根结底是对人的影响。工业文化对区域经济的影响，核心在于工业文化影响、改变、塑造了一定区域的人，使其思维和行为，特别是活动的目标，产生某种共同的趋向性。

（1）个人。经济学中一个重要的假设就是"经济人"假设，无论是"经济人"还是"社会人"，虽然有其自利、理性的一面，但在现实社会中会受到来自历史、社会、文化等各方面因素的约束。其中，地域文化是对经济活动行为主体具有重要影响作用的因素。每个嵌入区域社会结构中的个人，都必然经历地域文化的培育和熏陶，并会内化具有特定地域文化色彩的文化价值规范。即使没有受过正规教育，但从小到大在家庭环境、社会风气和风俗的耳濡目染下，人们往往会被社会文化环境所同化。

（2）企业。企业是区域经济发展的基本主体。从文化视角看，企业是经济与文化的复合体，主要体现为不同的企业具有不同的企业文化，地域文化则通过影响企业文化而影响着区域经济发展。企业在发展过程的各个阶段会不同程度地受到地域文化的影响和制约，包括企业的创建方式、筹资渠道、发展模式、制度安排及布局特征等。例如，在企业创建方式上，崇尚个人主义的文化中个体独资企业比较多见，具有集体主义内涵的区域文化中集体或合伙人制企业比较多见，而重视家族文化的地区将更多地出现家族企业。地域文化还会影响企业文化，企业的管理风格、用人选拔、激励制度，企业内部员工的时间观、忠诚度、工作态度及对责任和义务的理解等也都会不同程度地受到地域文化的影响。企业的产品生产也会受到文化的影响，例如质量意识、品牌意识、设计风格、营销文化、创新意识等都会影响到企业的产品表现。

（3）企业家。企业家作为社会群体的一员，在其成长过程中同样会受到地域文化的潜移默化。一方面，文化影响该区域企业家出现的概率。重视工商传统，具有冒险精神和竞争意识的文化会塑造更多的个体经营者和企业家，这决定了区域发展的能力和活力，进而影响地区经济发展水平。典型的如江浙地区的吴越文化。另一方面，文化不仅会影响企业家的生长环境，也会影响企业家的创业环境。

（4）地方政府。文化影响地方政府主体的经济行为，进而对区域经济发展产生作用。各地政府尽管是按照一定的法律法规行使公共权力的，但是在区域经济发展模式选择、政府权力和利益分配、营商环境构建、市场秩序维护、区域经济调控等方面都会受到文化影响，如义与利、工与商、情与法、封闭与开放、冒险与守旧、个人主义与集体主义等，并形成当地政府部门特有的价值观念、思维方式，使地方政府主体行为显示出一定的执政理念、道德、习惯、原则和精神，从而影响地区经济的发展。

2．对客体的影响

从本质上看，工业文化会通过其各种表现形式等对区域经济发展产生作用。

（1）经济发展模式

从经济学视角看，区域经济发展模式是对一定区域在一定历史条件下的经济发展特征、经济发展过程及其内在机理的高度概括。从文化视角看，区域经济发展模式是在一定的宏观经济政策背景下，在具体的历史时期，由区域发展主体能动选择、系统创新而孕育产生的。无论是区域经济发展模式的形成演变过程，还是其内涵和特征，都具有浓厚的地域文化色彩。可以说，不同的区域经济发展模式不仅呈现出了该地区的经济特征，也是对不同制度的反映及不同文化的能动选择的结果。

（2）区域产业结构

区域产业结构是区域内具有不同发展功能的产业部门之间的比例关系。区域产业结构的形成不单纯取决于一个区域内所拥有的自然资源，它也会受到地域文化的影响。地域文化对产业结构的作用方式表现在通过文化观念、文化偏好等对区域产品的特定需求产生影响，进而影响区域产业结构的发展，例如，保守的文化往往倾向于内向性产业结构，产品结构较单一，生产特点为自给自足、自产自销；开放的文化，其经济结构具有多元性、商品性、外向性。

（3）科技创新与技术进步

地域文化可以通过影响技术进步实现的途径，来促进或阻碍技术进步的步伐，进而影响区域经济的发展。一般来讲，技术进步的实现途径有两种，一种是本地的自主技术创新，另一种是对外来技术的引进。如果地域文化中含有较强的冒险精神，个人、企业等技术创新主体对创新往往会有更大的能动性，进而有利于技术进步和区域经济的发展；如果地域文化中含有较强的规避风险的意识，个人、企业就容易因害怕冒险而放弃创新，这并不利于区域技术创新和区域经济的增长。

（4）区域发展制度环境

不同的地域文化将影响人们对制度的看法，进而影响人们对制度和改良方式的选择，由此带来制度变迁与演进的差异。通常，文化对区域发展制度的影响主要是通过意识形态和习惯实现的。一方面可以通过意识形态来影响区域经济活动中的交往规则。如果社会群体中大多数人对规则没有认同感，那么这个社会群体就不可能长久地存在下去。另外，意识形态还可以弱化人们在制度变迁和执行过程中的各种机会主义行为，如搭便车行为、逆向选择、道德风险、偷懒行为等，由此可以促进制度变迁，并增大制度变迁所产生的绩效。另一方面，文化可以通过人们的习惯规范去约束人们的经济活动，甚至有时候，习惯可以代替正式规则起到协调作用，从而降低交易成本，促进区域经济有效运行和发展。习惯之所以能够在某些时候取代正式规则，主要是因为习惯比规则更易于操作，且交易成本要小得多 ①。

第四节　工业文化积淀决定区域发展前景

1．文化多元性影响工业发展结果

中国知名学者金碚研究发现：世界工业化已经有两百多年的历史，在工业化的初期和中期，各国工业发展的路径大同小异，表现出"标准型式"，但后期各国工业化表现各异。初期的决定性因素大多是资源；到一定阶段后，技术越来越重要；再往下发展，文化的因素会越来越重要，其影响越来越深刻，即文化的多元性决定了工业的多元化。

---

① 殷晓峰.地域文化对区域经济发展的作用机理与效应评价 [D]. 长春：东北师范大学，2011.

现代经济发展和产业的国际竞争，正越来越触及民族文化的深层，民族文化的特点影响了我们当下的产业特征。全世界有 60 多个国家实现了工业化，它们发展的过程大同小异，都是轻工业发展、重工业发展，由第二产业向第三产业发展，但是到了工业化后期，几乎没有哪两个国家是一样的，其中的缘由是文化差异。文化源自一个国家长期积累下来的个人观念和行为特征，每个国家和民族都不一样，每个人也不一样，所以最后文化发展的结果也不一样。

在当今全球化的时代，工业化过程最基本的资源、技术、文化三要素中，资源本质上是可以购买的，技术可以购买，也可以自主研发，只有文化，是最难模仿、无法购买甚至难以培育的，所以其往往决定了一个区域经济和产业长远发展的前景。一个地区适合发展什么样的产业，能否建立起强大的工业体系，除了与该地区的资源条件、技术进步有关，更深层的原因在于这个地区有没有适合产业发展的工业文化积淀。

一个区域的文化积淀是经历了数十年，甚至几百年，经历了一代又一代人的共同选择后，最终沉积在这个区域人民的血液里，构成这个区域的文化底色。这种底色异常强大且稳定，必然会对该区域的经济发展产生巨大的作用，因而，各具特色的区域经济总是体现出不同类型地域文化的深刻印记。

2．工业文化与经济相互交融

诚然，经济的发展主要受制于资金、技术、资源、自然环境、地理位置、制度、政策等因素，文化并非决定性条件。但是，文化对经济发展的水平、效率、产业结构、产品质量、生产方式等的作用同样不可忽视，如果以农耕思维、小农意识去发展现代产业，注定要失败。

归根结底，经济构成了社会发展的基础，它决定着思想的内容和性质，决定着文化的基本特质和主要走向。不过，文化一经产生就具有相对独立性，它一方面通过政治层面反作用于经济发展，另一方面按照"以文化人"的逻辑，借助人这一社会主体制约着经济发展。自人类诞生以来，文化与经济就相互交融，两者具有内在的一致性。

文化同经济双向互动。一是经济作为社会系统中的重要组成部分，必然会反映在人们的思想中，转化成包括经济价值观、经济道德、经济人格、经济态度、经济思维在内的经济文化；二是各种既有的主体内在文化和社会外在文化通过"化人"反作用于经济，从而影响经济的发展。人既是文化的主体，又是文化的客体，它既创造了文化又受到文化的制约。各种社会文化作为一种社会存在，借助言传身教、耳濡目染等社会化方式而内化成个人的心理与文化结构，赋予社会主体特定的思想道德、价值观念、人格品性等，以此推动人类进行各种经济活动。基于人们对经济在整个社会有机体中的地位和作用的认识及相应的行为方式，形成了经济中心主义、政治中心主义等经济价值观。针对经济系统本身所应遵循的价值取向，又形成了均平价值观、公平效率兼顾观、效率本位观等。世界上主要的国家和地区都选择了某种经济发展模式，这些不同的经济发展模式的选择显然受一定的传统文化价值观念的支配。

案例

地域文化影响经济发展

从历史上看，明清以来中国产生了晋商这一大经济群体，它深受地域文化的影响。晋商之所以一度兴盛，在货币资本和贸易方面独占鳌头，显然同晋人"深思俭啬"及诚实守信的性格分不开。

珠江三角地区属于岭南文化圈，形成了义利兼顾的主流价值观。临近海洋的自然优势，使之成为接受外来资本的前沿地带，成为商品的集散地，于是人们具有较浓厚的经商意识、求利意识和开放意识。在海洋文化的熏陶下，珠三角地区培植出开拓进取、敢于冒险、自由开放、海纳百川等文化品格。富有现代化气息的地域工业文化，加上得改革开放之先机，使珠三角地区迅速发展成中国经济最活跃、最发达的地区之一。

　　总之，发达的区域经济客观上需要形成与之相适应的先进的地域文化。先进的地域文化也必然会提高人们在观念、意识等文化方面的素质，有力地推进区域经济的健康、持续发展，从而形成区域经济与工业文化的良性循环。

第十二章

工业哲学

唯物史观指出，实践活动最基本的形式就是人们谋取物质生活资料的生产劳动与交往活动，而这种物质生产最主要的表现形式就是人们的工业生产及交往活动[①]。工业是人类力量的象征，体现出非凡的社会价值、经济价值、军事价值、人文价值。事实上，工业在带来物质文明和精神文明繁荣的同时，也给人类生存、发展的环境等带来了巨大的影响，造成了一些问题与异化现象，这促使人们必须上升到哲学层面对工业发展进行深度考量。

第一节　工业观

工业观是指对工业最基本、最总体的认知和看法。工业观反映出人们对工业与社会、经济、文化、生态发展之间关系的认知程度。工业哲学把工业作为探究和反思的对象，提出各种各样的看法，形成不同的工业观。工业活动一直是人类文明史的重要内容，人们对工业的认识也随着社会的发展不断变化，并对工业的发展路径、制度构建、价值选择产生重要的影响。

工业是一个极其复杂的体系，与自然、社会及科学有着极为紧密的联系。当前，我们对工业的作用、地位、发展的认识存在一定的局限性，要判断工业观合理与否，需要对相应的技术水平与主要矛盾有清晰的认知与定位，对工业发展轨迹进行逻辑上的构想和预判，而且要遵循工业适度的原则。

有诸多因素会影响工业观的形成，政治、经济及生态环境都是促使工业观发生改变的重要因素。在不同的地域和历史阶段，推动工业发展的动力也有所不同。工业观的本质是不同主体、不同立场下的人对工业发展过程产生

---

① 郭广平，海娜．马克思重视工业史和商业史的哲学意义 [J]．郑州大学学报（哲学社会科学版），2012, 45(2): 18–21.

的各种各样的理解，不同的政治因素与权利主体的需要会催生不同的工业发展思想。

工业观具有复杂的结构。按照不同的角度，可以对工业观进行不同的划分，如工业价值观、工业发展观、工业平衡观、工业技术观、工业生态观等。

（1）工业价值观。工业发展中，工业主体在宏观环境影响下，在对内部调整的适应中，逐渐形成整体上统一的价值倾向，这种价值倾向一方面引导人作出相应的行为，另一方面随着人的行为不断强化、凝结，形成认识世界、改造世界的基本判断准则，即将趋于统一的价值倾向内化于心，形成工业价值观。因而，工业价值观是工业文化价值主观形态在个体心理中的存在形式。工业发展中形成的财富观念、劳动观念、消费观念、分配观念、市场观念、竞争观念、效率观念、道德观念、价值观念、交往观念、审美观念等元素丰富着工业价值观的内涵。由于个体成员的价值观是在工业共同体文化和心理的大背景中形成的，因而共同体成员的价值观念也就存在着内容和形式上的同一性。

（2）工业发展观。工业发展观具有主观性、持久性和实践性，随不同认识主体自身发展程度及所掌握的知识程度而有所差异，在某一时期工业进程结束后，它并不会立刻消亡，而是会继续对人们产生影响；同时，它也会随着工业实践而不断发展和衍化。工业发展观的转变过程既包括物质层面，也包括精神层面，它的发展过程具有曲折性、渐进性和衍化性。在中国两千多年的封建社会中，受源于自然经济的农本思想的影响和封建专制制度的束缚，工业发展观受"重道轻器"的思想影响很大，其成为中国社会经济发展、科学技术进步的一大障碍。

工业救国

在清朝闭关锁国期间，一些西方国家通过工业革命成为工业强国，而同时期的中国则渐渐落后于西方国家。两次鸦片战争爆发之后，中国的国家主权遭到严重破坏，几千年来自给自足的自然经济受到了资本主义经济的剧烈冲击，并开始瓦解。两次鸦片战争的失败，让一批清朝臣子开始认识到西方工业的优势，并下决心发展工业。19世纪60年代，"中体西用"的工业化思想在这样的背景下逐步形成。以李鸿章、曾国藩、左宗棠、张之洞等人为代表的"洋务派"，在当时的中国推行了一场以富国强兵为目标的向西方学习的政治行动，史称"洋务运动"，开启了中国的工业化进程。

（3）工业平衡观。这是一种有关工业各部门和各产业之间在发展数量、结构布局等方面的制约关系的思想与观念。工业的产业结构优化升级是关乎全局、整体、长远的大事，能否顺利实现优化升级，形成新的增长动力和比较竞争优势，直接关系到产业主动权和核心竞争力的掌握。

（4）工业技术观。工业技术观是工业化国家发展科技的基本指导思想，在其指导下，社会生产力有了巨大的提高，满足了人们物质生活的需要。值得注意的是，以技术促发展不能以牺牲生态环境为代价，否则会产生弊端。例如，20世纪下半叶，出现了资源能源短缺、环境污染、生态失衡等一系列全球性问题。目前，人类进入了信息时代，随着技术的加速发展，不断出现的新型产业要求人们不断学习，掌握新的知识，以适应这一变化。

（5）工业生态观。工业生态观强调良好的生态环境是社会生产力持续发展和人们生存质量不断提高的重要基础，主张发展经济要充分考虑自然的承载能力和承受能力。生态文明的转向是人类文明不断发展的必然趋势，只有自觉地担负起维护生态平衡、改善生态环境的责任，树立工业生态的观念，寻求与自然和谐共生的发展之路，才能使人类摆脱能源危机、生态危机、发展危机和生存危机，实现真正的发展和真正的幸福。

第二节　工业中的哲学问题

工业发展有不同的阶段和轨迹，面临不同的环境和对象。人类对工业发展的认识存在一定的局限性，但一直在尝试解决问题，追求各种各样的平衡，不断实现矛盾的辩证统一。

1. 驾驭自然为人类服务

人类最初把自己从混沌世界中区别开来的首要标志是有意识地制造和使用工具，或者说，人类文明的起始与工具的发明和手工业的兴起息息相关。

工业进化的真义是"驾驭自然为人类服务"。简单来说，就是人的本质力量不单纯是人付出的劳力，应该是人实现自己需求、理想的能力。换句话说，工业的发展意味着人类的生产力，即改造世界能力的发展，人的需求和理想不再粗暴地受到自然界的制约。

工业是人的本质力量的展现，是人把生产建立在科学基础上而形成的全新的人与自然界之间关系演化的结果。当然，不能忽略的是，工业的发展在带来繁荣的同时，也引发了异化，人们在创造源源不断的财富的同时，却为财富所支配。

工业创造了人类历史的辉煌，但它的"反自然性"又将人类置于一定的生存危机之中。从一定意义上说，机械论的世界观、达尔文的进化论、主客二分对象性思维及传统的人道主义作为近代哲学的主流，在世界观、方法论和价值观各个方面造就了近代的工业文明。因此，只有反思工业文明形式的哲学基础，从深层次认识到工业文明的实质，并正视问题与危机，才能找到可持续生存和发展的对策。

　　三次工业革命彻底地改变了人类社会历史的发展进程，并影响了哲学的发展转型，而哲学的每一次发展转型同样影响着人类社会历史的发展变化，影响着人类工业化、现代化的进程。

　　第一次工业革命大大解放了人被自然束缚的手，生产力的提高、社会物质财富的迅猛增长，不仅迅速地提高了人们的生活水平，改变了人们的生活方式，更影响了人们对自身、对世界，以及对人与世界关系的看法，这时人们树立起对自然的优势和对自身权威的确信。

　　第二次工业革命给近代哲学带来了挑战和质疑，将工业文明与农业文明的本质性差别暴露无遗。工业文明是以人与自然的抗争、对立为其本质特性的，但其代价是人们生存根基的缺失和精神家园的失落。社会出现了各种文明危机、生态失衡、社会病态，从而引发了人们对于无限扩张的工业文明及其后果的反思。

　　第三次工业革命触发了人们终结工业文明而进入后工业社会的思想观念。信息技术革命改变了人们生产、流通、消费各个环节，使地球变成了地球村，经济全球化在带来巨大利益的同时也带来了各种问题，如利益分配不均衡、贫富差距扩大、人的个性化压制等。因而，人与自然、人与社会、环境与经济和谐共生的科学发展观和生态文明建设成为时代诉求。

在生态文明建设、高质量发展的背景下，如何树立全新的资源观、生态观、伦理观和发展观，如何尊重自然规律，实现可持续发展，成为人们需要解决的重要问题。

低碳文化

自 18 世纪下半叶第一次工业革命开始，人类社会步入一个高能源损耗的时代。煤炭、石油、天然气等不可再生资源被大量开采，存量急剧减少，与之相对应的是碳排放量剧增，这不但对自然资源造成严重破坏，还使得全球气候变暖问题日益严峻，加剧了全球气候恶化，严重威胁人类生存发展和文明存续。

随着各国碳达峰碳中和工作的推进，低碳经济成为世界未来经济发展的方向，低碳型社会是全世界共同奋斗的目标。低碳文化是关于生活行为模式及消费理念、文化观念的一场变革，它提倡大众以低碳理念为核心思想，低碳消费、低碳出行等。随着低碳经济的萌芽与发展，低碳文化在低碳经济中的引导作用日益凸显。低碳文化是创造新经济、解决能源问题、应对气候变化、实现人与自然和谐共生的可持续发展的新文化。低碳文化不仅提倡企业在工业生产中走生态优先、绿色发展之路，而且鼓励人们在日常生活中摒弃高排放、高消费、高污染、高能耗的行为，形成低碳生产、低碳排放、低碳消费的观念。

2. 辩证处理工业中的矛盾

随着经济全球化的进程不断加深，信息通信、人工智能、新材料、新能源、量子技术、基因技术等的发展使产业活动变得非常复杂，产业变化很快，新业态层出不穷。这些现象仅仅用经济学无法圆满解释，必须用多学科的知识甚至哲学思维去考察、分析、判断和预测。

在工业生产过程中，从研发设计、生产制造到经营管理、销售服务，存在不少哲学上的理念与方法，生产力变革和技术进步会衍生许多伦理道德问题。基于本体论、方法论、价值论、实践论，我们能够发现和分析工业中的诸多哲学现象。

一是企业层面，在生产制造中强调先进性与实用性的平衡，最先进的技术不一定会立刻得到采用，最适当的技术才能获得青睐，因为复杂的工艺和技术会增加成本，降低生产效率；强调投入与产出的平衡，成本支出了就需要取得一定收益，企业才能投入研发和再生产；强调品质与售价的平衡，不能盲目追求超高质量和大而全的功能，要考虑消费者是否愿意为此买单。

二是产业层面，相关企业、行业组织和科研机构一直在分析、研究产业价值链规律、产业成长规律、产业组织规律，努力依靠市场机制和群体规范，搭建产业链、供应链、价值链、生态链内部及其相互之间的和谐关系，从而推动产业发展。

三是政府层面，在国家治理体系中，市场和政府相伴相生，有效市场离不开有为政府，有为政府必须依靠市场发挥基础性作用。在产业政策和标准的制定与实施过程中，存在平衡与尺度问题，如果拿捏不当，可能会出现投机取巧、造假骗补、投资炒作、虚假繁荣的现象，在问题暴露之后再进行整顿调节，往往会造成财力、物力、人力和时间等方面的损失。再者，民生事业和高新技术产业的交叉可能会诱发许多伦理道德问题，特别是涉及食品、医药、大数据、人工智能、网络游戏等的领域。此外，在发展新兴产业的关键时期，哪些是关键产业、核心技术，哪些需要国家支持，哪些需要市场竞争，离不开政府相关部门的精准分析、宏观把握。

3．夺取经济主导权

不同国家工业化的程度是不同的，即使在同一个国家，工业化的程度也受到地域、行业等各个方面的制约而有所不同。社会中总是存在大量的非工业的生产形式，工业不能消灭其他所有产业形式，由此，工业生产与非工业生产之间构成了极其复杂的有机关系。

现代工业率先渗透了传统的农业，推进了农业现代化，并与其他形式的产业构成了全新的经济体系。这种新经济体系内在的基本关系：一是工业依靠其强大的力量占据经济体系的主导地位；二是工业决定了其他产业的地位和影响力；三是工业生产中形成的关系决定了生产关系；四是工业在整个经济体系中统辖其他经济形式，其他经济形式的生产被迫改变自身的特点，运用工业成果，参照工业结构和工业运行方式延续下去；五是工业无法取代和消灭所有其他形式的生产，非工业生产依然保持独立存在的地位和价值。

由于工业生产的效率远远高于非工业生产方式，从而占据了领先地位。当然，工业只是支配而不是简单地消灭其他产业。就国家间而言，工业从工业化国家扩张到非工业化的国家，后者能够在一定程度上保持其原有的生产方式，以适合工业要求的方式来建立其与工业的关系。同样，在同一个国家内部，工业从其占统治地位的行业扩张到其他行业，这些行业可以在某种程度上延续原有的方式，即国内不同生产部门也可能有不同的生产方式，工业不可能完全消灭和代替所有非工业的生产。但是，非工业从属于工业是必然的发展趋势，在现实中，表面上独立的非工业产业，本质上是工业支配下的存在物。

工业内部同样存在产业主导权的掌控问题。由于市场竞争日趋激烈，产业组织持续变革，产业主导权的博弈从企业的个体行为逐步演变为区域性产业行为，产业集群发展尤其是新兴产业的集群发展是获取产业主导权、使新兴产业能顺利诞生的关键。此时，为了发展新兴产业，企业必须鼓起勇气尝试创业试错，产业集群管理者必须作出相应决策，摸着石头过河。用试错应对未来的不确定性对企业来说是一个两难的选择。

第三节　工业流程的哲学审视

产品有市场寿命和使用寿命。市场寿命是指一种新产品从开始进入市场到被市场淘汰的时间长度。使用寿命是指一件产品从在全新状态下开始使用到基本报废的时间长度。产品生命周期理论认为产品的生命和人的生命一样，要经历形成、成长、成熟、衰退这样的周期。在工业生产过程中，从研发设计、生产制造到市场营销、经营管理都有着哲学层面的理念与方法。

1．研发设计

设计是人的基本技能，它产生于人类发现和创造有意义的生活秩序及生活方式的需要。人类文明史也是一部设计史，从史前石器工具的打制、磨制到手工业劳动和手工艺术品制作，再到近现代的机器制造和工业制造，都是设计的表现。从哲学视角来看，研发设计的本质就是构建于人类技术基础之上的、人的思想外化的表现。

在产品的全生命周期中，研发设计作为前端的流程，往往是决定一项产品成功的关键。但纵观研发设计史，可以发现：人们在研发设计上时常做着头痛医头、脚痛医脚的工作。如功能与形式是一款产品必须同时具备的两个内容，它们就像是矛盾的两个方面，彼此相互制约，相互促进，共同发展。强调形式而忽略功能，则产品趋于虚浮；强调功能而忽略形式，则产品趋于功利。解决功能与形式间矛盾的不同策略导致了产品研发设计风格的巨大差异，但对这两者的追求会促使人们相应地调整风格。当过分强调形式而忽略功能时，人们开始重视产品的功能，而当过分强调产品功能而忽略形式时，人们又开始重视产品的形式；当产品不能满足批量化大生产的要求时，人们提出了功能主义的设计思想，当功能主义的理性不能满足人们的精神与情感需求时，人们则强调产品的个性化与形式的多样性；当环境与生态问题严重影响社会发展时，人们提出了绿色设计思想，主张研发设计产品时要综合考虑对环境与生态造成的影响。

事实上，研发设计是一项范围广泛的社会活动，涉及社会人文、科学技术等诸多领域的内容，需要从人文、社会、环境等诸多方面评价研发设计工作，而不能仅仅从产品或个人的角度考虑。在研发设计领域，越来越多的设计者倾向于将产品、人、社会、环境看作一个统一的系统，实现功能与形式、科学与艺术、事实与价值、传统与创新、人与自然的统一，产品只是这个系统的一部分，经济社会与生态环境的和谐发展才是人们最终的目标。

2．生产制造

对生产制造合理性与有效性的研究主要揭示生产制造过程中的一些关键问题，帮助人们分析企业或者行业在产品制造方面存在的不足及其努力的方向。制造伦理主要从伦理学的角度考察制造过程的目的与方式两个方面的问题。

由于中西方哲学观的差异，中西方关于生产制造伦理的要素既有相通之处，也有差异。中国古代的生产制造伦理主要基于儒家学说所倡导的入世精神，以"生财有道""劳作有时"为基本评价标准。"生财有道"就是对生产内容、目标方面的道德要求，"劳作有时"是对生产态度和过程方面的道德要求。对这两个标准可以概述为：合理、合法、合时、合规地从事生产制造就是符合伦理的，否则就违反了伦理。

西方古代的生产制造伦理主要追求"智慧、勇敢、正义和节制"。到了现代社会，西方社会的生产制造伦理体系则由生产动机、生产质量、产品分配及生产与生态环境等方面的伦理规范或原则组成。生产动机将经济的正当性放在第一位，服从社会效益与企业经济效益相统一的原则、公共利益和个人利益相结合的原则、眼前利益与长远利益相结合的原则，以及局部利益和整体利益相统一的原则。生产质量伦理主要有服从契约、自然关切和社会成本。生产质量伦理要求企业确保产品质量，并且要受到社会环境和成本的制约。生产制造超出社会成本限制的产品，诱导社会成员透支消费是不符合现代伦理的。

目前，在生产制造过程中，人们的关注点通常集中于技术创新、效率精进等方面，而对于制造环节的伦理问题考量仅被视为锦上添花，而非必要的工作。而事实上，很多产业领域都存在不同程度的问题，尤其是工业的可持续发展、最新技术在应用过程中所呈现的伦理矛盾。

3．市场营销

市场营销哲学是指企业在开展市场营销管理活动的过程中，在处理企业、顾客、社会三者利益时所持的态度、思想和观念。市场营销哲学思想经历了由"以产品为中心"向"以消费者为中心"的观念转变后，把满足消费者的全面需求作为营销活动的中心。

市场营销哲学的内涵十分丰富，它至少应该包括三个层面：一是世界观、认识论层面，可称之为营销认识论，是营销者看待和处理局部与全局、内部与外部、眼前与长远、企业与自然、企业与社会之间的关系的认知、观念和指导思想；二是态度和价值观层面，可称之为营销理念，是营销者看待与处理企业与利益相关者、企业与内部公众之间的利益关系的认知、观念和指导思想；三是方法论层面，可称之为市场营销方法体系，是营销者在市场营销认识论和营销理念指引下，所形成的营销实践活动的方法和准则。

营销认识论作为最高层面的市场营销哲学，决定和制约着第二、三层面营销哲学的认知。营销认识论中又体现着市场营销的系统观，它有以下几层涵义：世界是普遍联系的整体，联系具有客观性、普遍性和多样性，应从普遍联系的总体上把握事物的本质和功能；市场营销是一个系统，是一个由不同要素、不同子系统组成的有目标、有结构、有功能的有机整体；营销系统必然处在环境之中，系统与环境之间具有输入和输出的关系，环境适应性决定市场营销的优劣成败。

营销认识论还包含市场营销的动态观，它指的是，世界是永恒发展的过程，历史、现在和将来之间存在着必然的联系。市场营销系统更新、发展以适应环境是一个周而复始、不断循环的过程，是不断调整以求达到企业内部资源配置最优化和外部营销资源利用最大化的过程。如何看待和处理过去、现在和未来之间的关系，如何看待和处理眼前及长远的关系等是营销者面临的基本问题。

另外，从能动观角度来看，营销者具有主观能动性，可根据自己的营销实践总结规律，以适应不断变化的客观环境。企业在客观环境面前处于什么地位、营销是否完全被动等是营销者面临的基本问题。

从辩证观角度来看，企业内部资源和外部资源的整合协调反映了营销辩证观的要求，营销系统应具备由不和谐逐步趋近和谐的自适应机制。如何正确认识必然性和偶然性之间的关系、如何处理好市场营销环节的主要矛盾和次要矛盾等是营销者面临的基本问题。

4．经营管理

对工业哲学的研究，绕不开对工业发展中经营管理问题的与时俱进的探究。在现在及未来，管理会更加有力地影响工业发展的模式，影响人类的生产生活。管理史学家斯图尔特·克雷纳在《管理百年》中说，"管理没有最终答案，只有永恒的追问"。管理是有模式的，但是管理是无定式的，原因在于世界是不断变化发展的。

　　管理是一门综合的艺术。管理者的思维方式与领导方式对企业的可持续发展至关重要。当前，管理大致有以物为本的科学主义（物本管理）、以人为本的人文主义（人本管理）、以能为本的管理主义（能本管理）等典型范式。以物为本的科学主义范式体现在技术主义和数据主义两个方面。技术主义追求有效性思维，强调工具的效率与行动方案的正确决策。数据主义认为宇宙由数据流组成，任何现象或实体的价值都在于对数据处理的贡献。以人为本的人文主义范式强调对人的个性的关怀，注重维护人性尊严，提倡宽容的世俗文化，反对暴力与歧视，主张自由平等和自我价值。以能为本的管理主义是一种以人的能力为核心的人本管理。

　　从管理思想的演进来看，能本管理取代物本管理和人本管理体现了管理思想的进步。物本管理反映了一种理性的管理思维，其核心观点是把组织视为以效率为中心的系统，强调满足经济性利益，很大程度上忽视了人的社会性需求。在此基础上产生的人本管理反映了一种以人的动机为中心的、基于人性的管理思维，是工业时代形成和发展过程中的一次较为重大的管理思维跃进。到了信息网络时代，工业生产以用户体验为中心，更加聚焦人的创造力，激发每一个个体的巨大潜力和内在创造力成了组织的命题，从而极大地促进了能本管理的发展。

　　物本管理的代表企业为美国福特汽车公司，人本管理的代表为日本丰田汽车公司，互联网的出现推动企业管理进入能本管理时代，这个时代是人本管理的高级发展阶段，它仍然坚持以人为核心，但是从以人的动机为核心转为以人的创造力为核心，探索和利用系统与机制释放每一个人的能量，改变了员工和企业之间传统的工作关系。

第四节　工业思维

农耕思维是农业社会形成的思维方式，工业思维是工业社会形成的思维方式。工业思维以工业化的发展为现实前提，随着工业化的展开而逐渐形成，是工业化进程的内在诉求，具有必然性和必要性。

1. 农耕思维与工业思维

18 世纪下半叶开启的工业革命，是一场发端于生产领域而影响深远的总体性革命，人的自由意志的解放，人对自身的定位，即人的理性主体性的凸显，构成了工业革命发生和发展的内在驱动力，也凝聚成工业思维与农耕思维相区别的基本内涵。自此，人与自然的关系也发生了质变：自然成为人类活动的客体，人成为居主导地位的主体。在这样一个过程中，人的主体性的彰显和人与自然关系的转变必然导致社会结构、社会生产方式乃至社会意识形式的转变。可以看到，现代工业生产的开放性、合作性、创新性、全球性，以及注重高效率、快节奏等特点，都是这种根本性转变的体现，也是其必然的内在要求。

农耕思维和工业思维是一对彼此联系又相互对应的范畴。在现代与传统的语境下来探讨工业思维，有双重思路：第一，强调新生产方式与旧生产方式之间的关联性和互动性；第二，凸显新生产方式对旧生产方式的变革。工业思维适应现代生产方式，而与现代生产方式相对的是传统生产方式。当然，工业思维不是简单地与农耕思维相对立，事实上，在人类社会发展的绝大多数阶段，无论占主导地位的生产方式是什么，都是多种生产方式并存的。而在工业社会里，作为主导形式的工业生产方式则已经与农业、服务业等各个领域相互交融，可以说，工业生产方式已经渗透、内化到其他各种生产方式、经济活动甚至人们的生活方式之中，并让其他方式被工业化或者说依赖于工业。这正是当代社会生产的一个重要特点。

（1）农耕思维

农耕文明的经济形式是自然经济、家族经济。人类在自然系统中进行生产，大自然是第一生产力，它天然具备水土、光照等条件，这些条件的差异是生产力高低的决定因素。人力的投入对于提高生产能力具有决定性作用，并且，只有大家族才能聚拢足够多的人口进行生产。因此，家族是农耕文明重要的生产单位，家族人口数量决定了生产能力，维系家族延续和人口增长，特别是男性人口数量增长就成为家族的重要任务。通常会有这样一个现象，古代中国一个村镇中大部分人都是一个姓，这实际就是家族繁衍的结果。这也导致农耕文明时期人的思维具有很强的局限性，一方面局限在土地和区域上，另一方面局限在家族上。

所以农耕思维方式常具有以下表现：一是小富即安，小农意识，注重宗族利益、家族利益，更相信家族成员；二是逐小利和眼前利益，缺乏大格局；三是习惯熟人社会和家族惯例、祖训，缺乏开拓精神；四是重小信、小承诺，缺乏契约精神等。政治方面，如果统治阶级威胁到家族的繁衍，家族成员会携起手来捍卫，如果家族可以延续，无论是什么样的人在统治，都能被接受。这种意识自上而下贯穿全社会，统治者，如皇帝，认为"普天之下莫非王土"，地方官习惯被称为"父母官"，这也是典型的农耕观念。

（2）工业思维

工业思维持续处在生成的过程中，这个过程以古代手工业为起点，以工业革命为重要契机，伴随工业生产方式而确立与演化，并依靠科学技术进步作为内在动力。也就是说，工业思维不是先验、超验的存在，而是一个持续生成，且不断建构和重构的过程。

什么样才算工业思维？工业思维源自工业生产生活组织中所体现的条分缕析、用数字说话、精益管理等理念，它可以作为一种哲理，在更广阔的范围内影响与改变人们的思想与行为。推崇技术者，深究技术背后的原理与规律，这就是工业思维与科学精神。

需要指出的是，人类的工业化一直在持续，工业思维也随着科技创新和产业变革的步伐与时俱进，不断升华。蒸汽时代、电气时代、信息时代的工业思维肯定是不尽相同的。比如，从互联网、云计算、大数据到物联网、人工智能、VR/AR，每次新科技的崛起和深化都给整个社会带来了重大的变化。

2. 工业思维的属性与特性

在历史和哲学的双重语境下，工业思维的属性主要表现为创新性、发展性、矛盾性及总体性。

创新性可以从创造性、突破性和拓展性这三个方面来解读。创造性主要是针对认识与思想而言的，强调人与自然关系中的生产性、实践性和改造性。突破性意味着打破边界，打破传统，不破不立。拓展性表现在时间、空间领域的持续拓展，世界市场和经济全球化的形成就是其集中体现。

工业化不是一蹴而就的，而是一个不断生成的过程，相应的工业思维也具有发展性。工业革命的"革命"容易造成一个误解，好像这场变革是一个突变，但事实上，这是一个持续进行的过程，工业思维在此过程中也在不断重构。

工业思维展现出了明显的内在矛盾性，这种矛盾既是推动工业思维不断生成并演化的动力，也给工业化发展提出了亟待解决的问题。总体而言，矛盾性主要体现在：一是创造性与掠夺性并存；二是工业化进程中主客体边界的逐渐模糊和交互；三是标准化与个性化的内在张力。

在历史和哲学的双重视域下可以看到，现代社会的发展呈现出总体性与矛盾性的统一。从总体性上审视工业思维在社会变迁中的作用和影响，可以从以下4个方面展开：一是探讨工业生产带来创新与发展的同时，社会付出的代价；二是在此基础上，进一步探讨如何在工业思维的发展中重新审视人与自然的关系；三是从工业思维角度来审视分工与社会和人的发展；四是围绕科学技术与工业思维的关系来进行反思。

工业思维的基本特性如下。

一是标准化。工业化一定要实现标准化，例如一台机器在世界任何一个角落都可以依据标准进行组装。标准化是工业化的第一基础，有了这个基础，手工业作坊才转变为大工业生产。

二是规范化。生产过程涉及的各种要素都要规范化。正是因为工业思维具有规范化这一特性，所以职业学校才可能开办，"师傅带徒弟"的方式才可能转化为现代教育方式。

三是规模化。规模化是工业化所必需的，它和标准化、规范化相互联系，互动互利。一般而言，规模越大越好，因为规模越大，成本越低，利润越高。

四是可控性。工业化强调可控，不但机器可控，而且过程要可控，所有流程都必须可控。

五是可测试性。工业化要求采用标准化的方式测试，没有测试依据，就没有性能保证、安全保证。

工业化驱动下的现代生产方式向人们展现了社会进步和发展的美好愿景。然而，生产力的提升和技术的进步从来都不是免费的午餐。这个问题的探讨，既涉及对以工业生产为内在驱动力的现代生产方式与社会发展的关系的理解，也涉及社会发展评价标准的界定与选择，还涉及人与社会、人与人乃至人与自然的关系问题。在最终意义上，对工业思维、工业逻辑和工业精神的理解，关系到社会进步与人的发展。

3．创造适合工业思维发展的土壤

人类文明的发展由技术进步驱动，谁能最先实现技术的突破与应用，谁就有可能成为社会的领先者。在农耕时代，金属的发现是人类发展史上一个巨大的飞跃。最先发现铜矿、铁矿并成功提炼的国家和地区很快就强大起来，生产效率得到提高，在战争中也占有绝对的优势，因为金属制造的武器相比传统的木器或石器更具杀伤力。

果实的成长离不开土壤，即使拥有好的种子，如果种在贫瘠的土壤里，最终也不能收获丰硕的果实。当代社会，经济就是那颗种子，影响经济发展的因素之一是由人创造的各种发展环境。后者作为土壤，决定着经济发展的未来。

科技创新和技术突破是首要前提，但是需要适合的"土壤"，换句话说，就是一种文化，这种文化形成的土壤会为科技创新、技术突破打开有利的局面，这种文化土壤特别重要。例如，第一次工业革命期间，清王朝的经济实力不弱，但是并没有形成工业革命的文化土壤，于是，农耕思维与经验技术武装下的清王朝败给了工业思维与科学技术武装下的帝国主义侵略者。在 1840 年鸦片战争中，26 万清军输给了不超过 1 万人的英军 [1][2]。

社会经济发展的实践表明，文化因素对经济发展的影响越来越突出。任何一次科技革命与产业变革，既需要具备相应的物质和技术条件，更离不开相关思想、文化和行为上的自觉，而工业文化氛围的形成，尤其是开放的心态、甘于冒险、勤耕不辍及敢于挑战权威的创新思维方式，绝非一朝一夕所能形成的，要求既有的配套服务机制必须进行深化改革。

人类正在迎接新工业革命的挑战，而我们的思维或许仍停留在前三次工业革命带来的思维模式里。要改变这种现象，必须发展与工业社会发展相适应的新思维，主动创造适合工业思维生长的"土壤"。

---

① 沈原. 鸦片战争中英军力对比分析报告 [J]. 休闲读品 (天下), 2012(4): 78–84.
② 张莉. 第一次鸦片战争中、英军队的伤亡及其影响 [D]. 长春 : 东北师范大学 , 2008.

第十三章

工业伦理

工业与伦理是性质不同的两个范畴。工业是社会分工发展的产物，是人类利用自然资源创造物质财富的过程，解决的是人类生存与发展的问题，追求的是不断提高生产率。伦理是规范性的准则，它追求的是"善"，阐明了人与人应该怎样相处，试图解决人与人、人与社会、人与自然之间的关系问题。工业社会的伦理困境，主要源自人类工业化进程中出现的道德失范现象，它表现在社会的政治、经济、文化，乃至人们的日常生活等各个领域。

第一节　工业社会的伦理困境

工业化大生产、市场经济及经济全球化的步伐加速，现代社会与传统社会的差异越发明显。工业文明在给人们带来高度发达的物质文明的同时，也给人们的生存环境和自身发展造成了负面影响，人们由此进行深刻的伦理反思。

1．工业伦理内涵

伦理是人类为了和谐共处、各得其所而建立的规则体系，是关于人与人、人与自然、人与社会相互关系的行为准则。与农业社会的伦理不同，工业社会的伦理是理性伦理，其伦理精神和规范的形成应归结于人类科技的发展和生产力的提升所导致的社会各方面的改变。

工业社会的理性伦理对市场经济、民主政治、多元文化和价值观念的形成和发展起到了积极的推动作用。但随着全球工业化进程的不断推进，理性的内在矛盾和冲突日益凸显，引发了现代社会的道德危机、价值危机、信仰危机、发展观危机等。

工业伦理指工业活动中人与社会、人与自然、人与人互动的行为准则和道德规范。它源于人类对工业活动中分工不同或扮演不同角色的人的认识及判断，对人与自然、人与社会关系的判断，对工业生产中机器与人、机器与机器、机器与自然、机器与社会等关系的认识和判断，以此为基础，形成工业生产者、消费者、管理者应恪守的价值观念、社会责任和行为规范。工业伦理问题极为复杂，当遭遇义与利的矛盾时，就容易出现以下伦理失范现象：

- 从社会角度看，涉及殖民掠夺、丛林法则、物质至上、生态破坏、文化入侵等；

- 从商业角度看，涉及市场垄断、欺诈与失信、食品安全、药物毒副作用、伪劣假冒产品、隐私泄露、网络游戏沉迷等；

- 从生产角度看，涉及环境污染、劳动保护、机器人换人、工业设计、质量保证、企业成本与效益关系等；

- 从技术角度看，涉及人工智能、网络技术、大数据、生物医药、基因技术、自动驾驶、输变电传输、电磁辐射等；

- 从工程角度看，涉及水利水电、石油化工、采矿冶炼、海洋工程、核能应用、通信基站等。

现代工业发展使人类征服和改造自然的能力空前提高，它在给人类带来巨大福祉的同时使人类面临严峻的风险和挑战。如果任其无约束地发展，它的成果既有可能造福人类，也有可能摧毁人类的生存与社会秩序。如何处理经济社会的各种关系，发展什么样的工业，如何在发展工业的过程中保护生态环境，这是人类亟待解决的问题。

绿水青山就是金山银山

20世纪80年代，浙江省安吉县余村依托优质的石灰岩资源，开办了石灰窑、砖厂、水泥厂等。几年后，余村的确变富裕了，但由于盲目开采，昔日秀美的环境变得满目疮痍，溪流浑浊、山秃水臭、烟尘漫天，在环境污染最严重的时期，家家户户连鲜竹笋都不敢放在外面晒。

2003年，面对日益恶化的生态环境和频发的安全事故，当地开始陆续关停矿山、水泥厂等。2005年8月15日，时任浙江省委书记习近平同志，在安吉县考察时来到余村，在听到干部说关停了矿山和水泥厂，打算发展旅游业时，提出了"绿水青山就是金山银山"的理念。这一理念充分体现了马克思主义的辩证观点，系统剖析了经济与生态在演进过程中的相互关系，要尽最大可能地维持经济发展与生态环境之间的精细平衡，走生态优先、绿色发展的路子。

如今的余村，已重现当年美丽的景象——重峦叠翠、流水潺潺，其生态旅游远近闻名，每天都有大量来"打卡"的游客和学习参观的队伍。从"卖石头"到"赏风景"，如此华丽的转身让余村实现了生态保护与经济发展的双赢。

工业伦理蕴含了对工业活动的哲学反思。工业发展与社会伦理体系之间的互动常常会陷入一种两难境地：一方面，革命性的、可能给人类社会带来深远影响的新技术的出现，往往会引起社会伦理的混乱，或者在一定时期内产生一定程度的负面作用；另一方面，如果绝对禁止这样一些新技术的广泛应用，又必将丧失许多有可能为人类带来福祉的新机遇。促成工业发展与社会伦理体系的良性互动就是要在两者之间找到一个动态的平衡点。

2．工业化进程中的伦理挑战

工业社会是人类经历的矛盾最多的社会。一方面，工业文明把其物化成果不断地向世界各地区渗透，促进了整个人类社会的繁荣。另一方面，工业力量的强大也导致了人类对自然的无度索取和过度开发、发达国家对不发达国家的无情掠夺、处于资源优势地位的人对处于弱势地位的人的不断压榨等现象，这里面涉及的伦理问题，让人类不得不进行反思。

① 殖民掠夺。殖民掠夺指一个比较强大的国家采取军事、政治和经济手段，占领、奴役和剥削弱小国家、民族和落后地区，将其变为殖民地、半殖民地的侵略行为，是强国对力量弱小的国家或地区的压迫、统治、奴役和剥削。其主要表现是向海外移民、海盗式抢劫、奴隶贩卖、资本输出、商品倾销、原料掠夺、文化殖民等。殖民扩张与掠夺是西方列强工业化初期争夺世界市场的主要途径，主要实现两个目的：一方面，为西方资本主义生产方式的发展、确立进行资本的原始积累；另一方面，促进资本主义世界市场的初步形成。不管是英国，还是紧跟其后的法国、德国、美国、日本，其工业化过程都伴随着对外的掠夺——抢占殖民地、掠夺生产资料和海外市场，以及对财富的赤裸裸的抢夺。可以说，在很大程度上，近代工业化国家的兴起是以非工业化国家的牺牲为代价或前提的。野蛮残暴的殖民扩张，给殖民地造成了巨大的破坏，殖民占领的结果往往是严重改变了殖民地传统的生活方式，经常导致社会混乱，甚至失控。

② 物质至上主义。工业大发展，一方面，为人类提供了丰富的物质产品，人在物质层面所需的各类产品，现代工业几乎都可以提供；另一方面，又使

得人类过于依赖这些物质产品，亲情、忠诚、友谊、信任等情感，比以往任何时代都更容易让位于物质需求、让位于金钱关系。在物质至上主义的价值观下，不少人以对物质财富的占有作为衡量人生成败的唯一标准，把纵欲享乐作为人生的最大目标。反映在企业生产活动上，表现为人与人之间少了人情味，人的功能与价值等同于机器，人成为机器的附属物，所带来的后果就是物的价值取代人的价值，社会关系以物质为中心，忽视了人文关怀。物质至上主义的价值观严重腐蚀和影响了人性，把许多美好的东西引向毁灭，这也是人类文明发展到工业时代的困境。这种片面的、陷入极端的价值观有可能把人类文明带到灭绝的边缘，如资源枯竭、环境破坏、物种绝灭等。

③ 丛林法则。自然界的资源有限，只有强者才能获得更多。丛林法则是自然界物竞天择、优胜劣汰、弱肉强食的规律。在西方的工业文明中，财富分配遵循的是此消彼长、弱肉强食的丛林法则，而自利往往和损人联系在一起。

④ 垄断。垄断的形成受商人、资本家对财富本能的欲望驱使。当生产和资本的集中达到一定规模，必然造成垄断，必然出现由大企业协议或联合组成的垄断组织。垄断与竞争天生是一对矛盾，由于缺少竞争压力和发展动力，加之缺乏有力的外部制约机制，垄断性行业的服务质量往往难以令人满意，经常会违背市场法则，侵犯消费者的公平交易权和选择权。

⑤ 失信与欺诈。失信与欺诈也是工业社会的一种常见现象。不少企业信奉"卖出货就是硬道理"，不注重研发，不注重知识产权，抄袭仿冒，对如何做精品、怎样创名牌不下功夫。有些利欲熏心者，甚至不顾他人健康和生命，卖假药、卖有毒食品、卖伪劣产品。信用是奠定市场经济的基石，是维系社会经济生活正常秩序的道德准绳。信用体系建设应当像道路、水电和信息网络建设一样，成为社会的公共基础。在市场机制不完善时，部分企业或个人把利益

看得高于一切，为了能获得利益，没有诚信观念，采取非法造假、合同欺诈、逃避债务、虚假报表、价格陷阱、黑幕交易等失信行为，破坏了正常的经济秩序。

⑥ 过度索取与环境破坏。工业发展极大地提高了人们的生活质量，也产生了预想不到的后果，人们被迫面对日趋严重的环境污染和生态危机。例如，过度砍伐使森林面积急剧减少，引发温室效应、物种减少、臭氧层被破坏、全球气候异常等生态灾难；过度开采，造成矿产资源枯竭，地下水位降低；工业"三废"（废渣、废水、废气）所造成的土壤、水和大气污染，其累积效应威胁人类健康；过度捕捞，造成渔业资源的枯竭等。现代工业带来的这些弊端，是导致人与自然关系恶化的主要原因。要改善人与自然的关系，使人类文明走上健康发展的轨道，必须走绿色生态、可持续发展之路。

案例

1984 年印度博帕尔毒气泄漏案

印度博帕尔灾难被称为人类历史上最严重的工业化学事故，迄今已造成数十万人死亡。1984 年 12 月 3 日凌晨，美国联合碳化物公司在印度博帕尔建立的分厂发生了毒气泄漏事故。该厂装有数十吨液态剧毒异氰酸甲酯的储气罐阀门失灵，导致剧毒化学物质外泄，并在博帕尔市内外以浓雾状游移于地表附近，经久不散。三天内，毒气就直接造成 8000 至 1 万人死亡。

第二节　新技术伦理的失范与规范

人类发明技术，技术改变人类。技术是一把双刃剑，既可以为人类造福，也可能给人类带来灾难，比如核武器、生物武器。人类会不会被自己开发出的高科技反噬？读过科幻作品的人都知道，这是一个经典命题，这一命题正在逼近人类，并引发人类步入工业文明以来最大的心理恐惧：人类创造的事物终有一天会失去控制，甚至反过来威胁到人类自身。这引发了关于"技术异化"与伦理问题的讨论。在技术光环的笼罩下，人是真正自由的，还是被技术所操控的？

1．虚拟空间

随着信息技术的迅猛发展，相继涌现出一批新技术、新模式、新业态，催生了"网游热""直播热""网红热""VR热""元宇宙"等，虚拟空间成了人类的"第二生存环境"。但是，网络的自由发展在给人类带来全新生活方式的同时，也导致了所谓的"网络生态危机"，带来诸多网络伦理问题。

网络伦理就是人们通过信息网络进行社会交往时，在虚拟空间中表现出来的伦理关系。网络在很大程度上改变了人们的生活方式和工作方式，甚至影响着社会结构和文化价值观念。诚然，网络在给人们的生活和工作带来便捷的同时，也引起了网络沉迷、网络谣言、网络"水军"等一系列伦理问题。例如，网络沉迷已是一种普遍现象，上网者长时间习惯性地沉浸在网络时空当中，对互联网产生强烈的依赖，达到痴迷的程度，难以解脱。其中，青少年沉迷于网络已经成为一个社会问题，引起家长和老师的高度关注，这些未成年人过度使用甚至沉迷于网络游戏，对其生活学习和健康成长造成了不良影响。另外，黑客攻击、网络诈骗等网络犯罪问题，已经危害到社会和个人的利益。

但是，人类科技的发展不会就此止步。2021年，元宇宙概念横空出世，它为人类勾勒出一个平行于现实世界且精彩无限的虚拟世界，这也让虚拟空间中的伦理问题更加受到关注。

元宇宙的伦理问题

不同于自然宇宙，元宇宙是通过虚拟技术建构起来的可能生活空间，是平行于现实生活的无限拟真且让人更自主的虚拟生活空间。元宇宙的特点：第一，人类只能以数字分身进入元宇宙，数字分身是通过 AI 技术虚拟出来的"我"，能超越肉体存在的限制；第二，它超越了现实社会身份带来的局限和束缚，可以在各种角色中选择和转换；第三，它提供了一个开放创造的平台，元宇宙中的每个"居民"都是创意大师。

人们谈论元宇宙，常常谈到电影《阿凡达》，电影的男主人公杰克双腿瘫痪，行动受限，但是他的化身阿凡达却摆脱了身体的局限，能跑能跳，感受到了从未有过的自主支配自己身体的体验。随着新技术的快速发展，这个虚幻场景正在变成现实。其实，元宇宙本身并不神秘，它实质是由硬件设备搭建、软件代码运行的可编程世界，显然，元宇宙使用过程中会出现诸如国家安全隐患、个人隐私泄露、数字主体危机、"技术成瘾"、数字人格扭曲等伦理和安全问题。

其中，值得关注的问题如下：一是虚拟世界对人行为的诱导与操控，沉浸式虚拟体验对人的感知系统的影响与伤害，虚拟社会场景和游戏娱乐对人的行为模式的改变，这些目前已经显现的问题无疑会变得更加复杂和难以应对；二是感知与体验的幻觉化，即元宇宙中的虚拟现实感建立在以假乱真的主观感知和基于幻觉的身体体验之上，真我与数字替身之间的转换、真实与虚拟的模糊界限将导致更多人出现认知障碍；三是通过代码、传感器、数据、算法和人工智能等搭建虚拟世界、创造生存空间的生成技术与装置可能会被滥用，从而成为影响价值理念和破坏和谐公正的手段。

研究人们在网络社会交往中产生的伦理问题，防止网络成员道德失范，已经成为一个刻不容缓的现实问题。只有深刻认识传统伦理和网络伦理的异同，才能在对传统伦理传承与创新的前提下，以传统伦理为基础、以规范网络交往行为为目标，从网络技术、立法、伦理治理、示范效应等方面多维度地探索应对路径，才可能构建起有效的网络伦理治理规范，使网络社会良序运转。

2．大数据

大数据是在信息网络技术迅猛发展的背景下，由海量数据汇聚而成的信息资产。数据作为一种独立的客观存在，已经成为土地、资本、能源等传统资源之外的新兴资源，也构成除物质世界、精神世界之外的一个新的信息世界。人类对事物的数据描述与分析古已有之，很早就开始用数据来记录财产、计算财富、统计人口、征收赋税等。但随着大数据技术的兴起，以前许多难以精准捕捉与描述的事物，如人类的行为、偏好等，皆可以通过大数据分析来刻画。

在大数据时代，信息采集已成为常态。各种网络系统与信息采集设备时刻跟踪着人们的一切，让人真正感受到被"天罗地网"包围，人们的行为会暴露在"第三只眼"中。例如，人们使用网络系统或路过信息设备（智能手机、扫码、摄像头）时，就会产生各种数据，这些访问记录、交易信息、言行举止、位置行程、图像指纹等数据都会被相关机构储存和记录下来。

隐私权是公民个人生活不受他人非法干涉或不被非法公开的权利，是控制有关自己信息的权利。信息技术发展使个人隐私信息被采集和公开的可能性大幅增加，使个人的自由和尊严受到了潜在威胁，尤其是这些信息可能被窃取或非法出售。因此，数据的所有权、知情权、采集权、保存权、使用权及隐私权等，就成了每个人在大数据时代的新权益，由此引发了这一领域自由与责任问题的讨论，并给传统伦理观带来了新挑战。

任何事物均有两面性，任何技术都是一把双刃剑。大数据技术是信息技术的延伸，信息网络兴起之时，人们也曾担心害怕。大数据使数据的采集、存储、传输和使用更加便捷，并从数据中挖掘出难以预测的价值，但也带来了个人隐私保护的隐忧，引发了人们对数据滥用和自身信息安全的担忧。大数据技术放大了人类原本就存在的或明或暗的本性，所以对大数据的规制本质上还是对人本身的规制。为了让大数据技术更好地造福人类，尽量规避风险，可以从保持开放心态、坚持分享精神、坚守伦理底线、加强数据立法、呼吁透明公开、确保人性自由六个方面对大数据发展进行规范。

3．人工智能

人工智能最早是在 1956 年的达特茅斯会议上被提出的，近几十年随着深度学习算法和大数据技术等的迅速发展，其应用领域越来越广泛。人工智能影响面广，颠覆性强，必将深刻改变人类社会生活、改变世界。

基于人工智能的智能化系统的普遍应用，不仅是一场开放性的科技创新，也将给人类社会带来潜在的、前所未有的伦理挑战。2015 年，霍金、马斯克、斯图亚特·罗素、比尔·盖茨等人发布联名公开信，对人工智能技术未来可能产生的社会伦理影响表示担忧，并让公众警惕人工智能的伦理风险。

未来，随着智能驾驶、超级机器人、致命性武器等应用的发展，涌现出大量智能化自主认知、决策与执行系统，在这些系统中，人是处在决策圈之外的。

人工智能改变了人类的生存环境，不断模糊着真实的物理世界和模拟的智能世界的界限，频频刷新人类认知和社会关系，延伸出复杂的伦理、法律和安全问题。这要求人们在创造会"思考"的人工智能体时，必须审慎设计、妥善处理，以使其自主地做出恰当的伦理抉择，确保人工智能体的行为不会危害人类和其他生命。

例如，机器人互动技术引发的伦理问题，机器人与机器人之间的互动、机器人与人之间的互动产生的情感或者道德问题。再如，2017 年 4 月 13 日英国媒体《卫报》发表评论文章指出，人工智能已经开始出现种族和性别偏见，但这种偏见并非来自机器本身，而是计算机在学习人类语言时吸收了人类文化中根深蒂固的观念，从而使得人工智能工具出现了明显的种族和性别偏见。这些发现令人担忧现有的社会不平等和偏见正在以新的、不可预知的方式得到强化，因为影响人们日常生活的大量决策正越来越多地由机器人作出。

道德问题在人工智能领域的实践中是很重要的问题。当前人工智能产品不涉及道德问题，至少就程序本身而言，人类可能会随性地改变、复制、终止、删除它。而对于能独立思考、自主决策并具有执行力的人工智能体而言，目前还不清楚究竟应该赋予它什么属性的道德地位。因此，人类在发展和应用人工智能的过程中，有必要把伦理道德放在核心位置，制定人工智能产品研发设计人员的道德规范和行为守则，最大限度地防范风险，为应对人工智能的风险与挑战做好准备，以确保这项技术更好地造福人类。

第三节　研发生产伦理的失范与规范

人类社会演进到当代，工业发展已经成为一个非常复杂的体系，研发生产的伦理参与就是要使产品制造中的"做什么""怎么做""为谁做"符合可持续发展要求。

1．研发设计

在产品的全生命周期中，研发设计往往是决定一项产品成功与否的关键。从研发设计哲学的视角来看，其本质就是人的思想外化的表现。然而在实践中不难发现，产品研发设计中人与技术、资本等因子的关系出现了异化，如人的主体性丧失、对生态环境的考量缺位，而且经济因素常常能够超越人性、安全、风险等因素而被优先考虑。实用、经济、美观被认为是研发设计的"三原则"，然而，在特定的历史条件下，在人们的价值追求更趋完善的时候，"三原则"已不能保证设计目的的完美实现，伦理的介入将有效弥补这一不足，从而成为"第四原则"。

从本质上看，产品研发设计具有向善的价值取向，强调实用性、经济性和人性化，最终目的是建立一种健康朴实、以人为本的生活方式。产品研发设计融合了人们对美好生活的向往、对人文关怀的价值追求，伦理是研发产品设计不可分割的重要价值维度。合乎伦理的设计要从全局考虑生态环境及对人的关怀，最大限度地满足人的生理和心理需求，妥善平衡人、产品、社会、环境之间的关系，协调企业经济效益、社会效益和生态效益之间的关系。

面对生态环境的全球性挑战，可持续发展已经成为国际社会的共识，提倡绿色研发设计是摆脱伦理困境的一条重要途径。绿色研发设计理念涉及应用与材料选择、循环利用研发设计、性能研发设计、包装研发设计等多个方面，要综合考虑产品的可拆卸性、可回收性、可维护性与可重复利用性等，尽可能最大限度地满足上述属性目标，延长产品的使用周期，并减小产品在使用周期内给环境带来的负荷。除却环境要求，遵循绿色研发设计理念的产品需要符合功能、使用寿命及质量上较为严格的标准，从而减少环境污染、降低能源消耗、促进产品的回收再生或重新利用。

2．产品质量

在国际市场竞争中，不少企业不是被竞争对手打倒的，而是被自己产品的质量打倒的。一旦质量出了问题，该企业的竞争力可能在一夜之间化为"零"。质量安全问题不仅对消费者产生危害，而且将对相关产业的信誉度和形象产生重大的负面影响。宏观上，质量伦理意味着一种世界范围内的国家经济竞争力，它对健康、高质量发展的经济具有规范作用。微观上，产品质量的高低决定了企业的绩效和未来的发展，企业出现质量问题，将对企业自身和社会产生严重影响。

质量管理是企业履行社会责任行为、贯彻质量伦理的重要环节。当出现质量问题时，仅仅加强质量管理是不够的，还需要从伦理上强化质量意识，通过创造新的商业竞争模式，提升企业经营的正当性，形成差异化竞争优势。因此，加强质量伦理建设，对于提高质量管理水平和企业绩效，提升经济发展质量，具有重大理论意义与现实意义。

3．食品安全

食品安全是人们日常生活最关心的问题之一，其牵涉人们的身体健康问题。食品安全问题的解决是一项极其复杂而系统的工程，需要完善的法律体系、政府的监管和生产技术的提升，更需要全社会对食品安全问题进行深刻的伦理考量和道德反思，并加强相关道德约束和行为规范。

食品安全问题的出现有道德伦理方面的原因。一是食品生产者缺少对生命伦理的关怀。一些食品生产者追逐经济利益，放弃了对生命基本的关心与呵护。

二是食品生产者没有用社会道德伦理来指导生产。一些生产劣质食品的生产商追逐个人利益，在商品的生产、加工与销售等环节侵犯消费者的利益。三是社会对食品安全缺少制度化的保障。法律化的制度可以保障公民权利不受损害，但要形成有力的制度保障，还需要建立健全社会组织、制度、体制。

食品安全伦理涉及食品生产者、监管者、消费者和媒体。食品安全伦理之所以必要，是因为食品安全既是个体诉求，又承载着公共利益。保障食品安全，需要食品利益相关者对食品安全伦理的共知、共守。

第四节　经营管理伦理的失范与规范

工业的经营管理是对工业生产和再生产过程的经济活动进行决策、计划、组织、指挥、调节、监督，它既包括对整个工业的管理，也包括对工业中某个部门、某个行业的管理。下面将从工业布局、产业发展、企业管理、企业社会责任四个方面探讨其中的伦理问题。

1．工业布局

工业布局是一国或一个地区工业再生产的各个环节、各个部门和各生产要素的空间组合与安排。它取决于社会经济体制，并受自然资源和技术条件等因素的影响。从纵向看，工业布局包括工业的总体布局、重大项目的地区分布、地点分布和厂址选择。从横向看，工业布局包括不同部门、不同行业、不同规模的企业的空间联系，以及工业区域、工业枢纽、工业中心之间的各种经济技术上的空间联系。

① 工业布局是一个复杂巨系统，受到自然、经济及技术等因素的影响。工业布局对人、社会、环境都有巨大的影响，涉及人的权利、生物的权利、区

域发展公平、社会公正等方面的伦理问题。如中国为解决区域发展不平衡问题，将提高中西部相对落后地区的工业化水平作为优化工业布局的重要议题，实施了西部大开发战略、中部地区崛起战略等。

② 不同地区的地理条件、自然资源差异较大，对自然资源的开发应该遵守不超前开发与不过度开发的原则。超前开发一方面可能导致开发不充分，造成对自然资源的巨大浪费，另一方面可能会给人类带来未知的风险。不过度开发，体现了人类对自然的尊重。如果为了短期繁荣而任意掠夺资源，当自然资源开始枯竭，地区经济很难短时间内进行结构转型。

③ 工业系统的可持续发展，要求工业布局综合环境、物流、自然资源等因素，以最小的代价获得较高的收益并带动地区的经济发展，提高当地居民的生活水平。同时，企业应该肩负起社会责任，注重工业发展对生态环境的影响，提高资源的利用率，减少污染物的排放，及时对污染物进行回收与再加工，形成一个良好的循环。

④ 对工业生产部门的选址既要考虑可能的环境污染和安全风险，又要考虑企业运营成本与自身安全，如污水泄漏、土壤污染、易燃易爆品、危险品，很有可能危及健康甚至生命。而涉及高污染与高安全风险的工业生产部门，如造纸、航天航空、石油化工、核工业等对环境有特殊要求的，在选址上一定要慎重。

2．产业发展

（1）生态伦理问题

传统工业发展观是经济效益优先，讲究投入产出比，往往以牺牲环境为代价，导致工业在为人类带来繁荣与福祉的同时，对生态环境造成了破坏。同时，对资源与能源的过度利用，一方面，让人类可利用的资源逐渐枯竭，影响到人类自身的可持续发展；另一方面，破坏地球长期演化过程中的生态平衡，引发生态与环境危机，如对煤炭资源的过度开采导致产煤区地表的下沉与塌陷，对森林的过度砍伐导致地质灾害增多、空气污染加重等。传统工业大部分是先污染后治理，这使得治理污染的成本大幅增加，且有些污染，特别是治理土地和植被污染，需要花费很长的时间才能得以修复。

（2）安全伦理问题

企业履行安全伦理原则，不仅要对员工的安全负责，还要对周边的居民负责。这就要求企业培育一种全员重视自身安全、周边区域安全的文化，要对员工，尤其是专事安全工作的员工进行全面的培训，以保证其具有足够的安全认知与操作技能。同时，企业还要制定非常严谨的操作章程，并通过培训将其内化为员工的内在认知与能力。

案例

切尔诺贝利核泄漏事故

1986 年发生在乌克兰境内的切尔诺贝利核泄漏事故，一个关键原因就是操作人员没有按照安全章程操作，但这仅仅是直接原因。在这个直接原因的背后，是核电站对安全的漠视①。切尔诺贝利核泄漏事故的影响惊人：专家称消除切尔诺贝利核泄漏事故后遗症需要大约800 年，而反应堆核心下方的辐射自然分化要几百万年；截至 2006 年，

———————————

① 格里戈里·梅德韦杰夫. 亲历切尔诺贝利 [M]. 北京：民主与建设出版社，2019.

27 万人因切尔诺贝利核泄漏事故患上癌症，其中死亡 9.3 万人；核泄漏事故发生后，苏联疏散了 11 万多人，随后数年，又从污染严重地区搬迁了 23 万人，前后共疏散 34 万余人；参与抢救受灾群众和物资的约 50 万人不同程度地遭受了核辐射；建立在白俄罗斯国家科学院研究成果基础上的报告说，全球共有 20 亿人受到切尔诺贝利核泄漏事故影响[①]。这样一场事故，影响的不仅是企业自身、企业员工，还有周边的居民，那些挽救灾难的英雄，甚至是整个地区的动植物、土壤、湖泊。切尔诺贝利核泄漏事故将原本是一个人间天堂的美丽家园变成了人间炼狱，它带来的核辐射至今影响着乌克兰和白俄罗斯。

（3）产业转型升级

产业转型就是转变发展方式，加快向创新创造、绿色低碳、智能制造、服务化、内需主导及消费驱动转型；产业升级就是全面优化行业结构、技术结构、产品结构、组织结构、业务结构，促进工业结构的整体优化提升，实现由传统工业化道路向新型工业化道路转变。产业转型升级本身就蕴含着伦理维度的考量，如向绿色低碳转型意味着对工业与自然之间关系的重新认识，考虑到工业发展对自然资源的影响、对生态环境的影响，这也意味着人类的认知随着工业的发展也在不断地发展变化。

产业转型升级要求提高生产效率，减少并避免对资源的消耗和对生态环境的破坏。这本身就从可持续发展的角度考虑到工业与人类社会、与自然环境的关系，其内核就是工业伦理。但是，在产业转型升级的过程中，却存在工业伦理被忽视或扭曲的现象，导致偏移了方向。例如，一些本该被淘汰的企业和产能，通过转移到其他地方来规避政策要求，这种地域上的转移并不能从整体上

---

① 胡望洋 . 突发公共事件应急预案指南 [M]. 北京：高等教育出版社，2007.

达到淘汰落后、过剩产能及整治环境的目标。

3．企业管理

（1）伦理问题的普遍性

伦理问题在企业管理中非常普遍，无论身处组织科层结构中的哪个层级、哪个部门，在组织工作网络的哪个节点上，都可能会遇到伦理问题。例如，普通员工在目睹同事在工作场所的伦理失范行为之后，面临揭发还是装作不知道的选择；中层管理人员往往会在上级确定的生产指标考核与产品质量保障之间进行"两难"的选择；高层管理人员要在面临与市场上同类型企业的激烈竞争时，选择采取何种手段与策略应对。此外，每一个职能部门都会面临伦理问题。例如，会计部门可能会涉及财务造假问题，营销部门可能涉及虚假广告、给客户回扣问题，人力资源部门又可能涉及性别、年龄歧视等问题……

一般而言，高层管理人员往往需要作出战略性决策，中层管理人员需要作出战术性决策，基层管理人员和普通职员则需要作出操作级决策。战略性决策为将来大量的战术性决策创造了环境。因此，一个不符合伦理的战略性决策可能导致一系列不符合伦理的战术性决策，而不符合伦理的战术性决策又会影响到操作级决策，甚至会影响到战略性决策的成功推行 ①。由于上级行为是影响下级行为伦理的主要因素，因此，不符合伦理的战略性决策可能影响到组织成员的价值取向，最终可能导致伦理失范。

（2）经营道德问题

从道德的视角看，企业经营模式可以分为道德经营、非道德经营及不道德

---

① 赵德志. 现代西方企业伦理理论 [M]. 北京：经济管理出版社，2002.

经营。道德经营是指企业在经营时，不仅关注企业的生存与利润，还关注企业对利益相关者、对生态环境等各方面的影响，强调积极履行社会责任。非道德经营指企业没有或忽视从道德伦理角度思考经营行为，认为经营活动主要是为了营利，与道德关系不大。不道德经营是指企业为谋取不正当利润而进行的损害消费者权益、不择手段进行商业竞争、扰乱市场秩序、违法经营等行为。不道德经营者只关心或者主要关心自己或公司的利益，他们在能够分清决策或行为对错的情况下，仍然选择错误的决策或行为，为了打败竞争对手，不惜付出任何代价。不道德经营在社会中屡见不鲜。这会造成企业的信任危机，损害本行业、本国乃至全球的经济效益，企业只有走道德经营之路，坚守道德底线，才能持续稳定发展。

4．企业的社会责任

关注社会发展就是关注企业自身发展。一个好企业在充分享受社会赋予的各种机遇时，也应以符合伦理道德的行为回报社会，担负起应有的社会责任。只有这样，社会才能给企业发展提供更广阔的空间，企业才可能走上良性发展的道路。近年来，企业的社会责任进一步上升到标准、规范，成为企业的竞争力要素，而且国际上已形成了规范、通则。我国也有越来越多的企业注重"社会责任"，强调企业对社会的责任，重视企业对社会的贡献，鼓励以人为本、以顾客为中心的优秀企业文化。企业社会责任包括守法、诚信、承担经济法律责任；把握质量、节能、环保、安全等要素；维护员工和消费者权益；参与社会公益等内容。

守法和诚信是企业履行社会责任的思想基础和道德底线。市场经济是法治经济，要依法治理；市场经济是信用经济，也要以德治理。在经济下行压力较大的情况下，企业更应坚守自己的社会责任，不要出现伦理失范的行为，如用降低标准、牺牲质量的办法降低成本，侵害知识产权、专利权，利用互联网平台制售假冒伪劣产品等。

在全球化时代，企业与企业之间的贸易行为更加频繁。在传统社会中，企业经营者对于所谓的社会责任并无明确概念，多半是抱着感恩的心，以"取之于社会，用之于社会"的态度来回馈社会。如今，企业在经营中应把遵循生态伦理、产品质量伦理和资源伦理等作为道德和行为准则，坚持社会效益和经济效益的统一，生产出更多满足人民需求、造福社会的产品。

第五节　销售服务伦理的失范与规范

销售服务是实现工业产品价值和利润的直接环节，是生产者与经营者、消费者直接打交道的过程，因此义与利的矛盾往往会更加突出，更要注意杜绝伦理失范现象。

1. 产品定价

对于产品定价，伦理失范主要表现在价格暴利、价格欺诈、价格误导、歧视性定价、串谋性定价、掠夺性定价等方面。

在良好的市场竞争条件下，价格围绕价值上下波动并形成平均利润。这种情况下的产品价格一般来说是比较合理的。如果出现了垄断，价值规律的作用就会遭到破坏，价格暴利就会出现。

价格欺诈行为是违反法律的，要承担法律责任，而价格误导一般只涉及道德问题。最常见的价格欺诈和价格误导就是先虚高定价，再降价或打折出售。它利用了消费者比较原价的习惯和捡便宜的心理，骗取了消费者的信任，因此是一种违反诚信原则的销售行为。产品外包装上的建议零售价，有时也会涉嫌价格误导，因为在激烈竞争的背景下，有些经销商会优先选择定价高的产品，以获得更大的利润空间。由此，生产企业往往会故意将"建议零售价"提高再打折扣，这时就有一定的误导性了。

歧视性定价也称差别性定价，是针对不同消费者为同一款产品确定不同价格的行为。这一行为明显违反了尊重和平等原则，对一些消费者构成了物质利益和精神利益的双重伤害。

串谋性定价是指生产者与经营者，或者经营者与经营者串通，签订价格协议以共同抢占市场，或者共同提高零售价格以维护高额利润的行为。这种行为实际上是一种集团垄断或行业垄断，属于不正当竞争，具有一定程度的欺行霸市的性质，破坏了公平、公正等原则。

掠夺性定价是指通过压低价格甚至以低于成本的价格进行销售，将竞争对手挤出市场之后再提高价格的行为。

定价过程中的伦理失范，所触及的社会关系一般比较复杂，包括生产者、经营者和消费者之间的关系。不同的社会关系所适用的伦理规范和道德要求可能会略有不同，但总的说来，定价过程中出现违背公平和公正问题的现象会相对多一些。

在市场经济条件下，所有市场主体的地位都是平等的，生产者、经营者与消费者之间也是平等的，这既是基本的道德要求，也是基本的法律规范。企业只有恪守自己的社会责任，才能避免在定价上出现伦理失范行为。

2．促销服务

产品促销主要包括人员推销、活动促销和广告促销。

人员推销是一种"古老"的推销方式，即企业派专职或兼职人员直接向潜在的消费者进行推销的活动。推销员是联系企业与消费者的桥梁，既要对企业负责，又要对消费者负责，要兼顾双方的利益和需要，形成一种协调和平衡，如果偏离这一原则，就容易导致销售方与买受方的关系失衡，造成矛盾。比较常见的是，推销员站在企业和自身利益的角度，利用信息不对称，利用一些消费者爱面子、容易心软等心理弱点，夸大产品的性能、特色和性价比优势，或胡乱承诺、哄骗和打"感情牌"，引诱甚至操纵消费者购买质次价高、滞销或者本不需要的产品。这样的推销就涉及不诚实、不讲信用、不尊重甚至欺诈和恶意对待消费者等伦理问题，其中有些属于应由企业和推销员共同负责的问题，有些则属于推销员个人的道德问题。

活动促销是指生产企业或经销商采取产品发布会、推介会等具有一定规模的活动进行的产品促销。比较常见的伦理问题主要有虚假宣传、有偿新闻、送礼、回扣、宴请、内定的抽奖、雇"托儿"，以及搭售、捆绑销售等行为和方式。其中，有些不仅涉及伦理问题，还可能涉及不正当竞争等违法问题。近些年来，保健品的活动促销比较活跃，有些促销活动对一些老年消费者的权益造成很大侵害。

广告促销是常见的促销方式，随着信息技术特别是新媒体的发展，广告的新花样不断，企业也在利用一切可利用的宣传手段和技巧，以达到最佳的宣传效果。目前来看，涉及伦理问题的广告主要有虚假性广告、艺术性广告、误导性广告、媚俗性广告、比较性广告、竞争性广告、过度性广告等。这些广告或严重夸大其词，背离真实性原则；或采取诱导的方式，刺激消费者欲望，传播不科学、不健康的消费理念；或涉嫌不正当竞争，背离正当性原则；或传播自私、享乐、奢靡等不正确的价值观等，有违公序良俗，影响社会风气。

为了规范促销行为，维护公平竞争的市场秩序，保护消费者合法权益，生产者和经营者在开展促销活动时，应当真实、准确、清晰、醒目地标示活动信息，不得利用虚假商业信息、虚构交易或评价等方式进行虚假或引人误解的商业宣传，欺骗、误导消费者或公众。

3．电子商务

电子商务是指通过使用互联网等电子工具进行的商务贸易活动。随着移动互联技术的发展，电子商务已成为普通消费者购买消费品的重要方式。电子商务带来的最大伦理问题就是诚信缺失。在电子商务模式下，由于交易行为主要在虚拟环境下进行，交易双方并不见面，加上商家准入门槛较低、监管难度较大等因素，诚信缺失问题比线下交易更加突出。这主要表现在商品信息不实、售卖假冒伪劣产品、雇用"水军"写评价、不兑现承诺等。

受网络空间的特点所限，商品只能以文字、图片、视频等形式进行展示和介绍。这一"特点"对于某些商家来说反而变成了优势，他们花大力气打造商品的文字介绍、图片拍摄、网页设计，有意无意地夸大商品的优点，有些则完全是不实宣传，对消费者产生了误导。当然，用户评价是一个比较有效的道德制约机制，但是有一些商家会雇用"水军"来撰写好评；或以小恩小惠来换取好评，虚抬商誉。在这种情况下，消费者就难以鉴别，较容易上当受骗。这种欺骗行为是电子商务时代出现的、一种新的突破道德底线的行为。

电子商务带来的伦理问题，除了诚信问题，还有消费者个人信息和隐私的泄露问题。在交易过程中，商家较容易掌握消费者的重要信息及消费能力和消费偏好等个人隐私，这些信息经常被有意无意地泄露出去，造成对消费者身份权、人格权和隐私权的侵害。这种行为既违反道德，又违反法律。

因此，电子商务经营者应当全面、真实、准确、及时地披露商品或服务信息，保障消费者的知情权、选择权和隐私权。电子商务经营者不得以虚构交易、编造用户评价等方式进行虚假或引人误解的商业宣传，欺骗、误导消费者。

4. 售后服务

售后服务是产品销售的一个重要环节，通过售后服务，消费者购买的产品能够更好地实现效能。但是，有些生产者和经营者为了降低成本，不愿意投入人力、物力、财力建立和完善售后服务体系，这对消费者的正当权益造成了一定程度的损害。售后服务中常见的伦理失范问题主要有不兑现承诺、服务态度差、收费名目多等。

有些生产企业和经销商为了吸引消费者，经常作出各种承诺，但在消费者付款之后，又不兑现承诺，如送货不及时，承诺安装却又不管安装，或者承诺免费安装却又以各种名目收取安装费用，承诺产品出现问题给予更换却又不予更换等。出现问题之后，还找出种种借口推诿责任、拖延时间，最后使售后服务不了了之。

有些生产企业和销售商在售前和售后判若两人，产品销售后，不再耐心回答消费者的咨询，当消费者主张权利时针锋相对，甚至恶语相向。

有些企业虽然拥有比较完整的售后服务体系，但售后服务人员的素质较差，经常提出各种收费名目，如上门费、材料费、修理费等，让消费者没有信任感，建立售后服务标准，规范售后服务也是对企业信誉和品牌形象的维护。

总之，销售服务中的伦理失范对人们的物质和精神生活都产生了一定影响，弘扬和培育良好的销售服务道德成为人们的现实需要。但销售服务伦理和道德并不是孤立存在的，它与社会整体的道德状况、精神文明程度和文化价值取向密不可分，因此，弘扬和培育良好的销售服务道德需要从多个方面着手。

第十四章

工业美学

美学是研究人类对客观世界的审美关系的科学。美学和工业向来有着密切的关系，工业生产的整个过程都和审美关联，工业美学是美学在工业技术、工业生产及工业劳动中的体现和应用，它使得工业活动更适应审美要求。创造美的规律与科技创新的规律有着相通之处，工业科技发展使哲学美感、艺术美感、工业美感融为一体成为可能，使人类的心灵沟通、情感表达、行为展示更加便捷。

第一节　自然美与人造美

从物质角度审视，美可以简单地划分为自然美与人造美。自然美是天然形成的美，这是大自然固有的，遵循"存在即合理"的法则。人造美是在人类出现之后，通过劳动所创造出来的美，是人类智慧的结晶。

1. 审美思想

自苏格拉底时代开始，古希腊思想家就开始思考和辩论"美"的问题。文艺复兴时代，艺术家、思想家大多推崇"绝对美"，常常是从艺术的角度谈论"美"的话题。黑格尔认为自然是理念发展的低级阶段，自然美是理念显现的低级形态。因此，黑格尔自然美学的根基是人与自然二元对立的结构。20 世纪以来，美学领域一直在尝试突破这种主客二元对立的美学范式。

在中国古代的自然主义哲学中，自然生万物，美在于道，在于自然。庄子有说"天地有大美而不言"；董仲舒在《春秋繁露》中提出"天人之际，合二为一"。天人合一，不仅体现在政治层面，还体现在道德层面、人格层面及审美层面，是中国哲学自然观的精髓。

美无所不在，审美也无所不在。人类审美意识的发展随社会进步而深化。

审美是一种直觉观照，它不断将人生经历、性格情趣、思想追求、知识经验积淀下来，最后定格为审美观念。美是事物本性中适合人的本性的那部分，一切美都是事物的本性与人的本性的对立和统一。美是主客体的统一，是人和物、人和自然的统一。自然美还是人造美都是如此，所不同的只是统一的条件和方式：自然美是自然形成的，却天然地契合了人的本性、人的生活、人的实践。

美是促进艺术、科学、设计、创造的重要心理因素，是唤起和激发人的最高享受的心理状态。我们惊叹某个事物的"美"，是因为它满足了我们的审美需要。这个"美"是对客观实体的一种判断，也是对主观经验的一种描述。美是一种价值属性，说的就是客观事物的情形要符合人的审美需要。"美的规律"实际上是人类设计、创造本质的深刻反映，也是对自然界的本质的深刻反映。和谐、对称、节奏、平衡、韵律、稳定、比例……无不生动体现在自然界中，在发明创造的历史中亦无处不有。物理学家魏尔说，"我的工作总是力求把'真实'和'优美'统一起来，但当我必须在二者之间做出抉择时，我通常选择'优美'"。

2．自然美

自然美具有无限广阔的审美领域。大自然的美无处不在，朝阳晚霞、春花秋月、山川湖泊、森林草原、园林田野、鸟语花香等都是自然美。这些美，人们看得见、听得着、感觉得到。比如，蝴蝶翅膀的轮廓和造型非常优美，翅骨由一个中心发射出去、等角度排列，以最经济的方式支撑着脆薄的翅膀，它颜色的过渡、色调的统一、色彩的布局都恰到好处，而这正是来自"自然之手"的神奇创造。

自然美体现出"存在就是合理"的自然法则。不论是一种动物的体态，还是一株植物的色彩，在地球几十亿年的演进中，自然界以合理的方式呈现出各种各样、多姿多彩的形态，这种合理中蕴含着一种叫作美的东西，这种美便体现了自然美的"存在就是合理"。

自然美具有巨大的感染力量。大自然不仅给人提供了生存发展的物质基础，而且给人提供了无与伦比的审美感受，大自然的美景秀色在不同的环境中以不同的形式展现，自然美对人类具有巨大的吸引力、感染力、震撼力。

3．人造美

劳动创造了世界，劳动也创造了美。人造美既来源于现实生活，是现实生活的典型概括，又是人类创造性劳动的精神产物。人造美虽没有自然美的多变神奇，但也有着它不可忽视的美妙之处，利用能工巧手，同样能创造出美妙的景观。

石器时代，人类开始制造工具，开始人造物。人造物是人类为了生存、生活需要进行的物质生产。我们生活中有许多优秀的人造物产品，这些产品美观、舒适、方便、安全……它们是人类的智慧结晶，它们的存在有其合理性和科学性，是人类利用自然、改造自然创造正确价值的见证，是人造美的体现。

自然界是人类灵感的源泉，人类一开始就是通过模仿自然造物的，模仿自然的形态和功能进行创造，并从中找到科学依据和平衡点。当然，人作为自然不可分割的一部分，本身就决定了自然对人造物的影响。人造物的世界被称为"第二自然"，比如，工业产品设计既要求实用功能，又需要审美价值，以满足人们的物质需要和精神需要，因此，在具体设计中会重点考虑产品的形态，包括外形、颜色、结构。经过细心研究，人们常能从自然物的形态规律中受到启发，并发现可以利用的东西，用于创造产品的造型。

第二节　工业审美

工业是生产产品、创造物质财富的主要部门。与其他审美过程不一样，工业审美会从物质层面上升到精神层面，结果是产品既有实用价值又有审美价值，而其他审美过程更多的是直接从精神层面开始的。

1．审美演变

人造美的发展是以人类文明的全部成就为基础的。原始社会，人类生产力低下，人造物的美学主要以生存和繁衍为主题。农业社会，人类生产力进步，人造物的美学主要以精神和尊崇为主题。工业社会，人类生产力不断进步，人造物的美学主要以功能、设计和审美为主题。

原始社会，人类生活在地球的不同地域，尽管他们彼此很少交流或者基本上没有交流，但文化形态惊人地相似。原始社会人类的生产工具——石器、陶器等，造型有诸多共同点，他们的绘画、雕刻除了题材差别不大，风格也十分相似。特别有意思的是，史前人类的女性雕塑大多会夸张与生育相关的身体部位，说明他们有女性崇拜。另外，史前人类往往信奉原始宗教。为什么会这样？原因很简单，史前人类低下的生产力难以对付恶劣的环境，人生的核心主题只有生存，生存下来就是万幸。生存有两种：一是个体生命的生存，二是种族生命的延续。前者关系着生产，后者关系着生育，凡是对生产或生育具有正面价值的事物，其性质均是美的。这种审美观念在史前人类中普遍存在，哪怕是生活在不同地域的人，彼此的类似之处也远多于相异之处。

人类进入农业社会，文明的相似性逐渐淡化，差异性逐渐增强。人类的生产力水平提高了，生存的问题基本解决，而发展问题突出。生存基于人的自然本性，主要表现为人的物质方面的需求。发展基于人的文化本性，更多地与人的精神追求相关。人的精神需求非常丰富，民族与民族、社群与社群、个人与个人，均有较大的差异，在这种情况下，审美的差异性越来越明显。这一点在女性美上表现得特别鲜明，与原始社会以女性健壮、善于生育为美不同，这个阶段，各个民族对于女性美的认识大相径庭，在艺术上表现得尤为突出。如中国的水墨画与西方的油画，审美理念各有千秋。世界各国建筑风格各异，中国古代形成了自己的建筑美学思想。《老子》提出了本体论与宇宙论的"道"，以一系列的事例说明"有无相生""虚实互补"的空间观念，为器物和空间造型原理指明了方向。计成在《园冶》中提出了造园的天人合一观和系统观，如"虽由人作，宛自天开""巧于因借，精在体宜"等。

工业审美是不断发展演变的。在古代手工业诞生的时候，解决的仅仅是实用性问题，即生产具有某种使用功能的产品，产品不追求审美，讲究的是实用价值。随生产力和生产技术的提高，古人在使用产品的过程中，感觉还缺少一定的精神享受，于是，在手工业产品的生产过程中加入美学元素。此时，手工业产品除具有使用功能外，还附加了审美功能。再往后，部分产品的实用性逐步降低，审美价值不断提升，加入艺术家的创作之后，最终演变为艺术品。例如，人类生产的陶碗，一开始并不圆润，而且粗糙，只有使用功能，后来人们对陶碗外观的需求提高了，于是按照审美要求绘制了花纹，随着生产技艺的提升，碗口越做越圆，外观越做越精美。在人类迈入工业社会后，市场经济成为主导。随着经济全球化的深入发展，世界各国的经济联系日益紧密，进而影响人类社会包括经济领域在内的各个领域，诸如政治、文化的发展方向和前途，人性的发展和人类的命运。人类的命运从来没有像今天这样紧紧地联系在一起，共同的命运使人们产生了共同的关怀，共同的关怀不仅造就了共同的话语体系，也造就了共同的生活方式和审美取向，种种世界性的潮流必然影响着人类的审美生活[1]。

2. 美学内涵

美学是研究审美活动的特征和规律的科学。美学有规律可遵循，也有一些基本原则，如节奏与韵律、对称与均衡、主从与重点、整体与局部、比例与调和等。提起审美，人们自然会想到艺术，但是，审美领域不只限于艺术，也表现在科学研究与工业制造中。

案例

现代舰船的设计美学——邓恩曲线

邓恩曲线是有关舰船上层建筑设计美学的概念，起源于军舰设计，其表示舰船的上层建筑在侧视图上沿船长的最佳结构，即将上层建筑的视觉焦点置于全船 1/3 船长处为最佳，这种布置符合了黄金分割比例。其实，舰船设计美学是军工武器设计美学的重要体现。在战斗机领域，设计美学的应用也非常普遍，正如达索公司（飞机制造公司）创始人马塞尔·达索所言，"一架看起来漂亮的飞机就是好飞机"，军舰也是如此——颜值与实力并存。

美学和工业一向有着密切的关系，工业生产的整个过程都和审美相关。例如，中国华北地区距今八千多年的磁山文化大体处于新石器时代的早期偏晚阶

---

① 陈望衡. "全球美学"与中国美学——中国美学如何与世界接轨 [J]. 学术月刊, 2011(8)：16-21.

段，其遗址出土了鸟头形支脚、小口长颈椭圆形双耳壶、三足钵与深腹罐等陶器，部分陶器的表饰有纹饰，例如绳纹、篦纹及编织纹等，这体现了当时磁山地区人们的审美意境。

工业美学是研究工业生产领域美的规律的科学。工业美学是由工业和美学这两方面的现象与规律汇合而成的一门新的学科。它的立足点是工业领域，因此，它和传统的美学有所不同，即不再以哲学思辨的探讨为主，而把注意力集中于产品的构思、设计、研发、制造、包装、营销、服务等各个环节，探讨工业领域中审美的规律性问题。

工业美学的本质如下所述。

① 人类是按照美学规律去设计和制造产品的，在工业活动中自然而然地就会产生审美。作为一种审美形态，工业美不是现代才有的，而是人类原发性的审美形态，因为使用工具的工业生产实践不仅传承着人类的经验，规范着人作为主体的劳作形态，而且塑造着人的文化心理结构，在此基础上的工业美学研究有助于揭示人类审美意识形成的机制。

② 工业审美始于物质、忠于功能、成于精神。产品首先有一种基于外在需求的形象美，然后在使用过程中显现出基于品质、性能的功能美，最终因艺术认同和感情融入上升到精神美。产品的审美价值对消费者具有强大的生理、心理上的吸引力和激励性，产品的美直观地传递着人性化设计制造的理念，它为技术进步和工业发展提供了一种人文导向。

③ 工业创造物质财富，产品遍布社会每个角落，工业是人类世界美的主要助力。工业美学存在于人们的生产环境和日常生活之中，通过人与环境的相互作用，工业美学能够发挥其对情绪的调节、对行为的引导与暗示功能，实现

其美育职能，从而使人们的精神境界得到升华。

④ 科技的发展一直在丰富人类的审美内涵，并不断创造新的审美形态。研究表明，人类审美意识的发展，始终受到科技的影响和制约。以建筑为例，建筑艺术历来是其所处时代先进技术的真实体现，前人正是以当时的先进技术为依托，才创造了许多美轮美奂的建筑景观。

⑤ 工业技术和产品形成人造美，与自然美遥相呼应。工业美强调科技进步与社会发展、自然环境的和谐统一，它把人的科技视野与人文视野联系在一起。

自第一次工业革命以来，为了解决工业生产中美的问题，陆续出现了技术美学、生产美学、劳动美学、机器美学等概念。工业美学与上述美学略有不同：第一，工业美学不只是面向整个工业生产过程，还包括产品销售、市场研究等，而技术美学或生产美学都不涉及产品的销售问题；第二，工业美学包含在生产制造中形成的工艺之美、机械之美、制造之美、布局之美、工程之美；第三，工业美学还涉及企业管理、劳动者审美培育等问题，从中将孕育出管理之美、环境之美、人文之美等。

由此可见，工业美学所涉及的内容超过前面所述的其他美学研究的范围，它包括研发设计美学、生产制造美学、销售服务美学、工业管理美学、生产环境美学、工业建筑美学等多个方面。

3．价值作用

工业美学来源于工业生产，致力于为工业服务，面向的是工业整体，决定的是整个工业领域的美学特征问题。研究工业美学有利于提高产品的质量，提升管理水平，提高服务能力，增强企业竞争力。工业美学的任务并非跟随审美思潮，而是以功能、技术、材料、形式、服务等方面为基础来主导工业审美潮流。

工业美学观念已经广泛渗透在企业经营中产品的构思、设计、营销、服务等多个环节，产品设计、制造工艺、企业营销等必须尊重工业美学的规律。实践证明，在当今由"卖方市场"转变为"买方市场"的新形势下，谁能自觉地、高水平地运用工业美学，谁就能在竞争中取得优势；反之，忽视工业美学，产品粗制滥造，必然在市场竞争中处于劣势；谁能灵活地运用工业美学指导企业生产、管理、服务，激发劳动者的工作热情，谁就能更好地提高劳动生产率，提高经济效益。从这些意义上说，工业美学已是一种生产力。

技术是人与自然的中介，任何人造物的创造都离不开技术，技术的创新规律与美的创造规律有着相通之处，像建筑设计和工业设计之间的相互影响就特别显著。钱学森说，"我们应该自觉地去研究科学技术与文学艺术之间的这种相互作用的规律"①。

以汽车设计为例，人们刚开始制造汽车时，由于只知道马车的造型，所以早年的汽车外形像马车，还认为像马车的汽车就很美。到后来，进一步的社会实践使人们了解到，要实现高速运动的物体应该是流线型结构的，这样能使物体在高速运动时减小风阻。此时像马车的汽车就不美了，出现了类似今天超跑的车型。科技的发展及人们生活方式的改变，必然会影响艺术表现的物质手段，从而在内容和形式上影响工业美学的风格。

随着社会实践的发展和科学技术的进步，工业美学越来越注重研究现实环境问题，注重从人性角度思考技术。工业美学融合了"人性化"尺度，"人性

---

① 张帆. 钱学森同志谈技术美学 [J]. 装饰，2008(S1): 54−56.

化"是一种全方位考虑和满足人的生存目的的美学设计原则。

第三节　工业流程之美

工业生产者既是物质财富的创造者，又是美的生产者，用工业美学指导生产制造，可大幅提升产品的市场竞争能力。

1．工业设计美学

工业设计美学是在现代设计理论和应用的基础上，结合美学与艺术研究而发展起来的一门新兴学科。工业产品虽然属于物质文化，然而它是人们生活方式的物质载体，是先进精神文化的表征，因此，工业设计美学讲求在设计过程中体现产品的科学性、创造性、新颖性，实现器物文化、行为文化与观念文化的和谐统一。

工业生产部门运用美学原理设计、制造出具有美的形式的产品，使其为消费者所喜爱，从而打开产品销路。具体到产品层面，工业设计美学由两个方面的因素构成：一方面，从产品的实用性来看，要求材料质量优良，加工方法科学，功能结构合理，以保障人们在应用它时得到恰到好处的实惠，发挥其应有的功利效益；另一方面，从产品的审美价值来说，需要抓住三个要素——造型、色彩、结构，一般来说，造型要优美、别致，色彩要和谐、悦目，结构要简洁、轻便。

不同的产品应有不同的美的形式，任何东西都可以做得更好些。例如，人们在选购衣服、围巾、鞋帽等物品时，讲究款式、花色；在选购手机、电视、冰箱、空调、家具等生活用品时，讲究造型、色彩；在交通运输业中，船舶、汽车、火车的造型、色彩也要美观；即便是机械工业中的各种车床，也有造型、色彩、结构方面的考量。

总之，受到人们喜爱的工业产品，应该有用、好用，既体现功能美的要求，又体现形式美的要求，即外观也要是美的，具有结构合理、造型别致、色彩和谐、装潢讲究等特点。另外，要解决工业标准化、通用化、系列化与人们追新求异的个性化需求之间的矛盾，产品设计还要在色调、质感、美饰上做文章。

2．生产制造美学

通常来说，在工业生产过程中，技术既要完成从主观目的性向客观现实性的转化，也要按照美学规律来改变外在世界，以实现产品在物质与精神、功能与审美上的有机统一。因此，工业生产制造活动及其成果既蕴含着善的目的，又蕴含着科技的力量。生产制造过程中的美学主要体现在以下三个方面。

一是生产制造过程的合理安排。生产制造过程的组织、人与机器和劳动环境的动态关系具体表现在空间、时间的安排，节奏、色彩和音响的处理，人体的动律与机器运转的关系等方面，它们直接激发着人的心理和情感反应。生产制造过程的合理安排甚至人性化设计将使车间工作不再是一种负担，而会使劳动者认识到自己是为社会创造美的感受的人，并且能体验和享受这个过程。

二是物尽其才。工业生产要求劳动者在制造产品时能充分利用原材料和零配件本身的性能，按照"美的规律"去制造产品。当然，由于工业品的性质不同，如生产资料用于生产，生活资料用于生活，因此，它们在实用与审美的结合上自然侧重点不尽相同，但人们都越来越认可在产品制造中，美学价值对产品价值的提升作用。

三是生产设备与工具。"工欲善其事，必先利其器"，自古以来，人们一直在为完善各种生产设备与工具而不断地对其进行革新、创造。人类经历了石器时代、青铜时代、铁器时代、蒸汽时代、电气时代、信息时代，现在又将迈入智能时代，生产设备与工具也相应地取得了极为深刻而巨大的进步。任何经过人体工学和审美设计的设备与工具，都凝聚着人类的智慧，显示了人的本质力量在当时所能达到的水平。生产设备与工具之美，不仅要求实用功能好，而且要求结构形式巧，因为设备与工具的品质既直接影响着生产劳动的效率，又影响人的审美感受。试想，木工如果没有锋利的斧头，就不可能达到"运斤成风"的妙境。当代网络化、智能化的生产流水线，更是人类生产工具的巨变，无疑会给生产过程增添新的光彩。

3. 营销美学

实际上，所有的营销活动都涉及美学，如新产品开发计划、质量与品牌管理、包装、广告、促销、媒体传播和公共关系等。营销美学作为营销战略的一部分，决定了企业的核心经营能力、组织结构及未来的发展方向。营销美学关键在于实施视觉营销设计，通过视觉方法来诠释企业文化和产品功能，从而为企业产品和品牌打造易于甄别的标识。

随着市场竞争的日趋激烈和消费需求的提高，企业对营销美学越来越重视：不仅需要有产品外在的设计美，还需要产品内在的品质美；不仅需要企业的形象美，还需要服务的行为美；不仅需要营销的观念美，还需要营销的策略美。其中，观念美是指在整个营销过程中以消费者为主导，兼顾社会利益，充分考虑消费者的审美意识、审美趣味和审美价值观念，从而形成一种特有的营销观念体系。

营销美学突破了品牌管理的传统思维，将品牌管理、识别和形象等营销理论有机结合，着重通过标识、宣传手册、包装、广告，以及声音、香味和光线等美学效果带给消费者"记忆深刻的体验和感受"。营销美学实际上提升了原来以视觉为主导的广告传播理论，也为体验营销提供了具体的实践手段。

包装、广告与橱窗展销等是营销常用的方式。包装是产品形象传递的基本手段，应当反映产品的属性、功能，并具有美的吸引力。广告的目的在于传递产品信息，应当在视觉、听觉上提高产品的价值，使画面富有魅力，以便正确、完美地传达产品信息。橱窗展销不是商品的简单陈列，而是要传递产品的功能与审美价值，并引起消费者的购买欲望。

4．生产环境美学

产品品质和生产率的高低，不仅取决于技术、设备和生产组织，而且取决于生产者的生理和心理状态。生产者的生理、心理状态很大程度上又取决于生产环境和生产条件。优美的工作环境、优越的工作条件，能使生产者心情愉快、精神振奋、效率提升。影响生产者生理、心理状态的主要环境因素包括空间、光线、色彩、声音，以及人和物的秩序。

厂区和车间空间宽敞、空气流通，会使人心胸开阔，神清气爽；空间狭小，会使人沉闷、压抑。不仅整个厂区应该做到整齐清洁，而且各个车间内要做到机器设备、原材料、半成品等物件堆放整齐，排列有序；地面要平整、清洁；操作台要安装得合理、方便；厂房的布局、建筑要美观大方，厂区要绿化，道路要宽阔平直，从工厂大门到各办公室、车间，造型、布置都要符合现代美学的要求。

生产场所的光线要明亮、柔和、适中。昏暗的灯光会使人昏昏欲睡，强烈的光线又使人无法正视工作面，过强、过弱的光线都容易使人眼睛疲劳。

不同的色彩，给人以不同的感受。例如，狭窄的工作场所，把墙壁涂成浅色，就会给人比较宽敞的感觉；由于深色的物体显得比较笨重，浅色的物体显得比较轻巧，因此，庞大、笨重的机器漆成浅绿色，看上去就会显得轻巧、悦目；黄色或橘黄色可以使人聚精会神，需要劳动者工作时高度集中注意力的钟表、精密仪器车间宜漆成这两色；低温车间宜用暖色。

噪声不仅使人疲劳，而且有损健康。音乐不仅能感染人的情绪，调节人的精神，而且能使人的整个机体发生一系列的内在变化，如提高听觉、视觉神经的敏感性，缩短对声、光信号的反应时间等。

尽管工业建筑和楼台亭阁不同，然而建筑物的和谐布局、厂房的合理安排、厂区的绿化等，会展现出厂区的环境美与厂房的建筑美，使人们感到愉悦、满足，从而产生自豪感。

因此，美化工作环境，优化生产条件，是加强企业管理的一个重要方面，是提高经济效益的一条重要途径。

5．工业管理美学

管理既是一门科学，又是一门艺术。科学是基础，艺术是发挥；科学是大海，艺术是浪花。有效的科学管理可以使生产力中的各种因素发挥最大效能，使各种因素协调一致，形成良性循环，从而取得最佳的生产效率和最大的经济效益。由于科技快速发展、市场竞争日趋激烈，无论是宏观层面的工业管理还是微观层面的企业管理，在科学管理的基础上，进一步实现精细化、规范化、人性化管理，都显得越来越重要。为确保产品的质量，增强企业的竞争能力，有效的途径是全面提高劳动者的素质，进行智力投资。

随着工业向更高层次的发展，随着大众审美需求的提高，人们对产品的认知已有了变化：除了要拥有较高的使用价值外，还应有充分的文化价值。因而，在设计、生产、管理、服务等方面最大限度地符合美学规律成为工业管理美学的重点任务。这对研发设计、生产制造、营销服务、企业管理等环节的所有劳动者提出了新的要求：应有高度的审美眼光与创造美的能力，从而使生产出的产品具备实用性与审美性。因此，劳动者应提高文化素养，培养审美情趣，提高工业美学素养，并将之应用于生产实践。

第四节　工业创造大美世界

人类是按照美的规律来建造世界的。工业科技的进步使自然美感、艺术美感、工业美感融为一体成为可能，使人类的心灵沟通、情感表达、行为展示更为便捷。从此，人类的思想可以在云海与碧波之间、在速度与力量之间、在真实与虚拟之间驰骋，人类也能进一步地体验工业美的神奇与壮阔，享受工业美的和谐与愉悦。

1. 工艺美术之美

工艺美术是介于工业生产与美术创作之间，将实用技术与审美意境相结合，使用一定科技手段制作物质产品的艺术创作行为。它不以技术加工的程度为最终标准，而以艺术美化的水准为合格依据。因此，工艺美术产品的创造与生产并非简单地附加装饰图案，它既是一种物质生产活动，又是一种精神创造活动，融合了生活美、艺术美、工业美。

首先，工艺美术是基于实用性与审美性的美学。工艺美术的产生与其他艺术形式一样源于人们的生产、生活。作为实用器物，工艺美术品首先要有实用性，它的审美性是在其实用性的基础上产生的。从石刻、岩画、石器到彩陶，再到后来的染织、玉雕、青铜器等，都说明了工艺生产中的美是随着生产力的发展逐步进入人们生活的。例如由素陶向彩陶发展的过程，先出现的素陶主要满足了当时人们生产生活的需要，但随着智慧的提高，人们产生了美化简单器物的意识，鱼、山、人等自然美素材被绘制在素陶表面，这样既不破坏陶器本身的实用特性，又增加了其审美功能。之后，又逐渐出现经过创作和加工的图案，它们也被绘制到了陶器表面。

其次，工艺美术之美是生活与艺术相统一的美。生活美往往在服装、器皿、家具等各类工艺品上体现。艺术美指各种工艺美术作品所表现的丰富的、具有美感的形式，它直接反映出人的智慧创造。生活中艺术美无处不在，小到一套纹饰精美的瓷制餐具，大到一处精心设计的园林，它们与人的生活息息相关。生活美是生活性、实用性、广泛性的结合体，艺术美是装饰性、典型性、观赏性的结合体，而生活美与艺术美相统一、相融合不仅是工艺美学有别于其他门类艺术美学的显著特点之一，而且能带给人们丰富的物质与审美享受。

最后，工艺美术之美是典型的工业美。工业技术将工艺美术作品的美学物化并展现在人们眼前，如造型美、色彩美、材料美、装饰美、工艺技术美等。在人类生产力水平不断发展的过程中出现的陶器、玉器、青铜器、漆器、丝绸等工艺品，一定程度上代表了各自时代在结构、材料、制作技艺等方面的最高水平。当代工艺技术的发展、材料的革新、辅助机械制作手段等使得各类工艺品的精密、精美更好地与其实用性相结合①。可见，只有生活美和艺术美，还不能构成完整的工艺美术创造，有了工业美，才能实现美的升华，实现美的物化。

---

① 燕建泉，燕天池.论工艺美术中的美学内涵 [J]. 大众文艺，2012 (15) :133-133.

2．机械之美

机械是工业制造装置，虽然传统意义上的美学与机械似乎并无关联，但是机械本身蕴含着美感，不仅具有功能之美，更具有造型之美和交互之美。机械本身合乎功能、技术逻辑的构造和外表具有一种朴素的不假雕饰的美，不仅契合了人们讲求逻辑、理性的特性，又契合了人们求新求异的心理倾向。

工业革命之后，机械产品深入人们的生活，把机械制造与人的需要和愿望充分地结合起来，是新技术发展的一个标志。陆续出现的庞大、复杂的车床、火车、起重机、油轮、运输机等无不以外形、功用、声响等要素给人们带来新奇的美的体验。

1923 年，天才建筑家勒·柯布西耶在《走向新建筑》一书中指出，"一个伟大的时代已经开始。存在着一种新精神。存在着大量新精神的作品；它们主要存在于工业产品中"。书中热情洋溢地赞扬了远洋轮船的美、飞机的美和汽车的美，指出"今天已没有人再否认从现代工业创造中表现出来的美学。那些构造物，那些机器，越来越经过推敲比例、推敲体形和材料的搭配，以致它们中有许多已经成了真正的艺术品，因为它们包含着数，这就是说，包含着秩序"[①]。

对精密机械的痴狂恐怕是不少人的通病，从机械钟表、刀具枪械到汽车、轮船、飞机，螺丝、弹簧、齿轮、轴承、滑轮，以及钢铁铜铝等金属材料，无不散发出巨大的诱惑力。机械表的机芯是一个精密的机械结构，通过轮系的传递把发条的能量传递给摆轮游丝，摆轮游丝的振荡频率再通过轮系传递出来，以显示时间。机械表"忠粉"十分享受机械运动带来的美感。成百上千个零件

---

① 徐恒醇. 现代产品设计的美学视野——从机器美学到技术美学和设计美学 [J]. 装饰 . 2010 (4): 21-25.

的装配，过程精妙，工作量巨大，那是机械之美的极致体现。

机械之美主要涉及功能美、造型美、交互美三个方面。

一是功能美。机械的内部结构是由一定数量的机器零件组成的，它们环环相扣，不间断地运转，去完成某一任务，重复、渐变、有规律。机器犹如一个人的身体，有心脏、有骨骼等，通过它们的协调合作，身体才得以持续运动，从而产生一种功能秩序的美，虽复杂却有序。

二是造型美。机械的造型千姿百态，方非一式，圆无一相。造型美离不开材料、技术、设计的进步，多种因素促进机械的造型美在不断发展。

三是交互美。机械服务的对象是人，人在与机械交互时，往往从适应开始，逐渐变得熟练，甚至融洽到机器可以代替人身体的某一部分，成为其功能的延伸。这种交互美的不断发展逐渐使人机交互设计更加受到重视，使机械美进入了一个新的层次。

寻找机械与人体在形式、材料、功能、工艺、气质、精神等各方面的平衡支点，使冰冷的机械美与人类的心灵美有机融合，这是人类对机械美学未来发展的预期。

3．时尚产品之美

时尚是一种世界范围的文化现象和社会现象，也是一种心理现象和经济现象。依照制度经济学派创始人凡勃仑的看法，时尚源于社会上层群体的炫耀性消费。人类社会存在着一种机制，部分群体的炫耀性消费会引来其他群体的效仿，于是，部分群体会不断地变换炫耀性消费的物品，从而保持炫耀优势，这样便形成了服饰、装饰、摆设等物质消费潮流的变动。

时尚产品就是在特定时间率先由特定人群购买、使用，后来为社会大众所崇尚或仿效，进而争相购买的各种热销产品，是短时间内一些人因崇尚而使用的各类新兴产品。时尚产品包括衣服、鞋帽、皮具、珠宝首饰、香水、化妆品、手表、箱包、眼镜、家居饰品和消费类电子等，但一般来说，服饰类、珠宝类、化妆品类、箱包类产品被视为时尚产业的四大主流产品。

爱美之心，人皆有之。随着生活水平的提高，人们越来越追求时尚的生活。时尚产品之美具有两方面的特点：一是个性化，因为时尚是人们彰显其个性化存在、确证其感性价值的生活方式；二是大众性，因为其必须是受到一定规模人群的认可、推崇而流行的。

4．虚拟世界之美

人机对战、角色扮演、虚拟现实、元宇宙……原子世界与比特世界的彼此缠绕、交融，将以超乎人们想象的方式，带来令人目不暇接的变化……

自古以来，人类的脑海里始终存在着一个基于审美想象的虚幻世界。比如，在中国敦煌莫高窟，古人把想象的飞天场景用壁画形式展现出来，这些壁画描绘了人们绚烂的梦想，可惜限于当时的技术条件，人们只能止步于此，无法将梦想带入现实。随着数字技术、网络技术、虚拟现实技术和人工智能技术的诞生，人类迈入了一个新的审美境界——虚拟世界。这是一个远超壁画场景，栩栩如生的虚幻时空！

在虚拟世界中，工业科技实际上已触发一种新的美学形态，这种审美是以全球人类共同认同的法则进行的，它的全球性几乎不需要任何人论证。

虚拟世界之美体现在以下三个特点之中。

第一，艺术与技术的融合。在虚拟世界里面，艺术与技术之间的界限消失，而且技术在其中占据了越来越重要的位置，新技术诞生不久，就会被应用于艺术中。从人类艺术史的角度来看，技术一般而言都是从属于艺术的，从而成为"为了艺术的技术"，而不是相反。虚拟世界艺术彻底颠覆了这种既定结构，计算机技术、网络技术、虚拟现实技术等构成了其革命性的基因。

第二，交互性的角色。互动或交互性在虚拟世界艺术中扮演了越来越重要的角色。应该说，交互性的角色从无到有，在数字文化逐步发达的今天变得愈来愈重要，特别是在网游、电竞、VR/AR 的艺术中。

第三，生产性创作模式。这种创作模式是生产，而非复制。传统艺术只是生产，而且其生产是一种一次性的、即时的、独一无二的创造。后来，文化产业兴起，从印刷出版到广播电影电视技术都参与了其中的运作，文化产业时代的艺术是可复制传播的艺术。然而，虚拟世界艺术的优势在于生产。这是由于虚拟世界的艺术传播并不是基于简单的复制或拷贝技术，而是在被创作和被接受的过程中，会产生信息衍生的现象，其传播的同时也是在创作，或者说再生产。

随着技术创新和产业变革的加快，以及工业科技和产品对艺术创作的深层介入，高科技给艺术带来了全新的美学特质。2010 年，3D 电影《阿凡达》在全球热映，并造成轰动效应，全球总票房收入近 28 亿美元，观众感受到的是由新技术所带来的全新审美视野。电影《阿凡达》的胜利，首先是工业科技的胜利。

5．工业景观之美

工业景观是景观中的一种，反映人与机器、建筑、自然三者之间的关系。工业景观元素包括地形地貌、建（构）筑物、水体、道路、植被、景观设施等，这些元素之间的空间组织关系构成了更高层面的工业景观：场地结构、空间关系、尺度标准、新旧共生、生态和谐等。

社会对工业景观的认知水平是不断提升的。20世纪初，人们从机器加工工艺上发现了几何美和技术美，从轴承或曲面上发现了对称结构的造型美，于是，艺术家逐步认可了"丑"机器中的美。而一些前卫艺术家，如毕加索、托尼·史密斯、安东尼·卡罗等使用水泥、钢材创作艺术作品，用立体构成的方式直接处理材料，使体量造型向空间造型发展。20世纪四五十年代以后，不同流派的艺术家、设计师，通过种种方式，例如现成物的集合、工业废品的再处理、新材料的综合利用等，表达出对工业文明的怀疑与赞美、批判与肯定的复杂情愫。到了20世纪60年代，美国出现了极简艺术，它追求抽象、简化、几何秩序，崇尚工业化，采用工业原材料来创造作品，形式简约、明晰，多用简单的几何形体等，在审美趣味上具有工业文明的时代感。极简主义对当代建筑和景观设计产生了相当大的影响，不少工业景观往往在形式上极度简化，以较少的形状、物体和材料控制大尺度的空间，简洁有序。

总之，工业景观审美源于人们对工业化生产形态和方式的高度认可，无论是艺术家使用工业材料进行艺术创作，还是设计师对工业厂区进行规划设计，都能拓宽民众的审美视野。工业景观体现了人类工业文明成就，主要表现为几何美、材料美和结构美。

机器创造了以精密加工为基础的几何美。18世纪下半叶开始的工业革命改变了产品的质量和形态，改变了人类传统的造物方式。机器代替手工，由机器制造的球面是光滑的，所制造的圆柱体具有理论上才能达到的精度。所以，在建（构）筑物或景观设施中，不难发现饱满的几何美，它代表着工业制造的核心，体现着无与伦比的人造美。

材料美主要指表现工业时代追求的钢铁、玻璃、混凝土及塑料、钛合金等人工材料本身所具有的独特美学特征。通过各种机械加工工艺，例如精密铣、抛光、表面纹理、电镀、磨花、防锈处理等，这类材料又表现出特有的精准、规律、完美的工艺技术美，同时材料表面质感连续、一致、均匀，体现出光洁美、光顺美、肌理美。

材料以不同的形式构成三维空间的工业景观时，不同的结构形式又产生了结构美，其本质是简洁、轻巧、可靠、方便，是通过紧凑、折叠、装配和集合等构造手段实现的。

6. 大工业之美

美的创造总是一定的社会实践活动的产物，必须从社会实践的角度理解美的规律，总结大工业系统美学风格的发展、变化。

工业产品给人们的传统印象是冰冷、僵硬、机械感，但是工业生产的批量化、自动化、标准化、信息化、智能化，以及产品的材料、材质、造型、色彩、功能仍会给人们带来美感。事实上，自古以来，从古代手工业产品到现代工业产品，一直具有艺术感，不仅谋求实用，而且追求审美，注重人性化设计。

大工业之美，美在原理、美在功能、美在制造、美在规模；大工业之美，美在创意、美在品质、美在服务、美在环境！

震耳欲聋的机器声，曲折复杂的管道铁架及其间忙碌的身影，这就是能源、钢铁、冶金、化学、机械、建材等重工业所展示的大工业之美。

复杂且高度自动化、智能化的流水线，上亿个元器件叠加在比邮票还小的集成电路芯片上，工人们驾轻就熟，游刃有余地在现代化的车间中操作，这就是电子、食品、纺织、服装、皮革、医药、日用化工等轻工业所展示的大工业之美。

● 案例

流水线之韵

人们对流水线和大规模生产的热情还延续到了教育、艺术等领域。一般来说，人们在 20 世纪二三十年代对机器的审美观对现代的建筑、绘画艺术风格的发展产生了重要的影响。例如，俄国构成主义和荷兰风格派、德国的包豪斯建筑学派和新客观派、意大利的未来派和达达主义、法国的纯粹派，以及美国的精确主义都深受其影响。在一部达达主义风格的电影版芭蕾舞剧中，开场时，一个女人的身体像时钟的钟摆那样不停地前后摇摆，随后，镜头逐渐被运转的齿轮和电动机等机器所替代。此外，女子合唱队演唱时站成一条直线，穿着相同的衣服，就是借鉴了流水线的审美标准[①]。

由此，大工业创造了家居之美、建筑之美、桥梁之美、道路之美、城市之美；催生了冶炼之美、机械之美、车辆之美、船舶之美、飞行器之美；催生了工业语言与符号之美、微电子之美、网络空间之美、工业遗产之美、时尚之美、工艺之美、服务之美……

工业之美区别于其他形式的美，不仅在于单个产品之美，更在于由工业技术、产品组合而成的大型构件、超级工程所形成的庞大系统带来的震撼效

---

① 大卫·E.奈.百年流水线——一部工业技术进步史 [M].史雷，译.北京：机械工业出版社，2017.

果。巨大的喷气式客机、超级油轮、海洋钻井平台、石化冶炼工程、大型天文望远镜、跨海大桥、大型工程机械等以其庞大的体形，给人以震撼心灵的美感。我们欣赏桥梁公路、建筑景观、轮船高铁、飞机火箭、水电工程等现代工业成果时，并不仅仅是在观赏其形式美，更从中感受到人类科技的创新、产业的变革、社会的进步，从中看到工业无与伦比的创造力。大工业的壮美与稳固，让人类明白了美好生活是建立在钢筋铁骨、坚不可摧的大工业基础上的。

第十五章

工业精神

世界工业强国制造水平的"高"，关键不在于能制造出过硬的工业品，而在于其文化中体现出来的专注、严谨和创新的精神。一个国家要培育出优秀的制造业，背后都需要有一丝不苟的工业精神作为支撑。工业强国走过的工业化道路说明，没有工业精神支撑的工业不过是水中月、镜中花。具有工业精神的国家愿意把创新精神、工匠精神、诚信精神、企业家精神等作为社会基本价值理念来大力传播，愿意大力培养全民的工业文化素养，愿意花费时间和精力培养真正具备工业精神的人才。

第一节　精神内涵

工业精神是在工业化过程中产生和发展，为工业生产活动提供深层次动力和支持的一种社会主导价值取向。工业精神的内涵可以简单地理解为有利于工业发展的文化和心理。可从以下三方面来理解工业精神的内涵。

（1）内化于工业主体的工业精神。工业主体在从事工业活动的过程中形成各行业共有的价值追求、行为准则，可上升为具有普遍性的工业精神。作为劳动者的个人构成工业主体，工业主体参与工业活动，工业活动产生价值。内化于工业主体的工业精神直接作用于工业发展，对工业运行、工业成果、社会秩序产生重要影响。同时，人具有社会属性，个人受到工业运行、工业制度的规范，工业活动对个人进行塑造，优秀的工业精神有助于个人素质的提升。

（2）浸润于工业运行中的工业精神。在工业运行中，为协调各方面的关系和推动工业生产，人们普遍认同和共同遵循的价值取向和行为规范逐渐形成，并逐渐升华，最后凝练成工业运行中的工业精神。工业运行受精神文化、制度文化的影响，意识领域的工业精神通过工业主体对工业运行发挥着能动作用，引导着工业运行。工业运行中的工业精神主要存在于合作和生产之中，以一种动态的形式存在，主要包括追求一次到位的效率精神、诚实守信的契约精神等。

（3）凝结于工业客体中的工业精神。工业精神引导工业主体通过工业运行创造价值，也在工业成果中得到凝聚和物化，这样的工业精神包括质量精神、实用精神、先进精神等。工业原料是工业生产的作用对象，工业生产需要以质量精神、效率精神为指导，以更好地发挥工业原料的价值。工业成果是工业生产价值的主要载体，工业的发展和人们生活水平的提高对工业成果提出了更高的要求，更需要在工业成果中强化质量精神。

工业精神具有历史的传承性，在传承中表现出了稳定性，其优秀的特质会被保存、延续、巩固，在此过程中又会不断地引入和吸收新观念、新技术、新规范，由此工业精神得以在发展中传承，在传承中发展。

案例

同仁堂的精神

同仁堂是中医药行业有着三百多年悠久历史的"老字号"，传承着中华民族优秀的民族精神，秉承"同修仁德，济世养生"的初心，将"修合无人见，存心有天知""炮制虽繁必不敢省人工，品味虽贵必不敢减物力"的古训内化为企业行为准则，奠定了同仁堂质量和诚信文化的根基。

在此基础上，同仁堂不断融入新的时代精神。第一，坚持契约精神，始终恪守诚实守信的品德，并将其作为基本精神代代相传；第二，在生产经营中培育以义取利的价值评价标准，将利益的获得融入"济世养生"之中，融入医疗服务之中；第三，坚持质量精神，在工业化

第十五章 工业精神　　271

生产过程中，总结出了"配方独特，选料上乘，工艺精湛，疗效显著"的制药质量规范，从配方、选料到加工制作都严格按照高标准进行，确保了同仁堂的药品质量；第四，坚持创新精神，在传承原有技术的基础上发展了新的胶囊药物形式，使用高科技生产设备、成分量化检测新标准等新的工业科技成果，创造新的工业物质载体；第五，以"名店、名医、名药"三位一体的形式创新医药工业的运营模式和相关制度。

由此种种，成就了同仁堂的金字招牌，使其在国内乃至国际医药工业领域具有重要的地位。

工业精神正是在扬与弃、稳与变中传承民族精神，融入时代精神，形成具有时代特征的工业文化，实现自身发展。

就此而言，工业精神的外延包括时代精神和民族精神，具体包括创新精神、工匠精神、诚信精神、企业家精神等。

第二节　创新精神

创新精神是指综合运用已有的知识、信息、技能和方法，提出新方法、新观点的思维能力，以及进行发明创造、改革、革新的意志、信心、勇气和智慧。

创新是工业化进程的催化剂。百余年来，无论是基础领域创新和关键技术创新，还是产业组织创新和管理方式创新，大多围绕着工业化进程展开。由此产生了机械化、电气化、信息化、智能化等一系列科技革命和产业变革的创新成果，形成了经济、管理、机械、电子、电气、工业设计等千余门学科，更重要的是塑造了一种"求变求新"的创新精神。

创新精神具体体现在多个方面，如：不满足已有认识，不断追求新知；不满足现有的生活生产方式、方法、工具、材料、物品，根据实际需要或新情况，不断进行改革和革新；不墨守成规，敢于打破原有的条条框框，探索新的规律、新的方法；不迷信书本、权威，敢于根据事实和自己的思考，向书本和权威质疑；不盲目效仿别人的想法、说法、做法，不人云亦云、唯书唯上，坚持独立思考，说自己的话，走自己的路；不喜欢一般化，追求新颖、独特，异想天开、与众不同；不僵化、呆板，灵活地应用已有知识和能力解决问题……值得注意的是，虽然创新精神提倡新颖、独特的创造、发明和改造，但是要受到一定的道德观、价值观、审美观的制约。

第三节　工匠精神

工匠精神是工匠对自己生产的产品精雕细琢、精益求精，追求完美和极致的精神理念。工匠精神的内涵可以从三个方面体现：敬业、精业、勤业。敬业即对所从事的职业有一种敬畏之心，视职业为自己的生命，是从对"技"到"道"的领悟，是工匠对职业精神和人生境界的追求；精业即精通自己所从事的职业，达到技艺精湛的地步，它体现了工匠的创造精神与工作态度，那些在中国历史上被称为"能工巧匠"的，不只技艺熟练，更重要的是具有创造性品质；勤业即积极、勤奋、坚守、永不懈怠地从事自己的职业，表现出对工作的执着、对产品的负责。

工匠精神是一种态度，一种信仰，一种追求，一种品质，一种财富；工匠精神也是一份挚爱，一份专注，一份坚持，一份执着，一份诚信。它是一种对工作精益求精、追求完美与极致的精神理念和工作品质。

美国当代知名的发明家迪恩·卡门曾说，"工匠的本质——收集、改装可利用的技术来解决问题或创造解决问题的方法从而创造财富，并不仅是这个国家的一部分，更是让这个国家生生不息的源泉"。简单地说，任何人只要有好点子并且去努力实现，他就可以被称为工匠。

综上所述，工匠精神是在工匠技艺和品德传承中形成的文化，是一种对工作精益求精、追求完美与极致的精神理念与工作品质，它包含严谨细致的工作态度、坚守专注的意志品质、自我否定的创新精神及精益求精的工作品质。尽管传统的小作坊形式基本上被现代化的工业制造所取代，但是在人类历史中沉淀下来的工业文化传统，依旧贯穿于现代化的工业制造之中，成为现代工业精神的重要内容。

第四节　诚信精神

诚信是一个道德范畴，是日常行为中的诚实和正式交流中的信用的合称。它一般表现在两个方面：一是指做人做事要真诚，要尊重事实，实事求是；二是指信守承诺。诚信是人类社会生活的基本要求，也是人之所以为人应有的美德。诚信精神要求社会中的每个人受自己诺言的约束，信守约定。这既是古老的道德原则，也是现代法治精神的要求。

诚信精神的内涵和范围随时代的变化而不断扩充和泛化，它不仅是一种道德要求和法律规范，更演进成了一种经济模式，即以诚信为基础的信用经济。在工业社会里，信用建设必须像公路、水电及电话、宽带、有线电视线路一样，成为社会基础设施。中国自古以来就主张以德治国、以文化人，强调"言必信，行必果""守之以信，守之以礼""人而无信，不知其可也"，这些文明的结晶，集中反映了中华民族的特质和风貌。

第五节　企业家精神

"企业家"这一概念首次出现在 1755 年法国古典经济学家理查德·坎蒂隆所著的《商业性质概论》一书中，并将企业家精神定义为"承担不确定性"。可以说，企业家精神是一种重要而特殊的无形生产要素。例如，索尼公司创始人井深大和盛田昭夫，他们创造的最伟大的"产品"不是收录机，也不是栅条彩色显像管，而是索尼公司和它所代表的一切；萨姆·沃尔顿最成功的创造不是"持之以恒的天天平价"，而是沃尔玛公司——一个能够以最适宜的方式把零售要领变成行动的组织。

每个企业都有一种理念、一种文化。企业家朝着理念努力拼搏，时间久了就形成一种文化，企业家的成功就是靠他们这种精神的支持。世界著名的管理咨询公司埃森哲，曾在 26 个国家和地区与几十万名企业家交谈，其中 79% 的企业家认为，企业家精神对于企业的成功非常重要。埃森哲的研究报告也指出，在全球高级主管心目中，企业家精神是组织得以"健康长寿"的基因。

真正的企业家以企业为本位，创造财富，完善自我，有社会责任感。企业家的这种精神具有不可替代性：第一，企业家的某些素质，如首创精神、富有远见；第二，工业化进程有着极高的不确定性，特别需要企业家敢冒风险、有判断力和充满信心；第三，市场越不健全，就越需要企业家的创新精神。

第十六章

产品的文化定价权

产品定价是企业在实际经营中获取优势市场地位、实现利润最大化的重要命题，现有的定价理论主要侧重于从市场和技术等角度探讨产品价格形成机制和体系，对于文化因素在产品定价中所起到的作用及相应机制、规律探讨得较少。随着经济社会发展水平的提升和消费者对于更高精神追求的向往，产品的文化价值也成为产品价值的重要组成部分。在经济全球化不断深化的今天，市场竞争已步入"拼技术、拼创新、拼文化"的时代，将丰富的文化内涵引入产品中，可以使其体现出不同于竞争产品的独特魅力，并利用这种文化价值的差异性效应提高产品的竞争力和超额溢价，实现从量本利到价本利的转变。

第一节　引入产品文化定价的动因

现有关于产品定价权的研究极少将文化作为要素纳入产品的定价体系，对产品的文化定价权问题也鲜有涉及。但无论是从全球视角看，还是从产业、企业和消费者的视角来看，掌握文化定价权对于国家提升实力、实现产业转型升级，以及企业增强产品竞争力、提高盈利水平都有着积极作用。

1．全球视角

人类工业化的几百年间，世界工业总体趋势是不断发展壮大的，但是由于地区发展的不平衡，各国对世界工业发展的贡献度大小不一。具体地说，如果比较每个国家的能力和贡献，必有科技创新水平高低之分、工业产业规模大小之分、文化影响力强弱之分。从最早的荷属东印度公司，再到如今的 IBM、索尼、微软、英特尔、谷歌、海尔、华为、阿里巴巴等，跨国公司在工业化和全球化发展过程中扮演着极为重要的角色，它们在全球范围内进行生产活动的配置，推动生产要素的跨境流动，使得工业得以突破国境的限制，在世界范围内更大的市场中发展。在跨国经营活动中，克服不同国家存在的文化差异，进而推广自己的产品和服务，一直是跨国公司需要面对的主要挑战。

① 文化差异会对跨国经营产生阻碍和负面影响。各种文化体系之间存在着较为显著的差异，包括价值观与道德标准的差异、思维方式与行为方式的差异，以及风俗习惯与宗教信仰的差异等。美国杂志《电子世界》曾以"全球市场成功的最大障碍"为题，对跨国企业进行调研和咨询，结果发现文化差异为阻碍成功的首要因素，其重要性超过法律规制、价格战、汇率、信息、语言等因素。

② 文化差异的存在也为企业进行跨文化营销创造了更多的机会。人们总会对来自国外的、具有异域风情的产品具有天然的好奇心和新鲜感。通过产品的跨文化定价，把文化差异有效地引入产品，满足当地消费者的需求偏好，就有可能开发新的市场。同时，这有助于企业利用文化差异和消费者偏好，制定出具有优势的价格。当然，文化差异也会使得企业对产品进行文化定价的难度和风险增大。不同文化环境下的消费者在语言文字、审美情趣、价值取向、思维方式、道德习惯等方面有诸多不同。如果忽视文化差异，文化定价不准确、不充分，可能会使产品销售更为困难。

2．产业视角

进入工业时代以来，产业和产品间的竞争成为国家间竞争的核心和关键。随着物质文明的发展，文化附加值逐渐成为产业和产品竞争力的重要源泉，也成为推动传统产业转型升级的有效动力。有文化赋能的产业和产品不仅能够更好地满足消费者需求，还能创造出新的需求。在此背景下，通过文化差异化赋予产业及产品一定的差异化特征，成为产业竞争和发展的有效手段。

① 产业转型升级。传统制造业主要依赖土地、资本和劳动力等生产要素的投入。当物质文明进入高级阶段，短缺经济成为"过去式"时，具有较高文

化含量的产品会更受到消费者的青睐，因为这类产品可以满足消费者更高层面的精神需求。这就要求在产品制造的研发、设计、生产、包装、服务等各个环节进行调整，以满足消费者的需求，包括个性化服务的需求。未来制造业的发展趋势是"产业文化化"，即为产业赋予一定的文化品格，将文化创意融入产业之中。

② 创造新的消费需求。融入文化特征的产品能够给消费者带来不同的价值感受、不同的消费体验和不同的满足感。消费者需求是驱动市场发展的直接动力，在满足消费者基本需求之外，如果能够直接创造出新的需求，企业一定能够成为领先型的企业，正如苹果推出智能手机，开创并引领了一个巨大的消费市场，其自身也成为该领域的标杆性企业。

③ 产品差异化竞争。随着社会生产水平进步和技术扩散速度加快，产品的基础功能越来越不具备排他性，同质化的产品很难在激烈竞争中脱颖而出，只有差异化的产品才能得到消费者青睐。产品的差异化正是企业获得竞争优势的主要因素，差异化能降低消费者对企业产品或服务价格的敏感度，降低产品或服务的需求价格弹性，使得企业可以采用能最大化保障利润水平的定价策略。产品的差异化可以分为功能差异化、利益差异化和文化差异化。功能差异化就是提供与其他厂商不同的产品，"他无我有，他有我优"。而利益差异化是指通过促销、降价等方式，将部分利益让渡给消费者，使消费者能够获得额外的经济利益。文化差异化是指产品具有与竞品所不同的文化内涵和文化价值，是差异化的最高阶段，很难被模仿和超越。

3．企业视角

文化因素的引入有助于增强产品的竞争力，甚至能在一定程度上形成"文化垄断"，企业借此可获得更为丰厚的利润。同时，文化因素能够优化企业品牌的核心要素，通过文化赋能，给予企业品牌深厚的文化内涵，从而扩大企业的品牌张力，激发消费者对于承载该品牌的产品的消费兴趣，并增强他们的黏性。

① 形成文化优势。产品价值包括使用价值和文化价值，成本不再是价格的最终决定因素。文化价值对消费者而言是一种心理体验，消费者的认知和感受决定其价值的大小，即以消费者对产品文化价值的体验为依据，而不仅仅是以产品的成本来定价。一个产品如能通过文化因素展示自己的特色和魅力，就能够形成"文化优势"，由此制定的产品价格，即使远高于成本价，但只要目标消费者能接受，那就是合适的价格。

② 品牌塑造。对于消费者而言，品牌的主要作用在于方便消费者识别产品的来源、确保产品的质量、降低消费风险等。而当经济社会发展水平不断提高后，消费者对于品牌的要求就不仅限于品牌所代表的质量和功能，而是越来越重视品牌在传递文化气息，反映其品位、身份、地位等方面所发挥的独特作用。一般来说，品牌的要素分为两类，一类是较为表层的要素，包括产品的品质、名称、标识、外形等，这是用感官可以感知到的；另一类是深层要素，包括文化、情感、价值观、个性等，这是用心去体验才能感受到的。文化、情感、价值观、个性等，对消费者最具吸引力，也最易打动人，这些形成了品牌的文化象征意义 ①。

③ 建立企业与消费者间的稳定联系。对产品进行文化定价，对于企业来说，就是要利用文化特有的魅力去构造并增强企业与消费者的联结，利用文化的引导作用来全面影响消费者的行为，并努力提高消费者的忠诚度。融入文化因素的产品，在满足消费者物质需求的同时，还能够满足精神上的需求，给消费者以文化上的享受，从而使消费者认可产品的文化价值。

---

① 　杨屏：文化创意对制造业影响的机理研究 [D]. 南京：南京艺术学院，2015.

4．消费者视角

消费者是产品的最终购买者，其消费需求有着不同的层次。融入文化因素的产品，能够凭借文化的内涵和特质，形成独特的感染力和吸引力，从而满足消费者更高层面的消费需求——精神需求，消费者也愿意为之支付更高的价格。同时根据经典条件反射理论，文化赋能的产品能够吸引消费者将其特定文化的情感转移到产品、品牌或企业上，能更好地刺激消费者的购买欲望。

① 满足更高层次的消费需求。相对于物质利益，人们越来越重视精神文化利益的获得，偏好那些能与自我心理需求共鸣或者能实现自我价值的产品，不仅要求产品能实现物质功能，还要求它们带有文化气息。随着消费需求的升级，其个性化需求也更加突出，不同的消费者有着差异化的需求，而注入文化因素的产品设计能够更好地满足消费者的个性化需求，契合了消费者需求层次升级的需要。

② 刺激消费者的购买行为。企业通过将产品、品牌、企业与消费者喜欢的特定事物进行关联，能使消费者将其对特定事物的情感转移到产品、品牌或企业身上，最终实现吸引消费者的目的。这也对企业实施产品的文化定价策略有所启发：将消费者青睐的某种文化与产品、品牌、企业等联系起来，可以推动产品、品牌或企业形象的提升，进而推动产品的销售和企业利润的提升。

③ 提升消费者价值。消费者价值是消费者在购物消费过程中感受到的实际价值，随着消费升级和商品社会的不断发展，其不仅包括产品满足一定的功能和品质需求所带来的产品价值，还包括产品、品牌或企业所塑造的形象带给消费者的价值，即形象价值。而形象价值的一个重要来源就是企业塑造的产品的文化形象。

第二节　影响产品定价的文化元素

文化元素对产品的影响是多方面的，而文化元素的来源也是多维且丰富的，会从不同方面作用于产品定价过程。结合已有研究和对文化在产品定价中的角色分析，我们认为包括产品自身文化、企业文化、地域文化和国家文化在内的各种文化元素都会对产品定价产生影响。

1. 产品自身文化元素的影响

产品自身文化元素主要由产品的审美价值、精神价值、社会价值、品牌价值四个方面构成。这些文化元素从不同角度重构了产品，强化了产品的差异性、稀缺性，突出了产品的特色。将文化元素融入产品的内涵、外观、功能和构造，符合消费者对产品异质性、品质性、独特性和专有性的偏好，使得消费者对产品的心理预期价格超出其原有价格。与缺乏文化元素的产品相比，企业对具有文化元素的产品在定价上能掌握更大的主动权和主导权。

① 产品的审美价值，包括产品自身具有的结构、外形、风格及其他的美学特征。如果产品的审美价值与消费者的审美价值观相契合，那么消费者会给予产品较高的评价，愿意支付更高的价格，这样产品就实现了文化溢价。在某种程度上，时尚体现了一个时期社会上多数人的生活追求和审美价值观。比如，在大多数老人眼里，破洞的裤子是穷人穿的，富人穿戴整齐才是"正道"，但为什么在牛仔裤上弄几个破洞就会变得时髦、变成流行呢？这反映出不同年龄段的人审美价值观的不同。在充分掌握市场信息的前提下，企业能准确定位消费者的心理价格，从而能基于消费者的审美偏好实现产品文化溢价。

② 产品的精神价值，指的是产品蕴含的人类共通的内在品质，它能够促进理解、启迪智慧和提供洞见。任何一款产品都包含了人类已有的思想精华，

也体现了生产者的思想创造。而产品的精神价值对产品定价权的作用大小主要在于产品能够满足消费者特定的精神需要的程度。

③ 产品的社会价值，是指产品可以展现人与人之间的相互联系，它对产品定价权的影响主要在于人们对产品与自己的身份和地位之间关系的判断。例如，中国古代名士在扇面上书写或者作画，然后将扇面赠予友人，使扇面成为互赠的礼物；也有贫穷的文人在扇面上作画，进而在市场出售，以维持生计。人们既可以用扇面艺术交流情感，又可以通过扇面艺术获得产品溢价，从而使扇面艺术的社会价值得以体现。这种来自社会价值的溢价既表现为可计量的部分（扇面的溢价），又表现为无形的、难以量化的部分（增进了友谊或者装点了门面）。

④ 产品的品牌价值，其对产品价格具有一定的影响，使得产品的实际售价高于正常市场竞争条件下的销售价格，其产品溢价主要是受以下三个方面的影响。一是企业坚持自己的文化品牌营销，打造产品的品牌价值。二是通过严格的质量管理保障品牌。三是产品所具有的附加功能，保障了消费者对品牌的忠诚、企业信用等。

2．企业文化元素的影响

企业文化元素对产品定价的影响主要体现在生产者将处于生产环节的文化元素恰当地注入产品的生产过程中，最终实现了产品增值的效果。

① 企业文化。企业文化包括文化观念、价值观念、企业精神、道德规范、行为准则、历史传统、企业制度、文化环境、企业产品等。企业文化是企业的灵魂，是推动企业发展的不竭动力。企业文化是通过企业内部各项规章制度的严格执行而逐渐演化形成的，规章制度会约束或者鼓励企业员工的不同行为，促使整个员工群体产生某一行为自觉，这种群体性的行为自觉最终会演化成企

业文化。企业文化的内涵十分广泛，不同性质的企业文化元素会通过不同机制对产品定价产生影响。

② 企业形象。企业形象或者声誉是企业在生产经营活动中各种行为的综合结果，它表征了企业向上下游关联企业、消费者乃至整个社会提供有价值产品和服务的能力。企业形象的提升能够为其产品价格的提升创造条件，使企业在产品定价上具有更大的灵活性和自由度。企业形象促使产品产生溢价的机制分为三种。一是从上游企业角度来看，良好的企业形象可以帮助生产企业取得原材料供应商的信任，从而减少成本，获得更高的边际利润。二是对下游来说，凭借良好形象，生产企业可以吸引销售企业和消费者，进而在产品定价方面处于有利地位。三是生产企业拥有良好形象，可以吸引更多忠诚的员工和合作企业，进而促进产品质量的整体提升，为产品溢价提供基础。

③ 名人效应。一些企业为了突出产品的异质性特征，在生产中利用名人效应，扩大产品与企业的社会影响，提高下游销售商与消费者对产品的信任度，进而提高产品的价格。名人效应主要转化为品牌效应，使产品增值，从而实现产品溢价。例如，李宁品牌是生产企业利用名人效应获得产品溢价的代表。李宁作为曾经的体操运动员，先后获得 14 项世界冠军，是一个时代的体育代表人物。所以李宁品牌的产品一诞生，就自带光环，潜在的消费者会因李宁而对该产品产生认同感与信任感，这也是该生产企业与下游企业谈判时的异质性资本。

3．地域文化元素的影响

一个国家内部不同地区由于历史、地理、民族和社会等多方面因素，会形成差异化和特色化的地域文化，这些地域文化相应地会使该地区的产品产生文化溢价。地理、气候，以及当地习俗、生活习惯和生活方式，这些都是形成地域文化的重要因素。地域文化元素是人文精神的凝聚，是一种文化传承，具有很强的地域性和较强的稳定性。产品的生产都是在特定地域进行的，受到地域文化的浸润。巧妙融入地域文化的产品，通过表达地域文化的神韵，能够让产品的消费者领会地域文化的魅力，进而对产品本身产生较强的认同感，消费者对产品价值的评定也会相应提高，从而为产品实现文化溢价提供了基础和条件。

① 产品设计。地域文化元素对产品的形态设计、功能设计、人机设计等方面存在很大影响。因此，在设计产品时，应该将地区经济、人口状况、历史文化、环境生态等要素全方位综合起来考虑。比如在城市公交车设计方面，由于北方人体形相较于南方人普遍更为高大，北方公交车的车门要设计得比南方宽，车座面积应该略大，相应的吊环扶手的高度也应该有所区别。

② 产品包装。地域性的材料、图案、色彩等会对产品包装产生影响。产品包装设计的地域性表达通过对地域文化中典型元素的强调，赋予了产品包装独特的艺术魅力与审美价值，能够推动地域文化的传承与发展，满足现代人回归和寻根等文化心理需求，以及在日常生活审美化语境下人们审美的精神需求。产品包装中的地域性普遍存在，并且现在的作用越来越大，它既能提升产品的档次，又能树立起产品所在地域的形象，使得产品和地域之间形成紧密的共生关系。

③ 产品品牌。对于一些由该地区的地理、气候、历史等因素所"孕育"的独特产品，地域文化往往成为产品品牌价值的核心所在。例如法国波尔多地区的红酒，该地区是世界最为著名的高端葡萄酒产地之一，其独特的地理和历史因素，赋予了当地葡萄酒更多的文化内涵，也使其获得了巨大的文化溢价。

4．国家文化元素的影响

世界各国在历史长河中逐渐形成了独具特色的国家文化，这种文化渗透到社会经济生活的方方面面，自然也会影响到工业产品，从而赋予其独特的品质和特性。

① 国家文化形象。国家文化形象是一个国家文化传统、文化行为、文化实力的集中体现。在全球化时代，世界各国高度重视并通过实施文化战略来塑造国家文化形象，以维护、拓展本国利益。树立良好的国家文化形象依赖于经济实力的强大、历史文化的积淀和文化产品的传播。当一个国家经济实力强大时，其国家文化形象必然是强势的，会对其他国家产生强大的吸引力和影响力，从而渗透到产品定价权之中。历史文化的积淀影响产品定价权的关键在于人们对该国独特历史文化的认同。文化产品的传播能有力推动国家文化形象的形成，因此需要创造和生产与国家文化形象相适应的文化产品。

② 国家工业形象。国家工业形象是由于产品传播而形成的国家形象，所以国家工业形象会随工业实力的变化而变化。国家工业整体实力强大，企业整体上对产品的定价权就会增强；反之，产品的定价权便受到限制。消费者面对来自不同国家的产品时，不可能掌握市场上所有产品的内部信息，只能依靠对外在线索的感知来进行选购，而国家工业形象是重要的外在线索之一。前几年，中国消费者海外购物的热潮居高不下，很多人赴日本购物，甚至出现了抢购日本马桶盖这种令人啼笑皆非的现象。这类现象固然体现了一些消费者对"日本制造"的盲目推崇；但是，从另一个角度讲，也说明日本"精工细作"的工业形象深入人心。近两年，随着中国的国潮文化兴起和产品品质的提升，"海淘热"大幅降温。再如，德国在其工业发展早期也曾面临质量低下、技术低劣的困境。为改变"德国制造价廉质低"的形象，德国一方面树立质量至上、精益求精的观念，出台了一系列保证产品质量的政策举措，主张产品设计追求卓越，鼓励企业优化生产工艺流程，推动生产技术、装备升级，从源头保障产品质量；另一方面以质量和创新教育为重心，推行全民义务教育和职业教育，通过教育和文化塑造人，将质量和创新意识融入德国人的血脉，最终让德国制造享誉世界。

第三节　产品文化定价的理论与方法

企业可采用多种方法对产品进行定价。产品定价权的形成和获取与产品定价机制密切相关，与传统产品定价机制中的土地、资本、劳动、技术等生产要素相比，文化作为一种特殊的因素，其进入产品价格体系的方式及发挥作用的途径大为不同。

1. 常用的定价方法

对产品进行定价的方法很多，一般而言，企业应根据不同经营战略和价格策略、不同市场环境和经济发展状况等因素，使用不同的定价方法。常见的企业定价方法包括"成本导向定价法""需求导向定价法""竞争导向定价法"和"心理定价法"。

成本导向定价法，又称"会计学定价方法"，是一种在产品的生产和经营成本的基础上适当加上利润的定价方法，为大多数企业所采用。成本是企业生产经营过程中所发生的实际耗费，客观上要求通过商品的销售而得到补偿，并且企业要获得大于其成本的收入，超出的部分表现为企业利润。成本导向定价是以产品成本为中心的生产方导向定价思路，其目标是在不亏本的情况下获得尽可能高的利润。它的优点是计算方法简便易行，能够保证企业的全部成本得到补偿，并获得正常利润。缺点在于仅仅从生产方的角度设定价格，而忽视了市场需求和市场竞争，忽视了产品需求弹性的变化，可能偏离消费者对产品价值的心理价位。

需求导向定价法是指在不同等级成本的基础上，对各种假设价格水平下的销量进行估计，决定一个可达到预计销量和利润目标的价格，其最大的特点是不以成本作为定价依据，而是以消费者对产品的感知价值作为定价的依据。需求导向定价法要求确定消费者对各种不同产品的感受价值，然而这很难衡量，而且费时费力：根据消费者对产品的感受价值来定价，主要是通过询问在不同时间、地点及场合下消费者愿意为产品付出的最高价格，即主要通过访谈或问卷调查的方式来获取定价信息。

竞争导向定价法是企业通过研究竞争对手的生产条件、服务状况、价格水平等因素，依据自身的竞争实力，参考成本和供求状况来确定产品价格。它的特点是价格与产品成本和市场需求不发生直接关系，产品成本或市场需求变化了，但竞争者的价格未变，就应维持原价；反之，虽然产品成本或市场需求都没有变动，但竞争者的价格变动了，则相应地调整产品价格。由于竞争导向定价法是基于市场均衡价格的定价方法，因此不需要过多地估计消费者的感知价值和企业的生产成本，是一种较易操作的定价方法。

心理定价法是企业在为自己的产品定价时，根据不同消费者群体的心理需求和价值感受，有意识地采取多种投其所好的表现形式，以促进产品销售的定价策略。当企业采用成本导向、需求导向或者竞争导向定价法设置出了一个基础价格后，如果这个价格并不能被消费者接受，就应该针对不同的消费心理，对价格进行修正。

从理论研究来看，早期的产品定价理论很少涉及文化因素的影响。近年来，有些学者开始慢慢关注文化对产品价格的影响，但整体而言，此类研究相对较少，还没有形成完整的理论体系和框架。

2. 产品的文化定价权的形成

产品的文化定价权与产品的定价机制密切相关，按照消费者价值最大化的原则，应以消费者的文化需求为导向，通过了解、分析和判断消费者的文化价值需求，有针对性地在产品中引入相应的文化元素，然后在考虑市场竞争对手行为的情况下，进行产品的文化定价，并根据消费者文化需求的变动及时作出调整，由此可以有效地将文化元素引入产品的价值构成和定价体系中，实现产品文化定价的有效性、针对性和策略性。

产品的文化定价权指企业有效地将文化元素融入产品定价的过程中，使得文化元素成为产品价格的有机组成部分，并通过提高产品的文化内涵来增加产品的竞争力，从而在市场上占据优势地位。

基于目前对产品文化定价的研究和实践，产品的文化定价权的形成，应包括对产品进行文化定价的原则、方式及影响因素，由此构建起产品的文化定价权形成的整体理论框架，如图 16-1 所示。

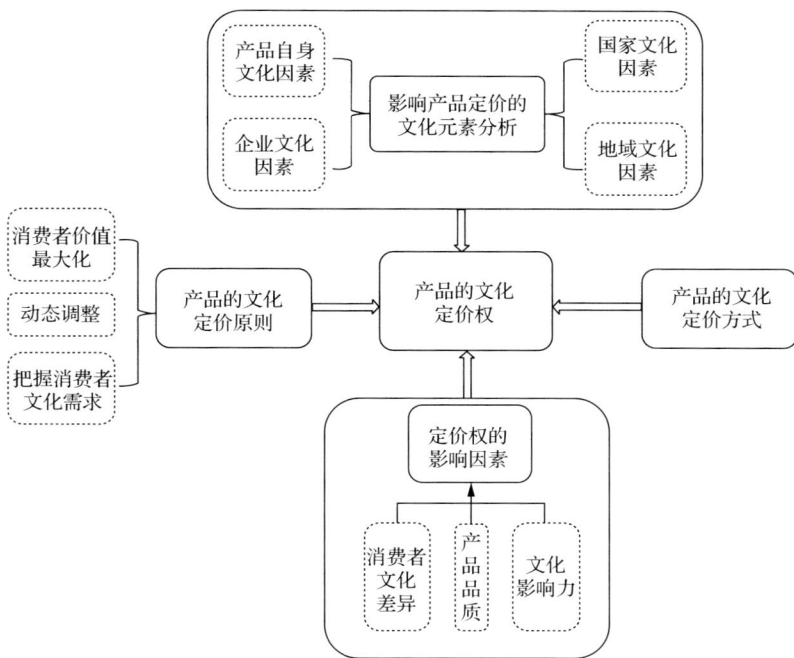

图 16-1　产品的文化定价权形成的整体理论框架图

产品是传递文化的载体，也是获取产品文化定价权的物质基础。提升产品文化价值的"动作"可贯穿于产品全生命周期。如图 16-2 所示，在产品的研发设计、生产制造、宣传推广、销售服务、使用收藏等各个阶段，产品会被赋予不同的文化内涵。相应地，与产品研发设计、生产制造、宣传推广、销售服务、使用收藏等相关的人、企业、地域、国家等文化标签所蕴含的文化元素也会传递到产品上。

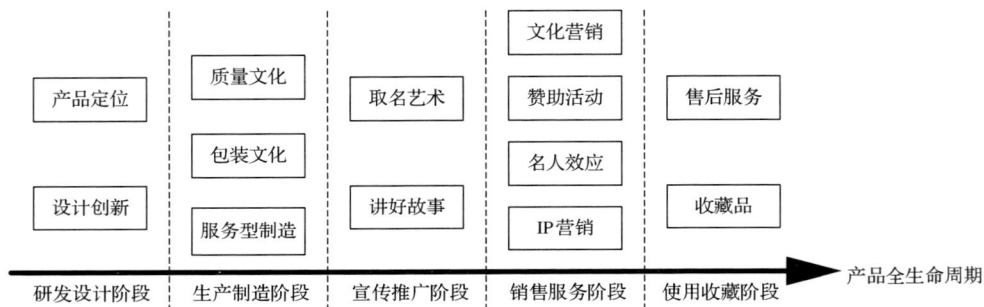

图 16-2 产品全生命周期的文化价值形成示意图

3．产品文化定价权的获取

考虑文化自身的特性，以及文化元素与其他生产要素在形态、价值构成方面的差异，对于产品的文化定价，采用以需求导向定价法为主的定价策略是比较合适的。因为文化元素作为一种精神层面的要素，其本身的价值具有难以定量核算、随市场需求变化而有较大幅度变动等特点。例如，影响产品的文化定价权的一些文化元素，并非由企业投入其他生产要素促成，而是由历史传承、传统文化、社会风俗、自然地理等因素促成。即使是基于人工设计和创造的一些文化元素，其文化价值也不能简单地用设计和创造过程中的人工成本加以核算，因此难以使用成本导向法进行定价。

具体而言,消费者在购买产品时,一般会对产品的功能、质量、性能、外观、价格等有一定的认知,对其价值有基本的判断。因此,消费者的心理价位会以消费者对产品的价值判断为基础,在此价值基础上会有一定幅度的波动。产品提供的价值既包括使用价值,也包括文化价值。有关产品使用价值的研究成果已经非常丰富,这里不作展开;而文化价值是消费者的一种心理体验,其价值的判定应以消费者的价值认知为基准,即以消费者对产品文化价值的理解为依据,而不是按生产者的成本来定价。因此,对产品的文化定价,取决于产品所反映的文化价值能够在多大程度上与消费者的精神需求相契合。产品价格的最终确定应以消费者感受到的产品使用价值与文化价值的总和为依据。

企业在按照需求导向法进行产品的文化定价时,首先通过对消费者需求和偏好的分析,结合产品自身文化元素的特点和内涵,预估产品的文化元素能在多大程度上影响和吸引消费者,并对其在消费者心目中的价值大小进行初步的判断。通过文化元素的引入,影响消费者对产品价值的认知,使得消费者不仅会根据产品的技术、功能、质量等因素对其进行价值判断,还会根据产品中所蕴含的文化元素对产品价值进行判断,从而形成对企业有利的价值观念。企业进而根据产品的生产成本、市场环境、企业的发展和营销战略等制定出合理的产品价格。

通常而言,这类价格会给企业带来显著的文化溢价,从而使得企业获得更为优势的市场地位和更为丰厚的利润。获取产品的文化定价权的过程如图 16-3 所示。

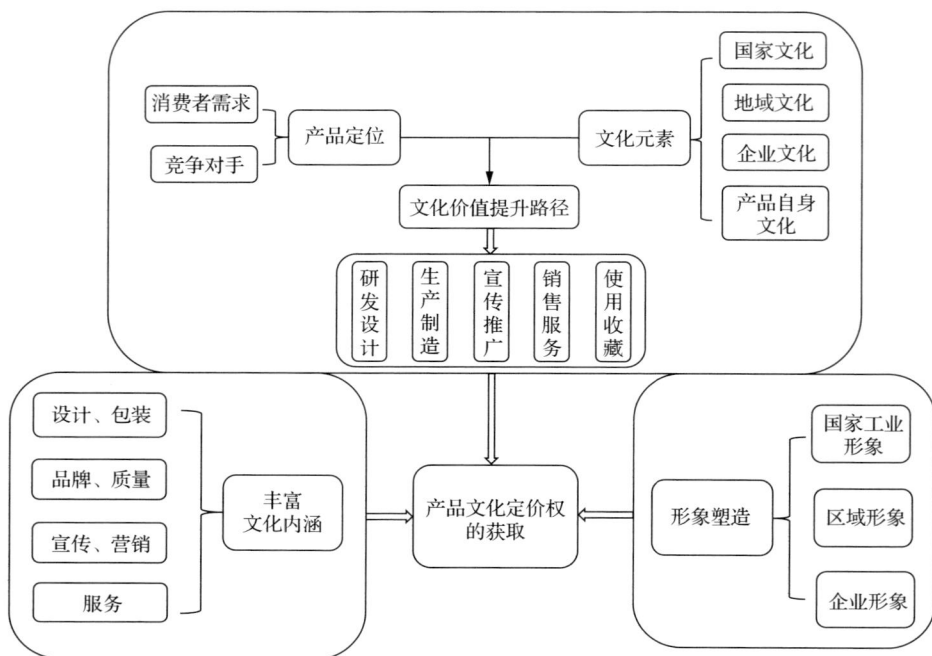

图 16-3　产品的文化定价权的获取

第四节　产品文化价值的提升路径

产品文化价值由产品的质量、设计、品牌、包装、宣传、服务，以及消费者的文化传统、生活方式、个人品位等综合因素决定。提升产品的文化价值及相应的经济附加值，可以从产品的研发设计、生产制造、宣传推广、销售服务和使用收藏五个阶段来探讨。

1．研发设计阶段

提升产品文化价值的活动可以贯穿到产品的全生命周期。在产品的研发设计阶段，主要从产品的文化定位和设计创新入手。通过市场调查和分析，充分挖掘产品的文化内涵，主要从文化情调、文化功能、文化心理和文化精神四个方面，准确地做好产品的文化定位。产品的文化设计创新则要紧密围绕文化定位，发扬创新精神，在设计中创造性地、有效地融入文化元素，以更好地提高产品的文化附加值。

① 产品定位。企业决定开发某款产品时，会就市场情况做产品定位，即确定产品在细分市场中的位置。把握市场就是把握消费者的消费心理，满足市场需要就是满足消费者的需要：既包括产品使用功能方面的需要，也包括产品文化功能方面的需要。比如针对某些消费者喜欢的事物、追求的品位、讲究的情调等偏好进行定位。正确挖掘产品文化内涵是文化定位成功的关键。在这个过程中，企业要赋予产品相应的理念、素材、风格等文化元素，这些元素能够提升产品的文化内涵。产品的文化定位要综合考虑四个方面，即文化情调、文化功能、文化心理和文化精神。其中，设计者对消费者文化心理的把握往往决定着设计的成败。所谓文化心理是指特定人群在一定的历史条件下形成的文化共识，只有把握好这种文化共识，才能满足消费者基于产品的文化心理，引发消费者的情感共鸣。

② 设计创新。设计不仅创造了美的形态，还创造了一种新的生活方式。优秀的设计是真善美的体现，承载了对滋养精神和慰藉心灵的重任。就现代工业设计而言，产品设计是整个研发设计阶段的核心工作，当产品功能趋于同质化时，产品的文化内涵就逐渐成为影响消费者购买的重要因素，而产品的文化设计正是体现产品文化内涵的关键环节。以往的产品设计侧重于满足消费者的基本需求，主要从可用、实用、好用的角度出发进行设计，往往将产品设计等同于"工程＋市场＋人体工学"，而忽略了消费者在心理与精神层面上的需求。在设计和开发产品时，根据产品的自身特点与目标消费者群体的文化背景和文化需求，将消费者认同的文化与企业想传递的文化价值观进行有效结合，能使产品的设计和开发过程同时成为文化创造和塑造的过程。一旦通过独具特色的

文化设计赋予了产品文化气息和情感色彩，使之与消费者的心理与精神需求相契合，就能够搭建起企业产品与消费者文化需求之间的桥梁，影响甚至塑造消费者的产品文化偏好，为产品开拓出广阔的市场空间。

2．生产制造阶段

在产品的生产制造阶段，可以从质量文化、包装文化和服务型制造等方面入手，提升产品的文化价值。质量文化是产品品质提升的前提，也是最终赋予产品文化内涵的必要条件。产品包装是展示产品内涵和吸引消费者关注的有效手段。服务型制造的发展使得个性化定制服务在实现规模化生产之后成为可能。

① 质量文化。影响产品质量的因素很多，产品设计、研发过程是否有设计缺陷，原材料、元器件和零配件的优劣，制造设备的精度和完好程度，检测和试验设备的先进性等。新的竞争环境下，产品质量的形成与优化过程既是物质的加工生产过程，又是文化思想意识的凝聚过程。例如中国航天的零缺陷质量管理思想，就是从不同层面强调管理要追求完美。质量文化对产品质量的影响是决定性的，只有企业员工做到"人人参与质量、人人关注质量"，时刻谨记"质量在我心中、质量在我手中"，在产品质量提升的道路上做到"精益求精、持续改进"，产品质量才有可能在量变的累积中最终实现质变。

② 包装文化。在现代包装设计创新发展的背景下，越来越多的人开始探究包装设计和文化间的密切关系，认识到人的文化需求，注意在包装中凸显文化性，传达丰富的文化信息。通过对产品进行巧妙的包装，充分体现企业的文化追求，增强文化品位、文化气息与氛围，从而给予消费者理性与感性的双重冲击。要凸显包装文化，除了可以从包装材料的选择、包装款式和图

案的设计等方面入手，还可以融入艺术性、独特性、区域性等文化因素。此外，得益于智能科技的不断发展与应用，产品包装不再只承担着保护商品这项功能，而是成为万物互联的桥梁和载体。例如，将近场通信（NFC）、射频识别技术（RFID）、信息码、增强现实（AR）技术等整合于产品包装上，用以防伪溯源、收集信息等，从而为包装增添了物流管理、安全管理和品牌宣传等功能。

③ 服务型制造。进入 21 世纪，一场新的产业变革发生了：主要发达国家纷纷提出基于数字化、网络化、智能化的工业生产方式，制造业和服务业之间的界线变得越来越模糊，"制造即服务"成为所追逐的理念和模式。无论是德国工业 4.0，还是美国的工业互联网，它们的核心思想都是通过有效的技术和管理手段，推动制造业从大规模生产转向柔性化、定制化生产，以更为精准、高效地满足消费者的个性化需求。过去，由于工业供给能力有限，基本上是工业供给什么，消费者就消费什么。现如今，自动化生产技术已基本实现全球性的普及，能实现低劳动力成本的无人车间、无人工厂如雨后春笋般涌现，工业供给能力和效率前所未有地提高，成本在逐渐降低。然而，对企业来讲，供给能力提升对应的是有限的市场和更加挑剔的消费者，为使消费者购买自己的产品，很多企业采取将消费者纳入生产组织过程的办法，力求使消费者对产品产生黏性，这也令消费者所拥有的文化元素融入企业、融入产品。当消费者逐渐成为产品全生命周期过程真正的参与者和决策者时，服务型制造这种新的产业形态模式必然会产生。

3．宣传推广阶段

在宣传推广阶段，为使附加在产品上的文化元素产生尽可能大的增值效果，企业一般会聚焦目标市场及消费者，以进行更加精准的文化定位。比如对于奢侈品，相关企业不需要更多的消费者购买这类产品，但需要有稳定、消费能力强的消费群体持续购买其产品，因而所附加的文化元素须满足拥有较强消费能力并具有特定文化价值诉求的某类消费者的特色文化消费需求。

① 取名艺术。好名如金，好的产品名称意味着成功了一半，正如孔子所说：名正言顺。为产品取个好名字，可以刺激消费者从众多新产品中一眼注意到它、主动认识它，反之，取名不当会让人不感兴趣、倒胃口。产品名字在好读、好记、好看、好听，令人过目不忘的同时，也会在无形中激发消费者的购买欲望。产品的取名方式多样：借地名，如燕京啤酒、西湖味精；借物名，如鸭鸭羽绒服、牡丹彩电、灯塔蓄电池、蜜蜂缝纫机、长城防盗门；借自然景观，如东方红拖拉机、北极星手表、雪花冰柜等。不论借什么给产品命名，都要与产品的性质、性能配合起来，使消费者一见到产品的名字便能与产品联系起来，留下良好的第一印象。

② 讲好故事。早在远古时期，人类就会借讲故事来化解对未知事物和生活困境的忧虑。人们解决了基本的温饱问题之后，在购买产品时不再优先考虑功能，而是越来越趋于感性消费。因而，产品除了具有必要的使用功能之外，更被赋予了温度与情怀，而想要传递这种温度与情怀，可以说故事是最好的媒介。这里所说的"故事"并不是指那些长篇大论，它可能只是用以表达产品理念的一句话、一个情景。故事具有娱乐、引导、告知和说服的作用。可以通过故事使消费者了解产品的特性，并产生共鸣、启迪思考等，从而对产品留下深刻的印象。为产品讲述一个深入人心的故事，润物细无声，使消费者对产品产生文化认同、情感认同，这样的营销效果要优于广告。好的故事本身就具有感染力和吸引力，企业可以将故事的叙事方法运用到产品的形象塑造及传播中，形成一系列深植人心的产品故事，使产品与消费者形成多层次、多方位的符号联结、情感联结，触动消费者的情感，给消费者留下独特的情感和印象，进而

触发一系列的消费行为和传播行为。

4．销售服务阶段

当产品制造完成后，如何将其成功推向市场并且获得收益是所有企业重点关注的问题。销售服务的目的就是让消费者对企业提供的产品及服务产生认同感，并且培养他们对产品的忠诚度，在这个过程中，企业会通过文化营销、赞助活动、IP 营销等各种手段和方式，将产品推向市场，让市场大众接受产品。

① 文化营销。文化营销是一种依托产品的文化与服务差异提升消费者的购买意愿的方法，它通过塑造品牌形象、提高产品质量、美化包装设计、增强宣传展示、提升服务品质等手段来强化消费者对产品的黏性。无论多么优秀的品牌，都要将具有差异化竞争优势的产品文化通过营销的方式向广大消费者进行传播，而优质的产品也需要通过合适的渠道送达消费者手中。例如海南岛的居民对服装消费的认知就与东北人有着很大的差异，前者对衬衣、短裤、裙子、拖鞋的消费认知要高于对皮衣、长靴的，而后者则恰好相反。因而企业必须研究文化的变化趋势及其对消费者购买行为的影响，为产品销售策略的制定提供支持。

② 赞助活动。利用活动赞助来包装企业、打造形象、树立品牌、推销产品，是企业营销的重要手段。赞助活动一般带有公益性质，但对于企业来说，赞助并不等同于捐助，而是一种营销行为，企业要通过赞助换取有利于自身发展的回报。现在各种社会活动，从体育赛事、文艺演出、歌唱大赛，到各种社会公益活动等，不少是企业赞助的。一般来说，赞助活动作为一种营销工具，比传统的广告更加有效，不但能获得广泛的媒体报道，与目标消费者直接接触，而且可以借助活动的社会影响，提高社会声誉，赢得公众支持和赞赏，为企业及其产品的形象增值。

③ IP营销。"IP"是指知识产权（Intellectual Property），它可以是一本书、一个卡通形象、一部电视剧，甚至任何用户喜欢的事物。IP营销是指在产品品牌中体现出来的特定的情感和文化元素的基础上，利用各种资源要素的优化组合，使产品充满生机与活力，以增强品牌的竞争力，最终实现品牌溢价，为消费者提供除产品使用功能以外的购买理由。IP营销之所以成功，主要是因为其具有较强的话题性和传播性，容易通过价值理念来聚拢粉丝，粉丝认可了价值理念，等于实现了身份认同和角色认可，于是产品就能得到信任。如三只松鼠的包装袋，本身就能实现很好的传播，很多人都说它的包装很萌，甚至会主动进行传播。

5．使用收藏阶段

在使用收藏阶段，做好售后服务是企业传递产品文化价值的重要保障；在此基础上，企业应当有志于将自己的产品做成"收藏品"，使之在其使用价值之外，更有值得收藏与纪念的文化价值。

① 售后服务。市场竞争越来越激烈，企业不仅要拼研发、拼技术、拼质量，也要拼文化、拼服务。确保售后服务质量已成为企业参与市场竞争的基本要求，构建独特的售后服务文化更是企业在市场竞争中立于不败之地的法宝。企业可以通过售后服务来提高企业的信誉，树立企业口碑，传播企业形象，扩大市场占有率。优质的售后服务是一种高明的营销手段，是下一次销售前最好的促销，是提升消费者满意度和忠诚度的主要方式。

② 收藏品。人类发展日新月异，新技术、新产品层出不穷，当今社会对"收藏"的观念大为改变，收藏对象也不再局限于古董、字画、工艺美术品、电子产品、家用电器、老爷车等各种各样的产品也在收藏之列。工业产品可谓

集工业美学之大成，它不仅仅是消费品，更是科技和艺术相结合的产物，在工业产品上可以看到人类生活方式的嬗变，也可以看到人类的进取精神和创新精神。因此，有了岁月痕迹的产品，人们总是想要留住它曾经的骄傲和荣光。随着时代的更迭、技术的进步，产品加快了更新换代的步伐，以前老旧产品常被当作破烂丢掉或低价处理，然而不知从何时开始，带有鲜明的时代特色的各种老旧产品在收藏领域逐渐吃香，市场价格成倍上涨，造型独特、存世量稀少的产品更是如此：20 世纪 20 年代的老电话，30 年代的半导体收音机、留声机，60 年代的海鸥相机、凤凰自行车等。

第五节　产品的文化溢价效应

产品文化定价权的高低由产品的文化溢价能力和溢价空间共同决定。产品的质量和性能是品牌的知名度、美誉度和忠诚度的物质基础，而凝结着文化内涵和魅力的品牌则会给消费者带来更多的精神享受。如果能有效地实施文化赋能，会极大提升产品的内在价值，使得产品在激烈的市场竞争中获取相对优势的地位，产生显著的文化溢价效应。

1．溢价能力与空间

产品溢价即产品的附加值，指在正常市场竞争条件下，高出市场销售价的那部分价格。产品的文化溢价意味着，在正常的市场条件下，不考虑产品本身性能的差异，存在着因文化元素而产生的价格差异。产品的文化价值是文化溢价能力的基础，产品溢价空间的大小决定了产品的销售价，也决定了产品的定倍率（销售价／成本）。一般情况下，由于消费者的文化价值认同和文化消费需求不同，产品的文化溢价空间存在较大差异。产品拥有的文化元素越多，文化溢价能力就越强；对该产品的文化消费需求越强烈，该产品的文化溢价空间也就越大。

某款产品所具有的文化内涵如果符合消费者对该产品文化价值的认知，并能满足消费者的文化消费需求和溢价支付意愿，那么该产品所拥有的文化内涵就会给产品带来较好的溢价效果。比如，一款名人代言的产品，若消费者认可这个名人并愿意以高出市场价的价格购买这款产品，说明该产品拥有较大溢价空间；但是，如果名人形象出现问题，消费者往往会在否认这个名人的同时也否认由其代言的产品，那么这款产品的溢价能力就会下降。

品牌是提升产品文化附加值最有力的武器之一。不同层次的品牌给产品带来的文化溢价不尽相同，可根据消费者对产品价值的认可程度对产品进行度量，从低到高分别为普通品牌产品、名牌产品、奢侈品、艺术品。其中，普通品牌产品指有一定区域知名度和质量保障的产品；名牌产品指具有高知名度和高品质的产品；奢侈品指超出人们生存与发展需要范畴的，具有独特、稀缺、珍奇等特点的消费品；这里所说的艺术品则是一种以满足人们的某种审美需求及精神需要为目的，可流通于艺术市场的工业产品。

一般情况下，根据产品价值在市场获得消费者认可的程度，不同产品的文化溢价空间总体上呈现的态势是：普通品牌产品＜名牌产品＜奢侈品＜艺术品。一般来说，普通品牌产品在市场竞争中主要是拼价格；名牌产品在市场竞争中主要是拼品质；奢侈品、艺术品在市场竞争中主要是拼文化。

通常而言，普通品牌产品的文化溢价空间小，名牌产品的文化溢价空间可以达到产品成本的好几倍，奢侈品的文化溢价空间可以达到产品成本的十几倍，而艺术品的文化溢价空间可以达到产品成本的几十倍，甚至几百倍。

产品文化溢价空间的大小决定了产品的销售价格，也决定了定倍率。文化溢价空间大，定倍率高；反之，文化溢价空间小，定倍率低。通常，普通品牌产品的定倍率为 2 ～ 5；名牌产品的定倍率为 5 ～ 20；奢侈品的定倍率为 20 ～ 50；艺术品的定倍率往往为 50 以上。

2．品牌

品牌是企业最为重要的无形资产。品牌与文化有着天然的联系，两者互为支撑，品牌的背后是文化，而文化是渗透在品牌经营全过程中的理念、意志、行为规范和团队风格的体现。消费者对品牌的认可，也是对产品、企业及其品牌文化的认可。

由品牌文化带来的心理感受与认同，是联结消费者心理需求与企业的平台，是品牌建设最高阶段的成果，它使人们在消费产品和服务时，能够产生一种心理和情感上的归属感，并形成品牌忠诚度。

品牌溢价是品牌的附加值。在正常市场竞争条件下，技术水平与功能相似的产品，却因品牌不同而售价不同，这就是品牌溢价效应。品牌溢价能力是企业实现更高售价、更高利润的有力武器。

企业经营的目的就是追求利润，具备溢价能力就能够通过提高产品价格来追求利润率，而不是致力于生产成本的控制与降低。全球著名广告公司恒美（DDB）指出，一个强势品牌的产品价格可以比其他一般品牌高出 40%，同一市场上排名第一的品牌，平均而言溢价可以比排名第二的品牌高 10%。一个卓越的品牌能产生溢价能力，关键在于消费者能感受到品牌的形象并认同品牌的文化[1]。

---

① 郭筱君．从品牌文化看奢侈品的溢价效应 [J]．市场营销导刊，2006(5): 62–65.

消费者在购买产品时总是以实现利益最大化为目的。所谓利益最大化，就是在产品给自己带来一定期望效用的同时，所耗费的成本最小，或者是在一定花费的基础上，产品带来的期望效用最大。购买产品时，由于信息不对称，一部分消费者愿意为那些拥有好的信誉的名牌付出更多的代价，以减少不确定性带来的损失，这样名牌便能获得消费者更高的品牌溢价支付意愿。与此同时，为了保持或者提高其品牌溢价能力，企业会加强产品的品质管理，致力于建立长期的信誉，提高自己品牌的价值。在选择名牌和普通品牌的过程中，可以确定这样一个评价标准：购买名牌所多支付的品牌溢价应该小于等于购买普通或没有牌子的同种产品可能带来的损失，只有这样消费者才会购买名牌。消费者的期望效用与品牌溢价支付意愿之间至少存在以下关系。

一是并不是所有的消费者都愿意支付品牌溢价，那些对品质敏感的消费者比那些对品质不敏感者更愿意支付溢价，但那些对价格敏感的消费者比那些对价格不敏感者更不愿意支付品牌溢价。

二是品牌经营必须建立在产品和服务的良好质量的基础上，只有提高产品和服务的品质，才能发挥品牌作为信誉载体的作用。

三是品牌知名度越高，向消费者传递的信息就越强。为了规避购买其他品牌的产品所带来的不确定性，一些风险厌恶型的消费者更愿意购买知名度较高的、熟悉的品牌的产品，所以名牌可以获得更高的品牌溢价。

四是产品的内涵越丰富，品牌溢价能力越强。

五是品牌溢价效应的强弱与当前市场上竞争品牌的数量也有关系。显然，两者之间往往成反比关系，即随着竞争品牌数量的增加，品牌溢价效应可能会减弱。因为众多的品牌之间肯定会进行激烈的竞争，这种竞争又容易演变为价格的竞争，从而导致消费者的品牌溢价支付意愿降低。

3．奢侈品

奢侈品拥有卓越的溢价能力与空间，它能够获得高溢价，最主要的原因在于成功塑造了品牌的核心精神与价值观，并向消费者传递出始终如一的品牌形象与个性，从而促使奢侈品文化形成，并产生了附加值。要打造一款成功的奢侈品，宏观环境、文化背景、创新创意、工艺品质、传承守正、精准定位、高端策略和品牌管理等因素不可或缺。

奢侈品在社会文化领域扮演着重要的角色。中国曾经也是奢侈品的产出大国，随着古代丝绸之路的开辟，中国的瓷器、丝绸、香料等物品就是当时国外皇室及其民众争相购买、追捧的奢侈品。奢侈品涵盖的领域广泛，除了私人飞机、豪华游艇、顶级轿车、奢侈珠宝、世界名表、烈酒与葡萄酒、化妆品与香水、豪华不动产与酒店等外，还有消费电子产品、食品、服饰、生活用品、家居装潢、俱乐部等数十个细分行业。

奢侈品文化需要营造与延续。一件奢侈品的制作可能要花费数月，一个奢侈品品牌则需要数十年才能形成，会延续超过百年。例如轩尼诗（1765 年创立）、江诗丹顿（1755 年创立）、尚美（1780 年创立）、芝柏表（1791 年创立）、芝华士（1801 年创立）等都延续了两百多年。时间较短的也需要数十年的时间积累，诸如阿玛尼（1975 年创立）、范思哲（1978 年创立）等。

当下流行的奢侈品迎合了全球消费结构向高端化、时尚化升级的趋势。人们对奢侈品的追逐，不仅是因为奢侈品是地位和财富的象征，还因为它能彰显品位与格调，表达了人们对精致、优雅生活的向往。因此，奢侈品设计的内核，在于其精神内涵和价值意义的建构，要提供极致体验，不停地挑战消费者的品位和产品质量的极限。

奢侈品具有一定的保值功能，并形成了一套独特的商业模式，不少奢侈品维持品牌的"高贵身份"的方式就是很少打折，甚至会通过不断涨价来刺激消费需求，因为价格标低了，反而可能遭到冷落。这种商业模式强调的是与消费者保持"距离感"——够不着的才是奢侈品。在这个行业，价格不是问题，大家信奉的是"你觉得值就值"，如果 LV 包标价 800 元，消费者肯定会产生一致的反应：假货！

在经济学中，奢侈品定价独树一帜，走高价路线是它定价的黄金法则，这或许就是建立在普通消费品营销逻辑上的理论无法适用于奢侈品品牌的原因之一。

4．艺术品

爱美之心，人皆有之。把产品做成艺术品，是每一家企业的梦想。如果产品既能满足消费者的审美情趣，又具备日常使用功能，让人生活在文化的天地，徜徉在艺术的海洋，那么如此美丽的生活该有多惬意！艺术品天生就具备这样的属性！

此处所谈的艺术品主要是指一些既具有使用功能，又具有艺术品特征的工业产品，这类产品既能满足消费者对艺术品审美情趣的想象，又能够满足消费者对一定使用价值的需要，达到了工业产品生产的最高境界。

奢侈品不等同于艺术品，艺术品则是奢侈品的升华。艺术品强调手工打造或小批量生产，定制化的艺术品甚至可能独一无二；而奢侈品是消费品，一般能规模化生产。艺术品受供求关系的影响较大，价格可由买卖双方协商；奢侈品的价格相对稳定，不会因为稀缺和受欢迎而随意扩大产量和提价。

艺术品价值主要包含精神和物质两种属性。艺术品价值的精神属性主要通过艺术价值和历史价值来体现。艺术价值是艺术品固有的特质，它代表着制造者的艺术造诣和工艺水平，所反映的可能是文化品位、艺术风格和精神追求。历史价值是艺术品在历史上的地位，表现为其在一个时代的特有价值。艺术品在不同的时代往往有不同的解读、不一样的影响，因此，区别于艺术价值，历史价值不一定是艺术品本身所固有的，但一定是时代赋予的，而且随着时代和鉴赏群体的不同而发生变化[①]。例如，一件"明成化斗彩鸡缸杯"在 2014 年香港苏富比春季拍卖会上，以约 2.8 亿元的价格成交。

艺术品价值的物质属性主要通过使用价值和经济价值来表现。与一般商品不同，艺术品的使用价值分为两部分：一部分是艺术品的实用性，如工艺美术品；另一部分是隐藏在艺术品这一实物形式背后的艺术审美体验。但是随着时间的流逝，艺术品的实用性一般会转化为历史价值，而其艺术审美体验则使自身的艺术价值更为丰厚。经济价值主要指艺术品的市场价值，它通过市场价格来体现。

不同于一般商品的价格，艺术品价格是艺术品价值在市场中的经济体现，是用货币来衡量的艺术价值、历史价值、使用价值、经济价值的综合体现。"物以稀为贵"，艺术品的唯一性使其具有稀缺性的特点，艺术品一般不是工业化、标准化的大批量产品，它是个性化、小众化的产物，因而艺术品是独特的、多样的，有其鲜明的个性色彩。

海尔创始人张瑞敏曾讲过这样一个故事。在德国访问时，他询问一位经销

---

① 胡静. 论艺术品价值价格形成机制与投资策略 [J]. 文化产业研究，2008(3): 57-65.

商的太太是否知道海尔。对方回答知道，并认为海尔冰箱不错。于是他又问她是否会在德国买海尔冰箱，对方回答不会，"我只会买美诺，因为美诺不是产品，而是艺术品"。张瑞敏为对方的话所震惊。很多具有前瞻性战略眼光的企业家都会思考：如何使产品成为艺术品？只有拥有了自己的思想、文化、设计及创意的产品，才可能被称为艺术品。而当一款产品成为消费者心目中的艺术品时，什么样的消费者不能被征服？什么样的市场不可被占领？

第十七章

全球工业文化实践

在人类工业化探索实践中，许多国家和地区都孕育出独具特色的工业文化典型，它们在不同历史阶段对工业发展起到了引领示范的推动作用，其成功经验值得借鉴与学习。英国、法国、德国、美国、日本等工业发达国家在保护与利用工业遗产、传播工业文化、推广工业设计、培育创新文化、弘扬工匠精神等方面为人类作出了巨大贡献。中国在工业现代化建设中也取得了举世瞩目的辉煌成就，并形成了独具魅力的中国特色工业文化。

第一节　英国铁桥峡谷工业遗产

1765 年，英国纺织工哈格里夫斯发明"珍妮纺纱机"，拉开了第一次工业革命的序幕。伴随着工业革命的开展，英国工业化和城市化进程快速完成，其浪潮迅速席卷了整个欧洲，不仅对世界产生了巨大影响，也给英国留下了丰富的工业遗产。1986 年，英国铁桥峡谷被收录为世界文化遗产，这是世界上第一例以工业遗产为主题的世界文化遗产。之后，布莱纳文工业景观、德文特河谷工业区、新拉纳克、索尔泰尔、康沃尔和西德文矿区景观、庞特基西斯特水道桥与运河等进入了《世界遗产名录》。

1．工业遗产的由来

铁桥峡谷，原名为塞文河峡谷，位于英格兰中部地区什罗普郡，是 18 世纪世界最重要的工业中心之一，汇集了采矿区、工厂和仓库，巷道、轨道、坡道、运河和铁路星罗棋布，由此形成"古老"运输网络，18 ～ 19 世纪的钢铁厂厂长住宅、工人宿舍及各类公共设施点缀着峡谷森林。铁桥峡谷拥有丰富的炭、矿石、黏土和石灰石等资源，英国第一长河——塞文河将峡谷与布里斯托港及外部世界联系起来。

1709 年，来自布里斯托的制铁人亚伯拉罕·达比一世在此完善了用焦炭熔解铁矿石的流程，创造出一套产量更高且相对廉价的制铁工艺。这项重要的技术革新给当地带来了空前的繁荣，首个铁车轮、铁轨、蒸汽汽缸和船舶，首个铁架建筑物、高架渠和桥梁陆续在此诞生。1777—1781 年，达比一世的孙子达比三世在该地区的特尔福德新城，建造了一座横跨塞文河的拱形铁桥。该铁桥全部用铁浇铸，是世界上第一座铁铸桥。铁桥连接起了包括科尔布鲁克代尔、梅德里和科尔波特在内的工业区，成为英国工业革命时期最具代表性的建筑，塞文河峡谷也因此更名为铁桥峡谷。

2．工业遗产的价值

作为工业遗产，铁桥峡谷具有重要的历史价值，它见证了工业活动对历史和今天所产生的深刻影响。铁桥峡谷所贡献的不只是一座桥梁，它是工业革命的发源地，是工业化进程的见证者。

铁桥峡谷具有重要的文化价值，它见证了工业景观所形成的无法替代的城市特色。铁桥峡谷的遗存，包括大量的采矿地、工厂、工场、仓库、铁匠及工人的居所、公共建筑、基础设施、运输系统，以及塞文河谷的森林等自然景观，再加上与当地有关的大量人物、作业程序和工业产品的文物及档案，使其作为工业遗产的价值更加突出。

铁桥峡谷具有重要的社会价值，它承载着真实和相对完整的工业革命时代的历史信息，有助于人们追溯以工业为标志的近代社会历史，有利于未来世代更好地理解这一时期人们的生活和工作方式。保护工业遗产是对当地历史和人类社会创造力的尊重，是对传统产业工人历史贡献的纪念和对其崇高精神的传承。

铁桥峡谷具有重要的科技价值，它见证了科学技术对工业发展的突出贡献。

铁桥的建造标志着人类向机械时代发展。对于铁桥的建造，尽管铁桥连接的方法不太成熟，却是首次应用了预制构件的施工方法。

铁桥峡谷具有重要的经济价值，它见证了工业发展对经济社会的带动作用。铁桥峡谷通过建立博物馆群等模式，经过数年运营发展，不但成为世界工业旅游胜地，同时带动着特尔福德从贫困衰退的旧工业区发展成为奋发进取的文化繁荣区。

铁桥峡谷具有重要的美学价值。现代主义建筑审美趣味的来源之一，就是机器和工业的构造逻辑及精密结构本身所蕴含的美。工业革命催生了新技术、新材料和新工艺，大大促进了人类建造技术的提升。这座铁桥，是工业建筑的典范，具有工业美学价值及技术美学价值。

3．博物馆群保护利用模式

1967 年，独立的慈善组织——铁桥峡谷博物馆基金会成立，主要负责阐释铁桥峡谷的历史景观和内涵，专门维护、辅助博物馆的运营与建设，旨在鼓励参观者参与及支持铁桥峡谷工业遗存的保护。这些遗存除博物馆以外，还包括图书馆、游客中心、青年旅社、考古遗址、山林、房屋、教堂等。铁桥峡谷博物馆基金会通过门票收入、筹款、贸易、商业活动，以及捐赠、资助等获取资金，用于博物馆的发展和营运，它对工业遗产规范、灵活的管理模式值得借鉴。

工业遗产资源所蕴含的巨大价值，为现今人们保护、开发和再利用工业遗产提供了强大的动力。铁桥峡谷开始在保护原有工业遗存的基础上建造主题博物馆，让这一有特殊意义的工业遗存得到新生。铁桥峡谷先后建立起 10 个主题鲜明、风格各异的博物馆，博物馆群遂成为其遗产保护的主要模式，包括分别以钢铁、瓷器、瓷砖等为主题的博物馆，统称为"铁桥峡谷博物馆"。

铁桥峡谷博物馆，向世人展现了一个工业区的发展缩影，令人惊叹不已。大量的采矿中心、工业转化设备、工厂生产设施、工人生活区，以及交通网络及大量的文献记录等均保存完好，足以成为一个具有连贯性的教育整体。

4．工业旅游胜地

完整保存下来的遗产资源既是发展工业旅游的物质载体，也是成功申报世界文化遗产的基础。自成为世界上第一个因工业而闻名的世界文化遗产后，铁桥峡谷就揭开了工业遗产保护运动的序幕。通过合理的保护与开发，今天的铁桥峡谷已发展成工业旅游胜地，是工业遗产保护开发再利用的典范。

铁桥峡谷成为世界文化遗产，也为当地带来相应的利益，提高了地区知名度，吸引了各种文化基金对工业遗产保护的长期投入，并且促进了旅游业的发展，扩大了就业机会，同时给当地社团和义工从事各类义务活动提供了机会。

旅游业极大地促进了该地区的经济发展，使工业衰落的地区成为旅游胜地，实现了经济的转型。今天，铁桥峡谷的自然环境已经得到全面恢复，青山绿水掩映着工业遗迹，对游客来说别有一番情趣。

对英国铁桥峡谷相关工业遗存的有效保护，突出了英国的城市文化特征，提升了城市形象，促进了当地经济发展。特定历史时期的物质遗存，不仅让参观者看到当年英国工业革命的情景，更折射出工业先驱们开拓创新、不畏艰险、勇于探索的精神。

第二节　法国巴黎航展

航空展会经过一百多年的发展，已经成为航空航天产业中的一个独立行业。法国巴黎航展是世界五大航展之一，此外还有英国范堡罗航展、新加坡航展、俄罗斯莫斯科航展、中国珠海航展。随着国际竞争的加剧，航展从最初由飞行爱好者主导的飞机展示会演变为制造商展示飞机、争夺订单的竞技场，甚至逐步发展为国与国之间比拼航空航天科技、军工实力的无声战场。

1．航空科技展示与交流

巴黎航展的全称是巴黎－布尔歇国际航空航天展览会，它由法国航空航天工业协会组织，是久负盛名的航空航天科技交流和商贸集会。首届巴黎航展于1909年举办，随后每年举办一次，但自1919年之后，则每两年举办一次。

巴黎航展聚集了来自世界各地的参展商，从引擎制造商和飞机系统集成商等技术巨头到三四级中小型企业，均在此展示产品，寻找合作伙伴。展品不局限于飞行器、战斗机、教练机、运输机、加油机、特种飞机、无人驾驶飞行器、直升机、飞行模拟器及训练设备，还包括导弹推进单元、机载电子设备、导弹、火力装备、飞行控制、机场设备、空中反击防御系统。此外，航展上还会展示太空技术、军事航空与防务技术、防卫系统、推进系统、零配件、局部装配、原材料、着陆系统、航空制造设备、安装维修设备和服务、机场技术、太空探索、卫星技术、无线通信、综合运输系统等。

2．工业科普与大众娱乐

巴黎航展的各展馆里会播放宣传片，静态展示区会设立展示航空科研的专区，介绍未来飞机的技术路径；在展场的各个区域、新闻中心，都摆放着大屏幕电视机，实时转播飞行表演的画面，对于飞行表演的解说准确到位，十分专业。这些都起到了普及航空知识的作用。

同时，法国航空航天工业协会会组织向年轻人推广航空航天生产相关职业的活动。如在第五十一届巴黎航展上举办了"飞机职业"活动，让航空航天产业的职工向观众介绍 15 种与生产相关的技术性和操作性职业，包括调试工、安装工、焊接工、锅炉工、线缆工、机械工等。

飞行表演实际上是由一系列飞行特技表演组合而成的，特技是飞行表演的灵魂。航空展会上一般都设有飞行表演项目，可以吸引大量观众，产生较大的社会影响力和文化传播效应。

3．国家工业形象与企业品牌展示

航空工业属于高端制造业，巴黎航展可以说是国家工业形象和航空航天技术综合实力的展示。参展国家会带着自己的主力机型参展，有些还是概念机、模型甚至一张概念图。例如空客的自动驾驶电动垂直起降飞机，波音的自主载人电动垂直起降飞行器，德法联合研制的六代机等。法国空军"幻影"2000、"虎"、NH90、A400M，以及各种导弹、机炮、雷达逐一亮相；美国陆海空军派出了一些军机参加静展，如 P-8 反潜巡逻机，F-16、F-15 战斗机，A-10攻击机，WC-130J 气象侦察机，"黑鹰""支奴干"直升机等。

巴黎航展也是企业宣传的平台。近十年，每届巴黎航展都有来自全世界的两千余家参展商在航展期间举办主题发布会、客户见面会、合作项目洽谈及重点项目签约等丰富多彩的业务活动，向客户展示企业形象，传播品牌文化。

第三节　德国红点设计奖

红点设计奖（Red Dot Design Award）于 1957 年在德国设立，经过六十多年的发展，已成为一个具有全球影响力的设计竞赛品牌，与德国 iF 奖、美国 IDEA 奖并列为"世界三大工业设计奖"。

1. 具有国际影响力的工业设计奖

在红点设计奖设立之初，主要是面向工业设计领域，影响范围主要是德国本土，参赛产品也主要来自德国的本土企业。红点设计奖的发展与德国工业的发展可谓"同频共振"，"德国制造"和"德国设计"逐渐享誉世界，红点奖也开始走向世界，发展成世界范围内最令人心驰神往的设计奖项之一。目前，红点设计奖分为三大主类：产品设计奖、品牌与传达设计奖、设计概念奖。红点奖的获奖数量不固定，根据每年提交作品的质量而定。

2. 选评及推广模式

红点设计奖的评审注重独立性、专业性和公正性。每年，红点设计奖评审方能收到来自全世界几十个国家的一万多件作品，经过严格的评审，选出获奖作品。在这些获奖作品中，被冠以"Best of the Best"称号的，是优中之优。

红点设计奖评选的标准极为严格，以参选作品的创新程度、设计美感、市场性、耐用性、功能性、人体工学及环保等要素作为评选重点。按照红点设计奖组委会的介绍，每年会组建一个由世界各国知名设计人士组成的评审团，评审团中的每个成员都是各自领域的权威，充分保证了评审质量和裁决公正。同时，评审们也可以聚在一起，评估参选作品，根据评审标准，就不同领域的参选作品进行辩论和讨论，从而更客观公正地作出评审决定。

红点设计奖的参选作品可以来自汽车、建筑、家用、电子、时尚、生活科学及医药等诸多领域。由于评选标准严格到近乎苛刻，该奖项被看作设计潮流和发展趋势的风向标，代表着该领域全球顶流的工业设计水平。获得红点设计奖，意味着作品获得了权威的认可，并将得到最大范围的推广。

3．助推德国制造品质提升

红点设计奖被公认为具有国际性与权威性，与德国工业设计长期以来强调的理性原则、人体工程原则、功能原则及强烈的社会目的性和责任感是分不开的。

德国是一个具有极强设计意识的国家，拥有先进的技术、严格的设计、规范的生产流程，不仅产品的造型及视觉效果独树一帜，而且对产品质量和功能的把控更是严格，因此红点设计奖集艺术与技术双重标准为其评判依据，其全球影响力和权威认可度是当之无愧的。1923年包豪斯提出"艺术与技术的新统一"这一新的设计理念，指出技术不依赖艺术，而艺术离不开技术。德国的工业设计基本摒弃了传统而烦琐的装饰，从简约的造型和严谨的功能中汲取美感，严格保证产品的质量，因此"德国制造"也就意味着品质保证。

红点设计奖是德国理性功能主义多元化设计时代下的产物，在客观上为德国设计领域的发展和推广起到了积极作用。目前红点设计奖已经发展成了一个综合性运营的品牌。除了举办设计竞赛之外，还拥有出版物（年鉴）、网站、商店和博物馆等。在德国，红点设计博物馆拥有展品超过2000件，是世界上最大的现代设计博物馆之一。此外，还有两座红点设计博物馆，分别落户于新加坡和中国厦门。

第四节　美国硅谷的创新文化

美国硅谷是全球高新技术中心，汇聚着微软、谷歌、苹果、英特尔、惠普、思科、甲骨文、Meta、英伟达等众多世界知名高科技公司。因而提起硅谷，大多数人首先想到的是高科技、新经济及巨额财富，但很少有人将它与文化联系在一起。其实，硅谷的高速成长，与其鼓励创新、宽容失败的创新文化息息相关。

1．美国硅谷的崛起

硅谷位于美国加利福尼亚州北部，一个世纪之前，还是一片果园。高科技公司落户之后，这里逐渐发展成了一座繁华的市镇。硅谷的特点是以附近一些具有雄厚科研力量的知名大学为依托，如斯坦福大学、加州大学伯克利分校等，集科学、技术、生产于一体。

尤其是斯坦福大学，该大学的特曼教授被称为"硅谷之父"。他鼓励学生将理论成果转换为产品；同时，他推进了斯坦福工业园区的开辟，并将土地租给创业者们。在硅谷快速发展的几十年间，硅谷有超过1200家公司的创始人来自斯坦福大学。

2．创新文化筑就创新中心

硅谷的创新文化与硅谷的成长相辅相成。硅谷之所以成为全球创新中心，是因为它具备一系列的优势，包括创新的人才、创新的技术、创新的组织、创新的机制和创新的政策。

（1）创新的人才

硅谷创新文化形成的关键，在于拥有一大批创新人才，这些人才包括工程师、科学家、咨询专家、设计师、企业家和投资家等。从惠普公司的惠利特、普卡德，英特尔公司的诺斯、摩尔，到苹果公司的乔布斯、沃兹尼亚克，甲骨文公司的埃里森，再到网景公司的克拉克，雅虎公司的杨致远，不断涌现的创新人才推动了硅谷的成长，促进了硅谷创新文化的形成。硅谷创新文化具备以下特征。

一是强烈的创业意识和创新精神，一旦有了好的想法，就千方百计地开公司，将自己的想法付诸实践；勇于冒险，不怕失败，有强烈的创新精神和创业冲动，对技术创新异常执着。

二是拥有庞大的面向创新的非正式社会网络，洋溢着开放、协作、进取的气氛。硅谷的公司往往实行扁平化管理，管理者和员工之间没有严格的等级划分。在企业之间存在经常性的人员流动，大量的技术移民扎根硅谷，与其母国形成各种各样的关系，共享创新理念、信息、技术、人力资源和其他资源。

三是包容的移民文化。在硅谷的创新人才中，有相当一部分是来自印度、中国等国家的技术移民，这些技术移民受过高等教育，具有较强的专业技能，他们不仅改变了硅谷的人口构成，更重要的是注入了多元化的创新力量。多元文化的融合，形成了硅谷多姿多彩、活力无限的移民文化。

（2）创新的技术

硅谷的成长史，不仅是一部创新人才的创业史，也是一部技术创新的发展史。硅谷的四次成长浪潮与国防技术、集成电路、个人计算机、互联网的发展同步，呈现出科技创新驱动发展的典型特征。

硅谷创新人才的创新行为源于对技术创新的无限渴望和不懈追求。个人电脑、集成电路、网络、航天飞机、激光手术、心脏移植、基因裂变等成千上万诞生于硅谷的科技发明创造，改变了人们的生产生活方式，影响着人类社会发展的进程。

硅谷源源不断的技术创新，一方面促进了各类高科技产业在硅谷生根、簇集、成长，另一方面使创新气氛愈发浓厚。受硅谷高速成长的吸引，大量创新人才纷纷涌入硅谷，使这里成为一个巨大的创业基地。

（3）创新的组织

硅谷的创新文化，在很大程度上还源于产学互动的创新组织模式。产学互动使各种创新设想成为可能，不仅促进了各类高科技公司的成长，而且进一步激发了创新人才的创新欲望和创新灵感。根据美国学者萨克森宁的研究，硅谷以网络为基础的工业体系的形成，是为了不断适应市场和技术的迅速变化。在该体系中，企业的分散格局鼓励企业通过技能、技术和资本的自发重组谋求多种技术发展机遇。硅谷的生产网络促进了集体学习技术的过程，缩小了大企业和小企业之间，以及企业内各部门之间的差别。

（4）创新的机制

硅谷的高速成长还得益于两大创新的机制——风险投资和股票期权，前者为创新人才提供了创业资金，后者解决了创新人才的激励问题，两者共同成为硅谷创新文化的活力源泉。无论是 20 世纪 60 年代末半导体工业的发展、80 年代个人计算机和软件业的兴起，还是 90 年代至今方兴未艾的互联网，都离不开风险投资的支持。一方面，它加快了技术创新成果商业化的速度，促进了一批又一批高科技创业型公司的成长；另一方面，它驱动了硅谷技术创新的加速实现，促进了创新文化的形成和深化。而股票期权将员工的利益与公司的利益紧密结合在一起，极大地调动了员工的热情。从某种意义上说，它是对硅谷创新人才的创新行为的一种有力肯定，激励着他们一次又一次地投入新的创新活动中，使硅谷充满了创新的活力和氛围。

（5）创新的政策

虽然硅谷的成长是民间力量推动的结果，但是在硅谷的成长历程中，美国政府部门的作用不可忽视，它主要扮演了投资者、消费者和组织者三种角色。

冷战期间，因军事需要，美国政府向具有科研能力的大学和科研机构大量拨款，支持技术创新研究。在此期间，斯坦福大学和加州大学伯克利分校受政府资助，分别建立了后来享誉世界的斯坦福直线加速器中心和劳伦斯·伯克利国家实验室。硅谷的阿莫斯航空航天中心也获得政府的大量科研经费与支持，迅速发展成一个开发空间尖端技术的重要基地。与此同时，美国政府还通过订单方式，向硅谷的公司进行政府采购。

如果说在硅谷发展的早期，美国政府主要以投资者兼消费者的身份出现，那么在之后的几十年中，它更多的是发挥组织者的作用。美国政府通过制定各类规则，为硅谷的创新人才提供了自由广阔的创新舞台。对硅谷发展影响较大的规则有创业、税收、移民、金融、反垄断等方面的法律和政策措施，以及各类支持技术创新的计划和法案。

3．硅谷创新文化内涵

硅谷创新文化是一种求异求新的文化，硅谷人的创新意识和创新活动，构成了硅谷文化的核心内涵，这个文化内核又感染、影响了"新硅谷人"。

第一，冒险与试错精神构成了硅谷创新文化的根基。冒险精神是解除风险忧虑、正视失败和困难、克服心理障碍的第一关，也是敢想敢干、当断则断的动力源泉。试错精神就是积极开拓，持续不断地展开创新。这种甘冒风险和不怕失败的精神成为创建企业、成就事业的起点和驱动创业企业逐步做大、做强的信念。

第二，用知识和科技创造财富是硅谷创新文化的核心理念。知识和科技是经济总量增长和质量提高的主要推动力，依托丰富的科教资源与创新资源，硅谷及其创业企业大力发展知识经济和高新技术产业，其特点在于通过不断创新与创业把过去未曾商品化的技术转化为市场上的商品，依靠知识和科技创造财富。

第三，团队精神、信托机制、社会关系网络构成了硅谷创新文化的契约。在知识经济条件下，无论是技术创新、产业组织还是市场开拓，都难以依靠独立的人或孤立的组织来展开和实施。硅谷为了更有效地展开创新创业，形成了创新创业的契约组合——通过团队精神提升一个组织的凝聚力和战斗力，通过信任文化及信托机制优化社会分工与合作，通过社会关系网络扩展人脉并集聚社会资本。

第四，企业家精神不断丰富创新文化的内涵。工业化时代，创新、冒险、敬业、执着等已经成为企业家精神的重要内涵，而在以信息产业为主导的新经济发展时期，企业家精神的内涵不断被强化和拓展：奉献是归宿，合作范围更加广博，学习成为关键，诚信是基石。

第五，改变世界的梦想成为硅谷创新文化发展的新高度。"改变世界"已成为诸多创业者的追求。对于一个硅谷的企业来说，找到一个合适的商业模式可以使之在市场夹缝中生存，但是从根本上创新一套商业模式才能影响世界、改变世界。这样一套全新的商业模式的本质，是创造全新的价值，既包括提供全新的产品、服务，也包括创新资金运作流程、生产组织运行方式，以及开辟新的市场。

第五节　日本匠人文化

在日本文化中根深蒂固的匠人文化，经过对工业时代的适应，成了日本制造业乃至其各产业的一大特质，更是日本制造业走向世界前列的重要支撑。匠人精神是一种情怀、一种执着、一份坚守、一份责任，它已融入日本人的职业操守中，成为其民族精神的一部分。在众多的日本企业中，匠人精神是企业领导人与员工共同的价值观，正是它培育出了企业的内生动力。即便在接受现代化大规模生产方式之后，日本依旧坚定地延续着对于过去那种近乎偏执的匠人文化的追求。只不过此时，匠人文化不只体现在单一部件或产品中，也体现在批量生产的大量部件或产品中。

1．秋山学校的"匠人须知30条"

在日本人的眼中，匠人拥有很高的地位。日本人甚至把那些有特殊技能的人誉为"人间国宝"。日本的传统手工匠人拥有极强的自尊心。对于他们，工作做得好坏和自己人格的荣辱直接相关。过去的日本流传着这样一句话："只要专注、踏实地做好一件物品，哪怕只是一枚螺丝钉，也能获得成功。"这种传统匠人精神中最重要的一点是关注细节。这些匠人一辈子专注于一件事，追求手艺的熟练精巧，对自己经手的每件作品都力求尽善尽美。

日本的这种细节文化在"秋山木工"这家企业里尤其突出。秋山木工在日本木工界的地位显赫，其创始人秋山利辉还创办了"秋山学校"，该校对学员的要求极为严格，因为其目标是培养木工界的超级明星。

秋山利辉从小就在木匠手艺方面展现出了过人的天赋，放学后，他喜欢去看镇里的手艺人工作。小学四年级时，秋山利辉就接到了很多木工活，同村的婶婶们常常让他帮忙修一修小屋或者搭一个架子。秋山利辉经常一边看木匠干活，一边琢磨这些木工活，并且判断这个木匠人怎么样。后来他发现，凡是对人热情的木匠，手上的活也不错；反之，对人不耐烦的木匠，手上的活也不怎么样。

中学毕业后，秋山利辉进入日本大阪寄宿式的技工学校，16 岁入校，22 岁成为匠人。学成后，秋山利辉加入木工所，由于天分与努力，很快成为木工所中收入最高的匠人。之后，他先后进入了东京排名第一和日本排名第一的木工所。由于秋山利辉在正常的工作时间内完成了同事要加班才能完成的工作任务，做得又快又好，老板觉得他的存在会让同事变得焦虑，就把他开除了。在被开除之前，秋山利辉完成了天皇正殿的家具的制作，该家具现在值 1 亿日元，到今天仍然被使用着。

1971 年，27 岁的秋山利辉创立了"秋山木工"。在日本，每年会举办一次木工技能比赛，每次秋山木工都会囊括金银铜奖。

秋山利辉教学员们的不仅仅是技术，更是人性、心性和德行。

"匠人须知 30 条"便是秋山利辉重视人才品格所设立的独特工匠培养制度，其内容包括进入作业场所前必须打招呼，学会联络、报告、协商，做一个开朗的人，能够正确听懂别人说的话，和蔼可亲、好相处，有责任心，执着，"爱管闲事"，乐于助人等。这些看起来只是一些简单的做人的道理，秋山利辉却让学员用八年的时间来践行。

2．汽车产业的匠人精神

日本的汽车工业处于世界顶尖的地位，这除了得益于日本发达的科技，匠人精神同样起到了关键作用。"细节出魔鬼"，日本历来注重细节，日本的汽车产品能够占领世界市场，精雕细刻是它攻城拔寨的法宝。

以在生产管理方面闻名的丰田为例。20 世纪 50 年代，丰田的大野耐一提出了"自働化"，其中"働"字是有人字旁的，强调人机的最佳结合，而不是单单的用机械代替人力的自动化。所以，"自働化"与一般意义上的"自动化"不一样，它是在产业界享有盛誉的"丰田生产方式"（Toyota Production System，TPS）的一环，与准时生产方式（Just in Time，JIT）理念一起，并称"丰田生产方式"的两大支柱。

"自働化"乃至 TPS 都诞生于第二次世界大战后处于复苏期的日本，此时，包括丰田在内的日本企业，均面临着设备老旧、原材料缺乏、融资困难等问题，其平均劳动生产率远低于当时处于全球最高水准的美国汽车企业。在这种不利局面下，丰田唯一的出路是在不大规模更替设备的情况下，尽可能地减少生产环节中的一切不必要的浪费，增加员工劳动的附加值，提高效率。换言之，就是通过人的精益求精，进行生产的合理化，充分利用现有的一切资源，弥补与拥有先进设备的美国汽车企业之间的差距。

基于日本传统文化中匠人文化的丰田生产方式，自诞生以来，实际上已经改变了全球产业界对生产管理的认知。自动化是单纯地发挥机械本身的性能，而"自働化"是把机械和操作机械的人作为整体考虑，全面推行提升品质和效率的精益化生产方式，注重以人为根本，发挥人的最大价值，消除作业中的无价值动作，最大程度地降低产品的故障率。丰田旗下车型的高可靠性和高耐久性，很大程度上归功于这种生产管理方面的优越性。

第六节　中国的工业精神与班组文化

自 1949 年以来，中国工业在一穷二白的基础上，建立起独立的、相对完整的现代工业体系，推动中国从一个物资极度匮乏、百废待兴的国家发展成世界经济的引擎、全球的制造基地。在中国工业的发展实践过程中，工业精神发挥了巨大作用，各条工业战线涌现出许多的典型人物，形成了自力更生、艰苦奋斗、无私奉献、爱国敬业、开拓创新等具有中国特色的工业精神，为工业发展提供了强大的精神动力。

1．"两弹一星"精神

"两弹一星"，最初指原子弹、导弹和人造卫星，后来演变为原子弹与氢弹合称核弹。因而，现今的"两弹一星"通常指导弹、核弹、人造卫星。

1955 年年初，中国开始建立核工业。从 20 世纪 50 年代后期到 70 年代初期，在中共中央的统一组织协调下，各部门、各地方、各部队协同攻坚，执行"自力更生，过技术关，质量第一，安全第一"的方针，经过一大批科技人员、指战员、干部和职工的共同努力，"两弹一星"取得重大成就：1964 年 10 月 16 日，中国第一颗原子弹爆炸成功；1966 年 10 月 27 日，中国第一颗装有核弹头的地地导弹飞行爆炸成功；1967 年 6 月 17 日，中国第一颗氢弹空爆试验成功；1970 年 4 月 24 日，中国成功发射了第一颗人造地球卫星。"两弹一星"在国际上引起了巨大反响，极大地提升了中国的国际地位。

"两弹一星"精神，体现的是 20 世纪中国国防科技工业战线自强不息、艰苦奋斗的民族工业精神。1999 年 9 月 18 日，在庆祝新中国成立 50 周年之际，由中共中央、国务院及中央军委制作了"两弹一星功勋奖章"，授予 23 位为研制"两弹一星"作出突出贡献的科技专家。"两弹一星"精神进一步概括为"热爱祖国、无私奉献，自力更生、艰苦奋斗，大力协同、勇于登攀"。

"两弹一星"精神凝聚着科技工作者和国防工业建设者报效祖国的爱国热情，反映出他们坚定的理想信念和崇高的精神境界，是中华民族的优秀文化传统和工业精神在尖端技术领域的集中体现。"两弹一星"的研制实现了高水平的技术跨越。从原子弹的诞生到氢弹研制成功，我国仅用了两年零八个月的时间，比当时美国、苏联、法国所用的时间要短得多。在导弹和卫星的研制中所采用的新技术、新材料、新工艺、新方案，在许多方面大大超越了过去的水平。广大科研工作者充分发挥聪明才智，敢于创新、善于创新。他们攻破了几千个重大的技术难关，制造了几十万台件的设备、仪器、仪表。他们知难而进，奋力求新，使研制工作在较短时间内连续取得重大成功，有力地保证了中国独立地掌握国防和航天的尖端技术。

2．大庆精神

中华人民共和国成立之初，中国石油工业基础十分薄弱。1949 年石油产量仅仅 12 万吨，对于百废待兴的中国来说，这无异于杯水车薪。因为缺"油"，首都北京的汽车"背上"了煤气包，有些地方的汽车甚至烧起了酒精、木炭，一顶"贫油"的帽子，压得人喘不过气来。

1959 年 9 月 26 日，黑龙江省大同镇松基三井喷油成功。由此宣告：大庆油田诞生了（时值新中国成立十周年，故名"大庆"）。大庆油田的横空出世，打破了中国"贫油"的论断。

但是，面对这样一个世界级大油田，在一无经验、二无技术、设备落后、国家又十分困难的情况下，如何把石油开采出来？当时的石油工业部决定集中人力、物力和财力，以打歼灭战的形式，组织"石油大会战"，打响了一场中国石油人必须打赢的战役！到 1963 年年底，大庆油田累计生产原油 1155 万吨，中国石油因此实现基本自给，一举甩掉了"贫油"的帽子。

当时，大庆油田所在的松辽地区自然条件、生活条件相当恶劣。钻井队搬迁，没有汽车、吊车，就人拉肩扛，把 60 多吨重的钻机从车站运到几千米外的井场；打井没有水，就破冰取水；施工缺器具，就土法上马，修旧利废；粮食短缺，就挖野菜充饥，开荒种地。

在"石油大会战"中，涌现出许多英雄模范人物，王进喜就是其中的代表。他是新中国第一批石油钻探工人，率队打出了大庆第一口油井，并创造了年进尺 10 万米的世界钻井纪录，展现了大庆石油工人的气概，为中国石油事业立下了汗马功劳，成为中国工业战线的一面旗帜。王进喜身上体现出来的"铁人精神"，激励了一代代的石油工人，成为国家建设的宝贵精神财富。

"大庆精神"是在开发建设大庆油田的实践中逐步培育和形成的，内涵十分丰富：为国争光、为民族争气的爱国主义精神，独立自主、自力更生的艰苦创业精神，讲究科学、"三老四严"的求实精神，胸怀全局、为国分忧的奉献精神，构成了"爱国、创业、求实、奉献"的大庆精神。

3．载人航天精神

1992 年，中共中央正式批准了载人航天工程，并确定了"三步走"的发展战略。第一步，发射载人飞船，建成初步配套的试验性载人飞船工程，开展空间应用实验；第二步，在第一艘载人飞船发射成功后，突破载人飞船和空间飞行器的交会对接技术，并利用载人飞船技术改装、发射一个空间实验室，解决有一定规模的、短期有人照料的空间应用问题；第三步，建造载人空间站，解决有较大规模的、长期有人照料的空间应用问题。经过三十年的奋斗和创新，中国航天"三步走"发展战略的所有任务已全部完成，取得了举世瞩目的辉煌成就，牢牢占据了世界载人航天的重要一席。

载人航天工程实施以来，参加工程研制、建设和试验的航天工作者始终勤于探索、善于借鉴、勇于创造、敢于超越，瞄准当今世界航天科技发展的最前沿，攻克了多个国际宇航界公认的尖端课题，掌握了多项具有自主知识产权的核心技术，展示了新时期航天工作者的创新能力和时代风采。同时，坚持把质量建设作为生命工程，把确保成功作为最高原则，以现代科学管理谋求最大效益，初步走出了一条高起点、高质量、高效益、低成本的航天发展道路。

航天事业的发展，离不开一定的经济基础和科技实力，航天奇迹的创造，更需要巨大精神力量的推动。中国载人航天工程实施以来，广大科研人员、部队官兵和职工铸就了"特别能吃苦、特别能战斗、特别能攻关、特别能奉献"的载人航天精神。

4．企业班组建设

企业是经济的基本细胞，是市场主体，企业兴则经济兴。优秀班组是企业人才的"聚集库"和"火车头"，对企业发展有输能和带动作用。中国企业班组曾经涌现出孟泰、郝建秀、倪志福、薛莹等杰出代表人物，在劳动实践中开发出了适应工作任务和场景的高效工作方法。

（1）孟泰工作法。孟泰是新中国的第一批全国劳动模范。1948年11月，鞍钢需要恢复生产，孟泰爱厂如家，艰苦创业，积极组织工友们献交器材，在短短几个月内就收集了上千种材料、上万种零备件，这就是"孟泰仓库"。1959年，因冷却水水量不足，铁厂的高炉无法正常生产，孟泰经过半个多月的反复思考，提出了将高炉循环水管路由并联式改为串联式的方案，改造后铁厂高炉循环水节约总量达1/3，全厂每年可节约费用23万元。1960年年初，苏联停止向中国供应大型轧辊，致使鞍钢面临停产的威胁。孟泰、王崇伦迅速动员和组织了500多名技术协会的积极分子开展从炼铁、炼钢到铸钢的"一条龙"厂际协作联合技术攻关，先后解决了十几项技术难题，终于成功自制大型轧辊，填补了中国冶金史上的空白。著名的"孟泰工作法"就是他多年来在高炉工作实践中摸索出来的一套工作规律及操作技术。

（2）郝建秀工作法。新中国成立初期，纺织工业虽然很快恢复了生产，但企业管理水平比较低。当时，郝建秀是青岛国棉六厂细纱车间的一名挡车工。细纱工序是纺纱工艺流程中最重要的工序，它是将前一道工序生产的粗纱，纺成特定支数的细纱。其中，给棉线接线头是细纱工序中的技术活，工人的操作水平是决定质量和产量的重要因素，皮辊花出得越多，就意味着纱线产量越低。因此，如何多纺纱、纺好纱成为郝建秀每天的"思考题"。经过不断摸索、实践和向老师傅请教，不到两年时间，郝建秀熟练地掌握了纺车的性能和操作规律，摸索出一套多纺纱、多织布的高产、优质、低耗的工作方法，即郝建秀工作法：一是工作主动，有规律、有预见性；二是工作有计划，分清轻重缓急；三是生产合理化，工作交叉结合进行；四是重视清洁工作。郝建秀工作法不但有效地促使产量增加、原料节约、成本降低、次布减少，而且延长了机器的寿命，提高了成纱率和工人看台能力，对加强中国纺织工业的基础管理、劳动组织调整和操作技术规范都具有很大的推动作用。

（3）倪志福钻头。倪志福是原兵器工业六一八厂的一名钳工。1953年，车间接到为破损装甲车特种钢板加工打眼的任务，这种钢材连当时外国著名的"席乐夫钻头"也很难钻动。倪志福起初用标准麻花钻头打眼，钻半天才能打通一个眼，而且一天竟烧坏了12个钻头，效率很低。为攻克特种钢硬度高、强度大，钻孔技巧不易掌握的困难，倪志福打破百年来钻头刃口平直的常规，将"一尖三刃"的普通麻花钻头改成"三尖七刃"的新型钻头，解决了完成任务的关键难题，该钻头也被命名为"倪志福钻头"（以下简称"倪钻"）。后来又成立了一个由工人、干部和技术人员组成的"三结合"小组，继续开展"倪钻"的改进和推广工作。"倪钻"是生产实践的产物，具有科学性、先进性、独创性、新颖性等特点，与普通麻花钻头相比，具有定心好、钻速快、功效高、寿命长等优点，被当时国内许多工厂和苏联的部分工厂所采用，成为中国"机械工业金属切削行业中的一项重大革新"。1965年倪志福获国家科学技术委员会颁发的发明证书，1986年获得联合国世界知识产权组织的金质奖章和证书。

（4）薛莹班组。薛莹是航空工业西安飞机工业（集团）有限责任公司（以下简称航空工业西飞）国际航空部件总厂班长，她和她的班组主要从事波音737-700垂尾可卸前缘组件的铆接装配工作。装配技术要求可谓奇特而刁钻。比如，由于质量要求严格，波音公司代表提出，"必须用小于5磅、相当于一个大拇指的推力，使前缘组件上的300多个孔与前梁上的孔同心"。从2000年开始，薛莹带领团队，发扬"献身其中，快乐似星"的铆钉精神，在航空制造装配铆工的平凡岗位上创造了一个又一个奇迹，确保了大量波音公司的产品按节点优质交付。2002年10月15日，波音公司授予薛莹班组全体成员"用户满意员工"的荣誉。经过多年的探索，薛莹和同事们总结出了一套适合自己的质量控制方法，有效提高了生产效率，提高了产品质量。2005年，"薛莹班"成为航空工业西飞首个以班长名字命名的班组。全球正在服役的波音737飞机中，有1/3装配有"薛莹班"参与制造的垂直尾翼。"薛莹班"成了航空制造系统的一道亮丽的风景。

参考文献

[1] 王新哲，孙星．工业文化概念，范畴和体系架构初探 [J]. 西北工业大学学报（社会科学版），2015(1): 30-33.

[2] 王新哲，周荣喜．工业文化研究综述 [J]. 哈尔滨工业大学学报（社会科学版），2015(1): 88-93.

[3] 王新哲，孙星．培育工匠精神 建设制造强国 [J]. 西北工业大学学报（社会科学版），2016(3): 136-140.

[4] 王新哲，孙星，罗民．工业文化 [M]. 北京：电子工业出版社，2016.

[5] 王新哲．加快发展新时代中国特色工业文化 [N]. 光明日报，2017-11-28.

[6] 王新哲．弘扬工业文化 建设制造强国 [N]. 学习时报，2017-12-13.

[7] 王新哲．党的领导是走中国特色新型工业化道路的根本保证（上）[J]. 中国军转民，2021(12):15-18.

[8] 孙星．工业发展的倍增剂和灵魂——工业文化的定义、起源与作用 [J]. 企业文明，2016(3): 15-17.

[9] 孙星 . 培育工匠精神弘扬工业文化 [J]. 中华儿女 , 2016(11): 66−67.

[10] 孙星 . 建设中国特色工业文化 促进工业高质量发展 [N]. 光明日报 , 2018−10−17.

[11] 孙星 . 工业文化推动工业发展的作用机制 [J]. 军工文化 , 2020(4): 55−58.

[12] 孙星 . 协同推进工业文化与质量文化建设 [J]. 科技智囊 , 2020(5): 5−9.

[13] 孙星 , 蔡盈芳 , 程楠 , 等 . 论新中国工业化道路的形成和发展 [J]. 南京理工大学学报 (社会科学版), 2020, 33(1): 1−8.

[14] 孙星 . 精益求精 追求完美 争做岗位能手 [J]. 中国机关后勤 , 2017(10): 14−16.

[15] 孙星 . 对工业文化先进性的把握 [J]. 军工文化 , 2019(6): 16−19.

[16] 严鹏 , 孙星 , 陈文佳 . 工业遗产：一个面向未来的论纲 [J]. 东方学刊 , 2021(3): 83−99+128.

[17] 张云龙 , 杨智奇 . 寻找工业文化的精气神——访工业文化发展中心副主任孙星 [J]. 现代企业文化（上旬）, 2015(10): 126−127.

[18] 马克思 , 恩格斯 . 马克思恩格斯选集 [M]. 北京：人民出版社 , 1995.

[19] 白泉旺 . 企业文化学教程 [M]. 北京：经济科学出版社 , 2010.

[20] 陈建宪 . 文化学教程（第 2 版）[M]. 武汉：华中师范大学出版社 , 2011.

[21][英] 泰勒 . 原始文化——神话、哲学、宗教、语言、艺术和习俗发展之研究 [M]. 连树声 , 译 . 上海：上海文艺出版社 , 1992.

[22] 林坚 . 文化概念演变及文化学研究历程 [J]. 文化学刊 , 2007(4): 5−16.

[23] 金碚 . 世界工业革命的缘起、历程与趋势 [J]. 南京政治学院学报 , 2015 (1): 41−49.

[24] 金碚 . 世界工业革命的缘起、历程与趋势 [J]. 南京政治学院学报 , 2015, 31(1): 41−49+140−141.

[25] 荣梅 , 王雪松 . 世界制造中心的变迁、特点及趋势对我国制造业的启示 [J]. 科技信息 , 2005(3):29−31.

[26] 刘海静 . 全球化的文化内涵与文化殖民主义 [J]. 理论导刊 , 2006(2): 77−80.

[27] 王昌林，姜江，盛朝讯，等．大国崛起与科技创新——英国、德国、美国和日本的经验与启示 [J]．全球化，2015(9): 39-49.

[28] 张为付．世界制造中心形成及变迁机理研究 [J]．世界经济与政治，2004(12): 67-73.

[29] 陈祎淼．冯飞：文化力量柔性支撑制造强国 [J]．装备制造，2015(11): 60-62.

[30] 崔月琴．日美企业文化的源流及主要特点比较．东北亚论坛 [J]．1998(4): 82-86.

[31] 董建楷．工业精神的内涵及其培育 [J]．西安财经学院学报，2010(3): 123-126.

[32] 金碚．建设制造强国需要耐心和意志 [J]．决策与信息，2015(10): 44-46.

[33] 肖生发，沈国助，郭一鸣．汽车文化若干问题探究 [J]．湖北汽车工业学院学报，2008(4): 69-72.

[34] 付业勤，郑向敏．国内工业旅游发展研究 [J]．旅游研究，2012(3): 72-78.

[35] 范红．国家形象的多维塑造与立体传播（上）[J]．采写编，2012(5): 7-12.

[36] 单霁翔．工业遗产的价值和保护意义 [J]．中国文化报，2009, 2(24): 005.

[37] 费嘉．浅探汽车文化 [D]．上海：上海师范大学，2007.

[38] 李宏策．今年巴黎航展聚焦未来天空 [J]．科技日报，2015, 6(23): 008.

[39] 魏新龙，张红岭．论历史进程中的文化演进规律 [J]．兰州学刊，2008 (3): 143-147.

[40] 刘邦根．品牌文化的研究 [D]．北京：北京交通大学，2006.

[41] 叶虹．文化全球化的形成及其后果 [J]．浙江师大学报，2000(1): 11-14.

[42] 朱立．品牌文化战略研究 [D]．武汉：中南财经政法大学，2005.

[43] 柯连君．技术进步对社会结构的影响研究 [D]．杨凌：西北农林科技大学，2013.

[44] 葛树荣，陈俊飞．德国制造业文化的启示 [J]．企业文明，2011(8): 24-27.

[45] 马特拉．世界传播与文化霸权：思想与战略的历史 [M]．陈卫星，译．北京：中央编译出版社，2001.